正本 集註周易 全

明文堂 編纂

明文堂

備旨 吐解 **正本周易** 全

目次

周易序

易之為書卦爻彖象之義備而天地萬物之情見聖人之憂天下來世其至矣先天下而開其物後天下而成其務是故極其數以定天下之象著其象以定天下之吉凶六十四卦三百八十四爻皆所以順性命之理盡變化之道也散之在理則有萬殊統之在道則无二致所以易有太極是生兩儀太極者道也兩儀者陰陽也陰陽一道也太極无極也萬物之生負陰而抱陽莫不有太極莫不有兩儀絪縕交感變化不窮形一受其生神一發其智情偽出焉萬緒起焉易所以定吉凶而生大業故易者陰陽之道也卦者陰陽之物也爻者陰陽之動也卦雖不同所同者奇耦爻雖不同所同者九六是以六十四卦為其體三百八十四爻互為其用遠在六合之外近在一身之中暫於瞬息微於動靜莫不有卦之象焉莫不有爻之義焉至哉易乎其道至大而无不包其用至神而无不存時固未始有一而卦未始有定象事固未始有窮而爻亦未始有定位以一時而索卦則拘於天變非易也以一事而明爻則窒而不通非易也知所謂卦爻彖象之義而不知有卦爻彖象之用亦非易也故得之於精神之運心術之動與天地合其德與日月合其明與四時合其序與鬼神合其吉凶然後可以謂之知易也雖然易之有卦易之已形者也卦之有爻卦之已見者也已形已見者可以言知未形未見者不可以名求則所謂易者果何如哉此學者所當知也

筮儀

擇地潔處爲蓍室，南戶置牀于室中央。〔牀大約長五尺，廣三尺，母太近壁。〕

蓍五十莖，韜以纁帛，貯以皂囊，納之櫝中，置于牀北。〔櫝以竹筒，或堅木，或布漆爲之。圓徑三寸，如蓍之長。半爲底，半爲蓋。下別爲臺函之，使不偃仆。〕

設木格于櫝南，居牀二分之北。〔格以橫木板爲之，高一尺，長竟牀。當中爲兩大刻，相距一尺。大刻之西爲三小刻，相距各五寸許。下施橫足，側立案上。〕

置香爐一于格南，香合一于爐南，日炷香致敬。將筮，則灑掃拂拭，滌硯一，注水，及筆一、墨一、黃漆板一于爐東。東上。

筮者齊潔衣冠北面，盥手焚香致敬。〔筮者北面，見儀禮。若使人筮，則主人焚香畢，少退，北面立。筮者進，立於牀前少西，南向受命。主人直述所占之事，筮者許諾。主人右還西向立，筮者右還北向立。〕

兩手奉櫝蓋，置于格南爐北，出蓍于櫝，去囊解韜，置于櫝東。合五十策，兩手執之，熏于爐上。〔此後所用蓍策之數，其說並見啓蒙。〕

命之曰：假爾泰筮有常，假爾泰筮有常。某官姓名，今以某事云云，未知可否，爰質所疑于神于靈。吉凶得失，悔吝憂虞，惟爾有神，尚明告之。

乃以右手取其一策，反於櫝中，而以左右手中分四十九策，置格之左右兩大刻。〔此第一營所謂分而爲二以象兩者也。〕

次以左手取左大刻之策執之，而以右手取右大刻之一策，掛于左手之小指間。〔此第二營所謂掛一以象三者也。〕

次以右手四揲左手之策。〔揲食列反。〇此第三營之半，所謂揲之以四以象四時者也。〕

次歸其所餘之策，扐之左手無名指之間。〔此第四營之半，所謂歸奇於扐以象閏者也。〕

次以右手反過之策，或一或二或三或四，而扐之左手無名指之間

揲之策於左大刻遂取右大刻之策執之而以左手四揲之此第三次歸其所餘之策如前而

扐之左手中指之間此第四營之半所謂再扐以象再閏者也一變所餘之策左一則右必二左二則右亦二左三則右必一左四則右亦四通挂一之策不五則

九五以一其四而爲奇九以兩其次以右手反過揲之策于右大刻而合左一挂二扐之或四十四策

策置於格上第一小刻後放此爲上是爲一變再以兩手取左右大刻之著合之或四十策或三十六策

復四營如第一變之儀而置其掛扐之策於格上第二小刻是爲二變下同○二變所餘于平又再取左右大

刻之著合之六策或三十二策復四營如第二變之儀而置其掛扐之策於格上第三小刻

是爲三變與二變餘策同三變既畢乃視其三變所得掛扐過揲之策而畫其爻于版五四爲奇挂扐之數

九八爲偶掛扐三奇合十七策則過揲三十六策而爲老陽其畫爲口所謂重也掛扐兩奇一耦合二十一奇爲奇

一耦合十七策則過揲三十二策而爲少陰其畫爲一所謂折也掛扐兩耦一奇合二十奇

策則過揲二十八策而爲少陽其畫爲一所謂單也掛扐三耦合二十五策則過揲二十四策而爲老陰其畫爲×所謂交也如是每三變而成爻

第八第十一第十四第十六凡六變並同但第三變第六第九第十二第十五第十八凡六變亦同

同凡十有八變而成卦乃考其卦之變而占其事之吉凶說見啓蒙卦變別有圖禮畢韜著襲之以囊入

櫝加蓋斂筆墨硯版再焚香致敬而退如使人筮則主人焚香揖筮者而退

周易本義卦歌

八卦取象歌

乾三連　震仰盂　離中虛　兌上缺

坤六斷　艮覆盌　坎中滿　巽下斷

分宮卦象次序

乾坎艮震爲陽四宮　兌離坤巽爲陰四宮　每宮陰陽八卦

乾爲天　天風姤　天山遯　天地否

風地觀　山地剝　火地晉　火天大有

坎爲水　水澤節　水雷屯　水火既濟

澤火革　雷火豐　地火明夷　地水師

艮爲山　山火賁　山天大畜　山澤損

火澤暌　天澤履　風澤中孚　風山漸
震爲雷　雷地豫　雷水解　雷風恒
地風升　水風井　澤風大過　澤雷隨
巽爲風　風天小畜　風火家人　風雷益
天雷无妄　火雷噬嗑　山雷頤　山風蠱
離爲火　火山旅　火風鼎　火水未濟
山水蒙　風水渙　天水訟　天火同人
坤爲地　地雷復　地澤臨　地天泰
雷天大壯　澤天夬　水天需　水地比
兌爲澤　澤水困　澤地萃　澤山咸
水山蹇　地山謙　雷山小過　雷澤歸妹

上下經卦名次序歌

乾坤屯蒙需訟師
比小畜兮履泰否
同人大有謙豫隨
蠱臨觀兮噬嗑賁
剝復无妄大畜頤
大過坎離三十備
咸恒遯兮及大壯
晉與明夷家人暌
蹇解損益夬姤萃
升困井革鼎震繼

艮漸歸妹豐旅巽
兌渙節兮中孚至
小過既濟兼未濟
是為下經三十四

上下經卦變歌

訟自遯變泰歸妹
否從漸來隨三位
首困噬嗑未濟兼
蠱三變賁井既濟
噬嗑六五本益生
賁原於損既濟會
无妄訟來大畜需
咸旅恆豐皆疑似
晉從觀更睽有三
離與中孚家人繫
蹇利西南小過來
解升二卦相為資
鼎由巽變漸渙旅
渙自漸來終於是

易圖目錄

書　洛圖河

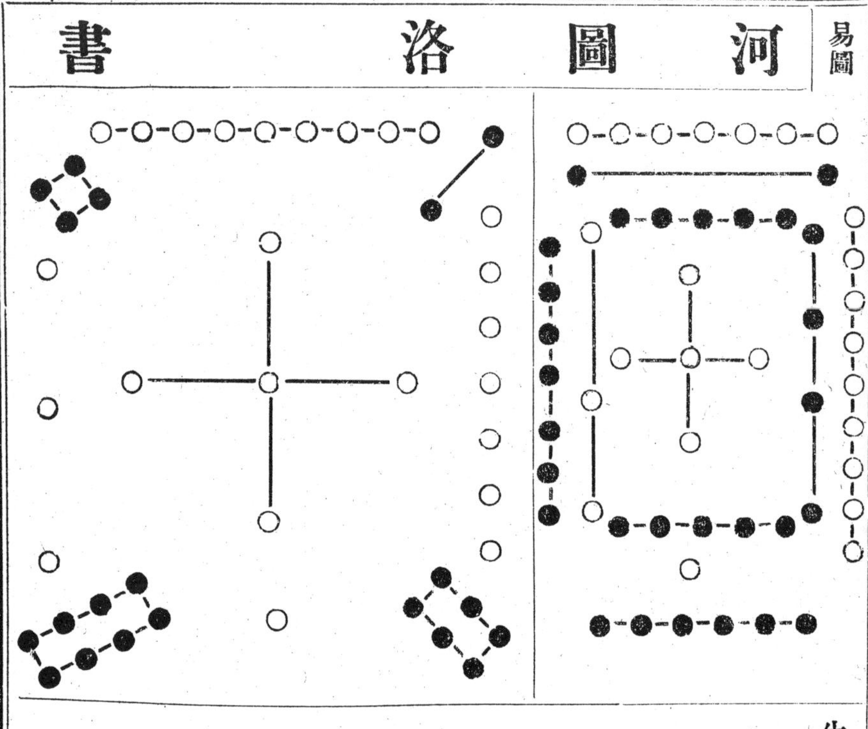

朱熹集錄

繫辭傳曰河出圖洛出書聖人則之又曰天一地
二天三地四天五地六天七地八天九地十天數
五地數五五位相得而各有合天數二十有五地
數三十凡天地之數五十有五此所以成變化而
行鬼神也此河圖之數也洛書蓋取龜象故其數
戴九履一左三右七二四為肩六八為足
葵元定曰圖書之象自漢孔安國劉歆魏關朗
子明有宋康節先生邵雍堯夫皆謂如此至劉
牧始兩易其名而諸家因之故今復之悉從其
舊

伏羲八卦次序

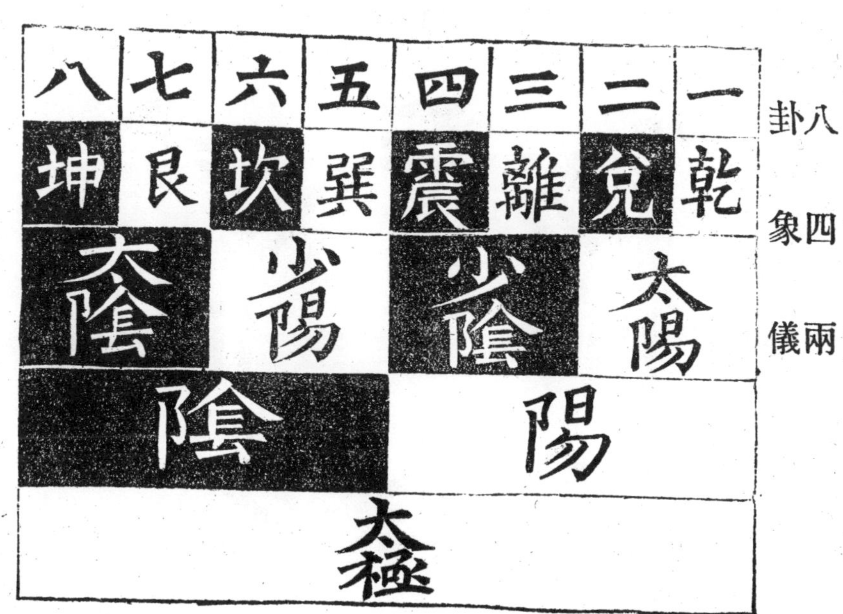

繫辭傳曰易有太極是生兩儀兩
儀生四象四象生八卦邵子曰一
分為二二分為四四分為八也說
卦傳曰易逆數也邵子曰乾一兌
二離三震四巽五坎六艮七坤八
自乾至坤皆得未生之卦若逆推
四時之比也後六十四卦次序放
此

伏羲八卦方位

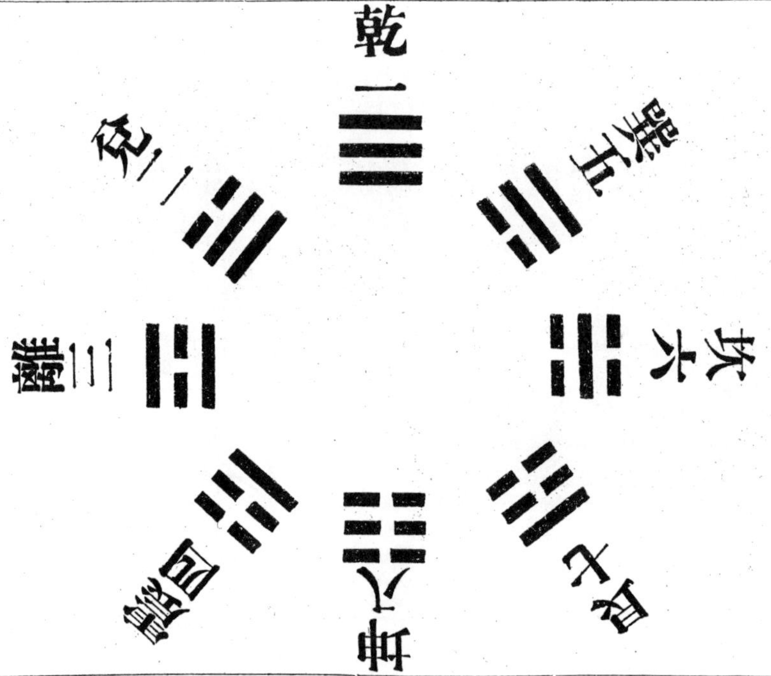

乾
兌
離
震
巽
坎
艮
坤

說卦傳曰天地定位山澤通氣
雷風相薄水火不相射八卦相
錯數往者順知來者逆邵子曰
乾南坤北離東坎西震東北兌
東南巽西南艮西北自震至乾
為順自巽至坤為逆後六十四
卦方位放此

文王八卦次序

乾父　　　　坤母

艮坎震　　　　兌離巽

震長男　得乾初爻
坎中男　得乾中爻
艮少男　得乾上爻
巽長女　得坤初爻
離中女　得坤中爻
兌少女　得坤上爻

文王八卦方位

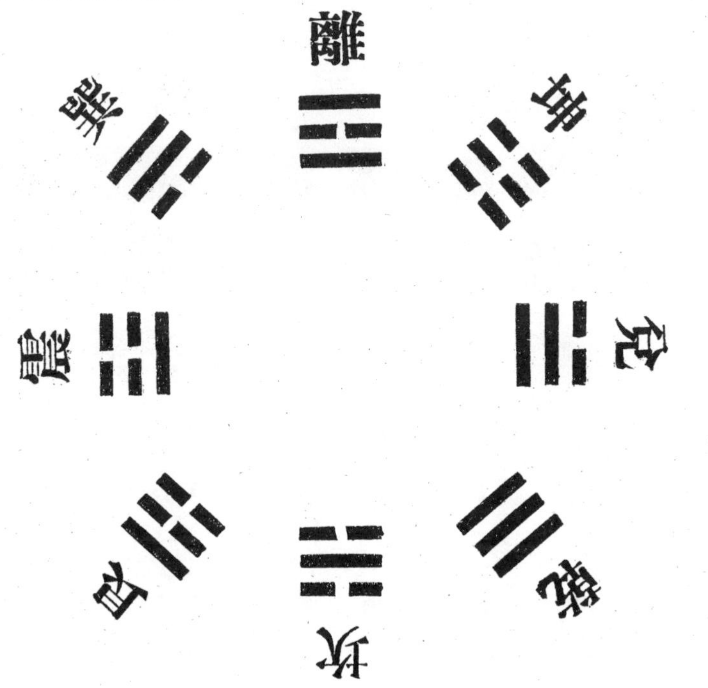

離

巽　坤

艮　兌

震　乾

坎

右見說卦邵子曰此文王八
卦乃入用之位後天之學也

卦變圖

象傳或以卦變爲說今作此圖以明之蓋易中之一義非畫卦作易之本旨也

凡一陰一陽之卦各六皆自復姤而來卦五陰五陽同圖異

凡二陰二陽之卦各十有五皆自臨遯而來卦四陰四陽同圖異

剝　夬

比　有大

豫　畜小

謙　履

師　人同

復　姤

頤　蒙　艮　晋

屯　坎　蹇　萃

震　解　過小

明夷　升

臨

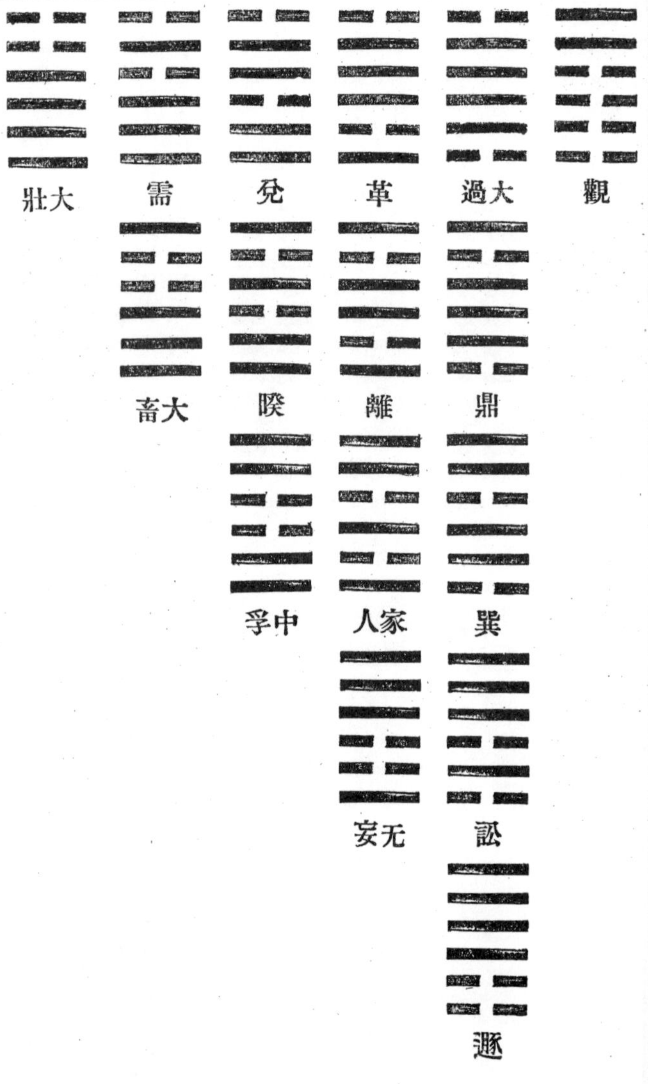

凡三陰三陽之卦各二十皆自泰否而來

觀　大過　革　兌　需　大壯　損

鼎　離　暌　大畜　節

巽　家人　中孚　歸妹

訟　无妄　泰

遯

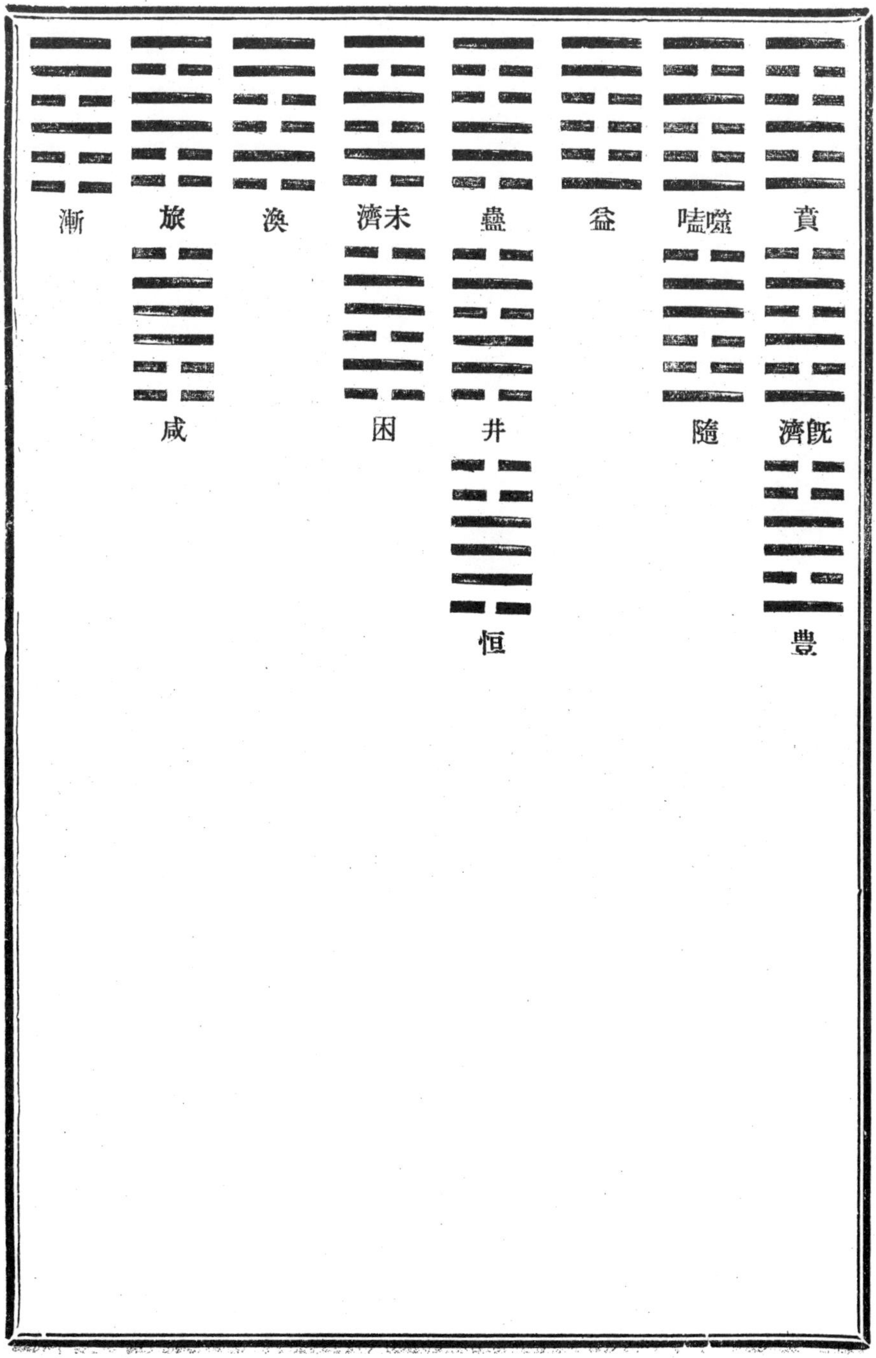

漸　旅　渙　未濟　蠱　益　噬嗑　賁

咸　　　困　井　　　隨　既濟

恒　　　豐

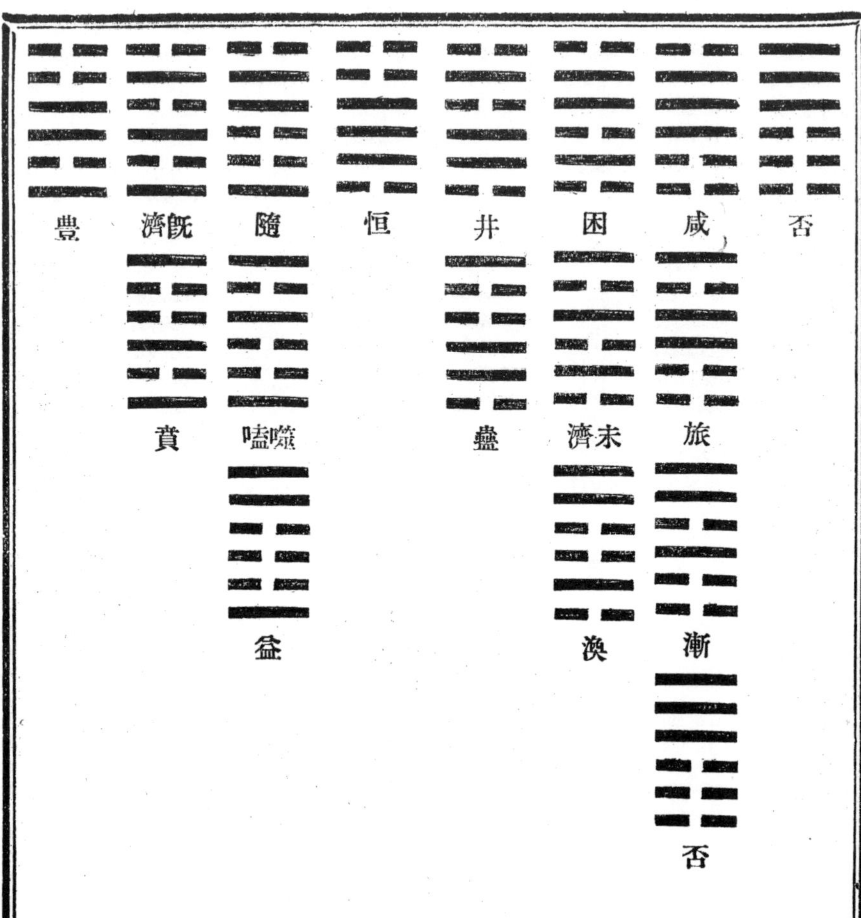

凡四陰四陽之卦各十有五皆自大壯觀而來二陰二陽圖已見前

節　歸妹　泰

損

大畜　睽　中孚　離

大壯　需　兌　革

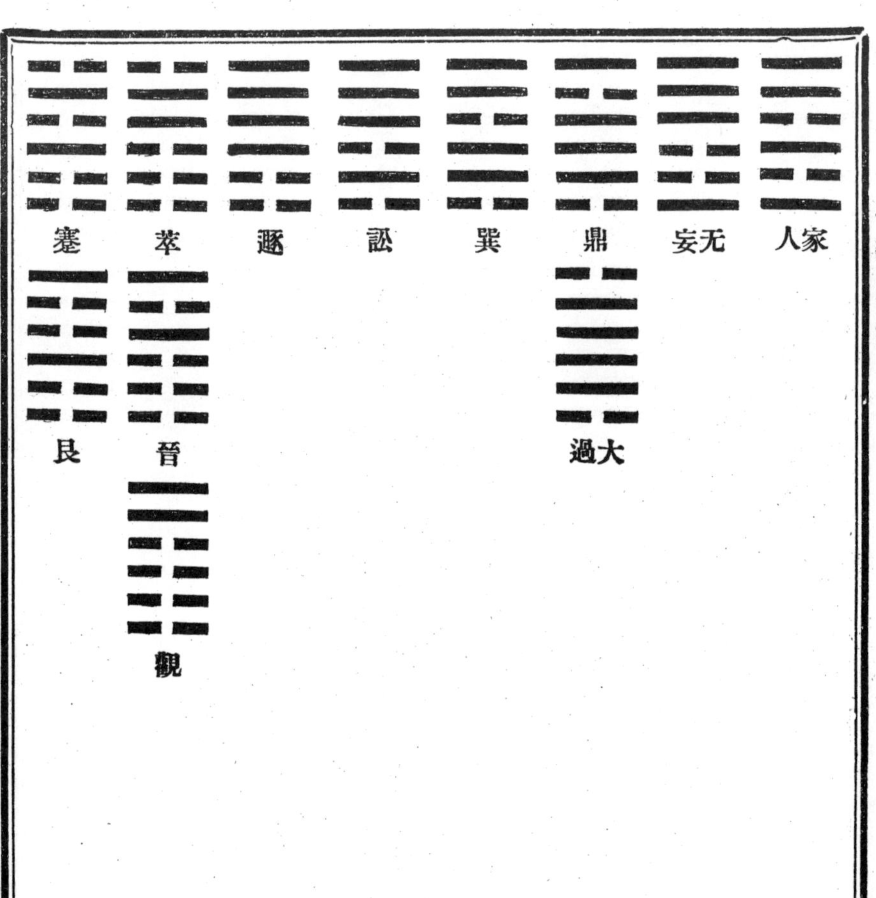
家人　无妄　鼎　巽　訟　遯　萃　蹇
大過
晉　艮
觀

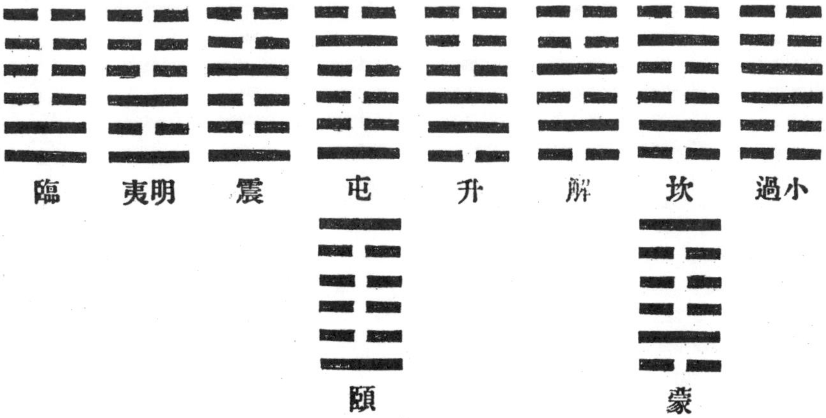

臨　明夷　震　屯　升　解　坎　小過

頤　　　　　　　　　蒙

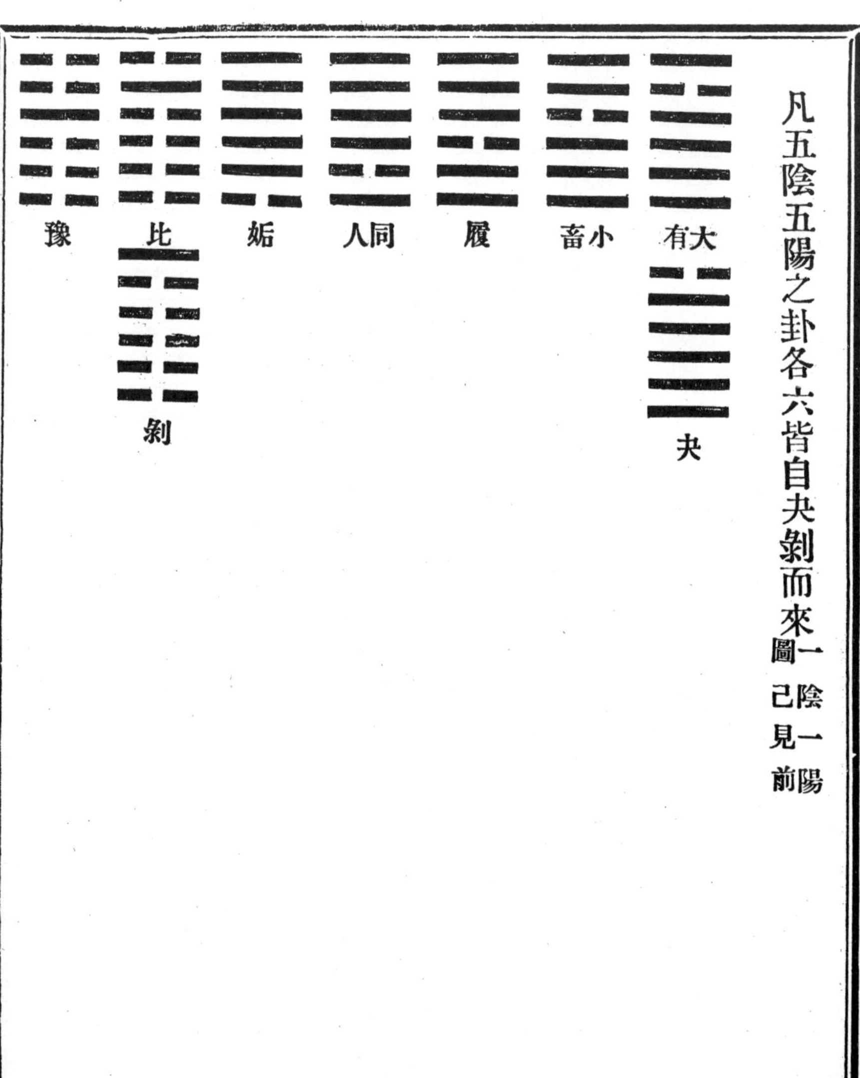

凡五陰五陽之卦各六皆自夬剝而來圖一陰一陽已見前

右易之圖九有天地自然之易有伏羲之易有文王周公之易有孔子之易自伏羲以
上皆无文字只有圖畫最宜深玩可見作易本原精微之意文王以下方有文字即今
之周易然讀者亦宜各就本文消息不可便以孔子之說爲文王之說也

集註周易卷一

上經

周代名也易書名也其卦本伏羲所畫有交易變易之義故謂之易其辭則文王周
公所繫故繫之周以其簡袠重大故分爲上下兩篇經則伏羲之畫文王周公之辭
也幷孔子所作之傳（傳去聲）十篇凡十二篇中間頗爲諸儒所亂近世晁氏始正其
失而未能盡合古文呂氏又更定著爲經二卷傳十卷乃復孔氏之舊云

䷀〔乾下 乾上〕

乾은元코亨코利코貞라〔乾渠焉反〕「本義」元亨코利貞라ᄒᆞ니

●乾은元ᄒ고亨ᄒ고利ᄒ고貞ᄒ니라「本義」크게亨ᄒ고貞홈이利ᄒᆞ니라

○六畫者伏羲所畫之卦也一者奇也陽之數也乾者健也陽之性也本
註乾字三畫卦之名也下者內卦也上者外卦也經文乾字六畫卦之名也伏羲仰觀俯
察見陰陽有奇耦之數故畫一奇以象陽畫一耦以象陰見一陰一陽有各生一陰一陽
之象故自下而上再倍而三以成八卦見陽之性健而其成形之大者爲天故三奇之卦
名之曰乾而擬之於天也三畫己具八卦已成則又三倍其畫以成六畫而於八卦之上
各加八卦以成六十四卦也此卦六畫皆奇上下皆乾則陽之純而健之至也故乾之名
天之象皆不易

焉元亨利貞文王所繫之辭以斷一卦之吉凶所謂彖辭者也元大也亨通也利宜也貞

正而固也文王以爲乾道大通而至正故於筮得此卦而六爻皆不變者言其占當得大

通而必利在正固然後可以保其終也此聖人所以作易敎人卜筮而可以開物成務之

精意餘卦放此

初九는潛龍이니勿用이니라

●初九는潛호龍이니쓰디말올디니라

○初九者卦下陽爻之名凡畫卦者自下而上故以下爻爲初陽數九爲老七爲少老變

而少不變故謂陽爻爲九潛龍勿用周公所繫之辭以斷一爻之吉凶所謂爻辭者也潛

藏也龍陽物也初陽在下未可施用故其象爲潛龍其占曰勿用凡遇乾而此爻變者當

觀此象而玩其占也餘爻放此

九二는見龍在田이니利見大人이라

見龍之見賢遍反　卦內見龍並仝
見龍之見　音現並仝

●九二는見호龍이田에在홈이니大人을見홈이利하니라

○二謂自下而上第二爻也後放此九二剛健中正出潛離隱澤及於物物所利見故其

象爲見龍在田其占爲利見大人九二雖未得位而大人之德已著常人不足以當之故

値此爻之變者但爲利見此人而已盖亦謂在下之大人也此以爻與占者相爲主賓自

爲一例若有見龍之德則爲利見九五在上之大人矣

九三은君子ㅣ終日乾乾ᄒᆞ야夕惕若ᄒᆞ면厲ᄒᆞ나无咎ㅣ리라「本義」夕惕

若이니

● 九三은君子ㅣ日이終ᄃᆞ록乾乾ᄒᆞ야夕에惕ᄒᆞ면厲ᄒᆞ나咎ㅣ업스리라「本義」夕

에惕ᄒᆞ홈이니

○九陽爻三陽位重剛不中居下之上乃危地也然體剛健有能乾乾惕厲之象故其

占如此君子指占者而言能憂懼如此則雖處危地而无咎也

九四는或躍在淵ᄒᆞ면无咎ㅣ리라「本義」或躍在淵

躍羊
灼反

● 九四는或躍거나淵에在ᄒᆞ면咎ㅣ업스리라（本義）或躍거나淵에在ᄒᆞᆷ이니

○或者疑而未定之辭躍者无所緣而絕於地特未飛爾淵者上空下洞深昧不測之所

龍之在是若下於田或躍而起則向乎天矣九陽四陰居上之下改革之際進退未定之

時也故其象如此其占能隨時進退則无咎也

九五는飛龍在天이니利見大人ᄒᆞ니라

● 九五는飛ᄒᆞ는龍이天에在ᄒᆞᆷ이니大人을見ᄒᆞᆷ이利ᄒᆞ니라

○剛健中正以居尊位如以聖人之德居聖人之位故其象如此而占法與九二同特所

利見者在上之大人爾若有其位則爲利見九二在下之大人也

上九는亢龍이니有悔리라　亢苦浪反

●上九는九호龍이니悔ㅣ이시리라

○上者는最上一爻之名亢者는過於上而不能下之意也陽極於上動必有悔故其象占如此

用九는見群龍호되无首면吉호리라「本義」見群龍无首니

●九用호은群龍을見호되首홈이업스면吉호리라（本義）群龍이首ㅣ업슴을見홈이니

○用九凡筮得陽爻者皆用九而不用七盖諸卦百九十二陽爻之通例也以此卦純陽而居首故於此發之而聖人因繫之辭使遇此卦而六爻皆變者即此占之盖六陽皆變剛而能柔吉之道也故爲群龍无首之象而其占爲如是則吉也春秋傳曰乾之坤曰群龍无首吉盖即純坤卦辭牝馬之貞先迷後得東北喪朋之意

象曰大哉라乾元이여萬物이資始하나니乃統天이로다

●象애ᄀ로ᄃᆡ크다乾의元이여萬物이資하야始하나니이예天을統하얏도다

○象即文王所繫之辭傳者孔子所以釋經之辭也後凡言傳者倣此○此專以天道明乾義又析元亨利貞爲四德以發明之而此一節首釋元義也大哉歎辭元大也始也乾元天德之大始故萬物之生皆資之以爲始也又爲四德之首而貫乎天德之始終故曰

雲行雨施ᄒᆞ야 品物이 流形ᄒᆞᄂᆞ니라 〔施 始豉反 卦內皆同〕

○此釋乾之亨也

●雲이 行ᄒᆞ며 雨ㅣ 施ᄒᆞ야 品物이 形을 流ᄒᆞᄂᆞ니라

大明終始ᄒᆞ면 六位時成ᄒᆞᄂᆞ니 時乘六龍ᄒᆞ야 以御天ᄒᆞᄂᆞ니라

●終始를 크게 明ᄒᆞ면 六位ㅣ 時로 成ᄒᆞᄂᆞ니 時로 六龍을 乘ᄒᆞ야 ᄡᅥ 天을 御ᄒᆞᄂᆞ니라

○始即元也終謂貞也不終則无始无以爲元也此言聖人大明乾道之終始則
見卦之六位各以時成而乘此六陽以行天道是乃聖人之元亨也

乾道ㅣ 變化에 各正性命ᄒᆞᄂᆞ니 保合大和ᄒᆞ야ᅀᅡ 乃利貞ᄒᆞᄂᆞ니라 「本義」各
正性命ᄒᆞ야ᅀᅡ 保合大和ᄒᆞᄂᆞ니 乃利貞이니

●乾道ㅣ 變ᄒᆞ야 化홈애 각각 性命을 正ᄒᆞᄂᆞ니 大和를 保合ᄒᆞ야ᅀᅡ 이여 利ᄒᆞ고 貞ᄒᆞ니
라 「本義」각각 性命을 正ᄒᆞ야 大和를 保合ᄒᆞᄂᆞ니 利貞이니라

○變者化之漸化者變之成物所受爲性天所賦爲命大和陰陽會合冲和之氣也各正
者得於有生之初保合者全於已生之後此言乾道變化無所不利而萬物各得其性命
以自全以釋利貞之義也

首出庶物에萬國이咸寧ᄒᆞᄂ니라

● 庶物에웃듬으로出홈애萬國이다寧ᄒᆞᄂ니라

○聖人이上에在ᄒᆞ야高出於物猶乾道之變化也萬國各得其所而咸寧猶萬物之各正性命而
保合大和也此言聖人之利貞也盖嘗統而論之元者物之始生亨者物之暢茂利則向
於實也貞則實之成也實之既成則其根帶脱落可復種而生矣此四德之所以循環而
無端也然而四者之間生氣流行初無間斷此元之所以包四德而統天也其以聖人而
言則孔子之意盖以此卦爲聖人得天位行天道而致太平之占也雖其文義有非文王
之舊者然讀者各以其意求之則並行而不悖也坤卦放此

● 象曰天行이健ᄒ니君子ㅣ以ᄒᆞ야自彊不息ᄒᆞᄂ니라

● 象애ᄀᆞᆯ오ᄃᆡ天의行이健ᄒᆞ니君子ㅣ以ᄒᆞ야스스로彊ᄒᆞ야息디아니ᄒᆞᄂ니라

○象者卦之上下兩象及兩象之六爻周公所繫之辭也○天乾卦之象也凡重卦皆取
重義此獨不然者天一而已但言天行則見其一日一周而明日又一周若重複之象非
至健不能也君子法之不以人欲害其天德之剛則自强而不息矣

● 潛龍勿用은陽在下也ㅣ오

● 潛龍勿用은陽이下애在홈이오

○陽謂九下謂潛

見龍在田은德施普也ㅣ오

(傳) 見龍在田은德의施ㅣ普홈이오

●見於地上德化及物其施己普也

○反復重複踐行之意

終日乾乾은反復道也ㅣ오

●終日乾乾은反復홈을道로홈이오「本義」道을反復홈이오　復芳服反　本亦作覆

或躍在淵은進이无咎也ㅣ오

●或躍在淵은進이씀ㅣ엄슴이오

○可以進而不必進也

飛龍在天은大人造也ㅣ오

●飛龍在天은大人의造ㅣ오「本義」大人이造홈이오　造徂　早反

○造猶作也

亢龍有悔는盈不可久也ㅣ오

●亢龍有悔는盈이可히久치못홈이오

○盈則變有悔也

用九는天德은不可爲首也ㅣ라

●用九는天德은可히首ㅣ되지못ᄒᆞᆯ거시라

○言陽剛不可爲物先故六陽皆變而吉○天行以下先儒謂之大象潛龍以下先儒謂之小象後放此

文言曰元者는善之長也ㅣ오亨者는嘉之會也ㅣ오利者는義之和　長丁丈反　下長人同　也ㅣ오貞者는事之幹也ㅣ니

●文言에ᄀᆞᆯ오디元은善의長이오亨은嘉의會ㅣ오利는義의和ㅣ오貞은事의幹이니

○此篇申象傳象傳之意以盡乾坤二卦之蘊而餘卦之說因可以例推云○元者生物之始天地之德莫先於此故於時爲春於人則爲仁而衆善之長也亨者生物之通物至於此莫不嘉美故於時爲夏於人則爲禮而衆美之會也利者生物之遂物各得宜不相妨害故於時爲秋於人則爲義而得其分之和貞者生物之成實理具備隨在各足故於時爲冬於人則爲智而爲衆事之幹幹木之身而枝葉所依以立者也

君子ㅣ體仁이足以長人이며

●君子ㅣ仁을體ᄒᆞ욤이足히써人애長ᄒᆞᆯ거시며

(傳)體法於乾之仁乃爲君長之道足以長人也體仁體元也比而效之謂之體

嘉會ㅣ足以合禮ㅣ며

●會ㅣ嘉홈이足히써禮에合흘거시며

(傳)得會通之嘉乃合於禮也不合禮則非理豈得爲嘉非理安有亨乎

利物ㅣ이足以和義ㅣ며

●物을利케ᄒᆞ욤이足히써義에和흘거시며

(傳)和於義乃能利物豈有不得其宜而能利物者乎

貞固ㅣ足以幹事ㅣ니

●貞ᄒᆞ고固ᄒᆞ욤이足히써事를幹흘거시니

○以仁爲體則无一物不在所愛之中故足以長人嘉其所會則无不合禮使物各得其所利則義无不和貞固者知正之所在而固守之所謂知而弗去者也故足以爲事之幹

君子ㅣ行此四德者라故로曰乾元亨利貞이라

●君子ㅣ이四德을行ᄒᆞᄂᆞ者ㅣ라故로로曰乾元亨利貞이라

○非君子之至健无以行此故曰乾元亨利貞○此第一節申象傳之意與春秋傳所載穆姜之言不異疑古者已有此語穆姜稱之而夫子亦有取焉故下文別以子曰表孔子之辭蓋傳者欲以明此章之爲古語也

初九曰潛龍勿用은 何謂也오 子ㅣ曰龍德而隱者也ㅣ니 不易

乎世ᄒᆞ며 不成乎名ᄒᆞ야 遯世无悶ᄒᆞ며 不見是而无悶ᄒᆞ야 樂則行之ᄒᆞ고

憂則違之ᄒᆞ야 確乎其不可拔이 潛龍也ㅣ라　樂音洛　確苦學反

●初九애ᄀᆞᆯ오ᄃᆡ潛龍勿用은엇디닐옴고子ㅣᄀᆞᄅᆞ샤ᄃᆡ龍德이오隱ᄒᆞᆫ者ㅣ니世로

易디아니ᄒᆞ며名을成티아니ᄒᆞ야世에遯호ᄃᆡ悶홈이업스며是홈을見티못ᄒᆞ야도

悶홈이업서樂ᄒᆞ고憂ᄒᆞ면行ᄒᆞ고憂ᄒᆞ야確히그可히拔디못홈이潛ᄒᆞᆫ龍이라

○龍德聖人之德也 在下故隱易謂變其所守大抵乾卦六爻文言皆以聖人明之有隱

顯而无淺深也

九二曰見龍在田利見大人은 何謂也오 子ㅣ曰龍德而正中

者也ㅣ니 庸言之信ᄒᆞ며 庸行之謹ᄒᆞ야 閑邪存其誠ᄒᆞ며 善世而不伐ᄒᆞ며

德博而化ㅣ니 易曰見龍在田利見大人은 君德也ㅣ라　ㅣ行下孟反　邪以嗟反

●九二애ᄀᆞᆯ오ᄃᆡ見龍在田利見大人은엇디닐옴고子ㅣᄀᆞᄅᆞ샤ᄃᆡ龍德이오正히中

ᄒᆞᆫ者ㅣ니庸言을信히ᄒᆞ며庸行을謹ᄒᆞ야邪를閑ᄒᆞ야그誠을存ᄒᆞ며世를善케ᄒᆞ야

도伐티아니ᄒᆞ며德이博ᄒᆞ야化홈이니易에ᄀᆞᆯ오ᄃᆡ見龍在田利見大人이라ᄒᆞ니君

의德이라

○正中不潛而未躍之時也常言亦信常行亦謹盛德之至也閑邪存其誠先數亦保之

意言君德也者釋大人之爲九二也

九三曰君子終日乾乾夕惕若厲无咎는 何謂也오 子ㅣ曰君

子ㅣ進德修業니 忠信이 所以進德也오修辭立其誠이 所以

居業也라 知至至之可與幾也며 知終終之라 可與存義也니

是故로居上位而不驕하며 在下位而不憂니 故로乾乾하야 因其

時而惕면 雖危나无咎矣라 （幾音畿堅／機溪反）

●九三애글오디君子ㅣ終日乾乾夕惕若厲无咎는 엇디닐옴고子ㅣ골오샤디君子ㅣ

德을進하며業을修하나니忠信이써德을進하는배오辭를修하야그誠을立하욤이

써業애居하는배라至홀디를알아至하나니이런고로幾하거시며終홀디를알

아終하논디라可히더브러義를存하거시니이런고로上位에居하야驕티아니하며

下位에在하야憂치아니하나니故로乾乾하야그時를因하야惕하며비록危하나咎

ㅣ업스리라

○忠信主於心者는无一念之不誠也ㅣ오修辭見於事者는无一言之不實也雖有忠信之心然

非修辭立誠則无以居之知至至之進德之事知終終之居業之事所以終日乾乾而夕

惕若者以此故也可上可下不驕不憂所謂无咎也

九四曰或躍在淵无咎는 何謂也오 子ㅣ曰上下无常이 非爲

邪也며 進退无恒이 非離羣也라 君子進德修業은 欲及時也ㅣ

故로无咎ㅣ라
離去離力
聲 智反

●九四애글오듸 或躍在淵无咎는 엇디닐옴고子ㅣ글으샤듸上ᄒ며下홈이 常이업

슴이邪를ᄒ욤이아니며 進ᄒ며退홈이恒이업슴이羣을離ᄒ욤이아니라君子ㅣ德

을進ᄒ며 業을修홈은時에及고져홈이니 故로咎ㅣ업스니라

○內卦以德學言外卦以時位言進德修業九三備矣此則欲其及時而進也

九五曰飛龍在天利見大人은 何謂也오子ㅣ曰同聲相應ᄒ며

同氣相求ᄒ야 水流濕ᄒ며 火就燥ᄒ며 雲從龍ᄒ며 風從虎ㅣ라聖人이作

而萬物이覩ᄒᄂᆞ니 本乎天者는 親上ᄒ고 本乎地者는 親下ᄒᄂᆞ니 則各

從其類也ㅣ니라

●九五애글오듸 飛龍在天利見大人은 엇디닐옴고子ㅣ글으샤듸同ᄒ聲이셔르應

ᄒ며同ᄒ氣ㅣ셔르求ᄒ야水ㅣ濕애流ᄒ며火ㅣ燥애就ᄒ며雲이龍을從ᄒ며風이

虎를從ᄒᄂᆞᆫ디라聖人이作홈애萬物이覩ᄒᄂᆞ니天애本ᄒ者는上애親ᄒ고地애本

ᄒᆞᆫ者는下애親ᄒᆞᄂᆞ니곳各各그類를從ᄒᆞᆷ이니라

○作起也物猶人也覩釋利見之意也本乎天者謂動物本乎地者謂植物物各從其類

聖人人類之首也故與起於上則人皆見之

上九曰亢龍有悔는何謂也오子ㅣ曰貴而无位ᄒ며高而无民ᄒ며

賢人이在下位而无輔ㅣ라是以動而有悔也ㅣ니

●上九애ᄀᆞᆯ오ᄃᆡ亢龍有悔ᄂᆞᆫ엇디닐음고子ㅣᄀᆞᄅᆞ샤ᄃᆡ貴ᄒᆞᄃᆡ位ㅣ업스며高ᄒᆞᄃᆡ

民이업스며賢人이下位에在ᄒᆞ야輔ᄒᆞᆯ이업순디라일로ᄡᅥ動ᄒᆞ면悔ㅣ인ᄂᆞ니라

○賢人在下位謂九五以下ㅣ며先輔以上九過高志滿不來輔助之也○此第二節申象傳
之意

潛龍勿用은下也ㅣ오

●潛龍勿用은下홈이오

(傳)此以下言乾之時勿用以在下末可用也

見龍在田은時舍也ㅣ오

●見龍在田은時로舍홈이오「本義」時ㅣ舍홈이오

○言未爲時用也

終日乾乾은行事也ㅣ오

●終日乾乾은事를行홈이오

(傳)進德修業也

或躍在淵은自試也ㅣ오

●或躍在淵은스스로試홈이오

○未遽有爲姑試其可

飛龍在天은上治也ㅣ오

●飛龍在天은上의治ㅣ오「本義」上에셔治홈이오　治傳更反本直　義濆作平聲

○居上以治下

亢龍有悔는窮之災也ㅣ오

●亢龍有悔는窮의災ㅣ오

(傳)窮極而災至也

乾元用九는天下ㅣ治也ㅣ라

●乾元의九用홈은天下ㅣ治홈이라

○言乾元用九見與他卦不同君道剛而能柔天下无不治矣○此第三節再申前意

潛龍勿用은陽氣潛藏이오

●潛龍勿用은陽氣ー潛藏홈이오

(傳)此以下言乾之義方陽微潛藏之時君子亦當晦隱未可用也

見龍在田은天下ー文明이오

●見龍在田은天下ー文明홈이오

○雖不在上位然天下已被其化

終日乾乾은與時偕行이오

●終日乾乾은時로더브러行홈이오

○時當然也

或躍在淵은乾道ー乃革이오

●或躍在淵은乾의道ー이예革홈이오

○離下而上變革之時

飛龍在天은乃位乎天德이오

●飛龍在天은이예天德애位홈이오

○天德卽天位也盖唯有是德乃宜居是位故以名之

亢龍有悔는與時偕極이오

●亢龍有悔는時로더브러홈씨極홈이오

(傳)時旣極則處時者亦極矣

乾元用九는乃見天則이라

●乾元用九는이에天則을見홀거시라

○剛而能柔天之法也○此第四節又申前意

乾元者는始而亨者也ㅣ오

○始則必亨理勢然也

●乾元은始ᄒᆞ야亨ᄒᆞᄂᆞᆫ者ㅣ오

利貞者는性情也ㅣ라

●利貞은性情이라

○收歛歸藏乃見性情之實

乾始ㅣ能以美利로利天下ㅣ라不言所利ᄒᆞ니大矣哉ㅣ라

●乾의始ㅣ能히아름다온利로써天下를利케ᄒᆞᄂᆞᆫ지라利ᄒᆞᆫ바를言치아니ᄒᆞ니크다

○始者元而亨也利天下者利也不言所利者貞也或曰坤利牝馬則言所利矣

大哉라 乾乎여 剛健中正純粹ㅣ 精也오ㅣ [本義] 剛健中正이 純

粹精也오ㅣ

●크다 乾이여 剛ᄒᆞ며 健ᄒᆞ며 中ᄒᆞ며 正ᄒᆞ며 純ᄒᆞ며 粹ᄒᆞ거시 精ᄒᆞ고 [本義] 剛ᄒᆞ며
健ᄒᆞ며 中ᄒᆞ며 正ᄒᆞ며 純ᄒᆞ며 粹ᄒᆞ야 精ᄒᆞ고

○剛以體言健兼用言中者其行无過不及正者其立不偏四者乾之德也純者不雜於
陰柔粹者不雜於邪惡盖剛健中正之至極而精者又純粹之至極也或疑乾剛无柔不
得言中正者不然也天地之間本一氣之流行而有動靜爾以其流行之統體而言則但
謂之乾而无所不包矣以其動靜分之然後有陰陽剛柔之別也

六爻發揮ᄂᆞᆫ 旁通情也오ㅣ [揮廣雅云動也王 蕭云散也亦作輝]

●六爻로 發揮홈은 情을 旁ᄋᆞ로 通홈이오

○旁通猶言曲盡

時乘六龍야 以御天也ㅣ니 雲行雨施라 天下平也ㅣ라

●時로 六龍을 乘ᄒᆞ야 ᄡᅥ 天을 御ᄒᆞᄂᆞ니 雲이 行ᄒᆞ며 雨ㅣ 施ᄒᆞᄂᆞᆫ지라 天下ㅣ 平ᄒᆞ
니라

○言聖人時乘六龍以御天則如天之雲行雨施而天下平也○此第五節復申首章之
意

君子ㅣ以成德爲行이니 日可見之ㅣ行也ㅣ라 潛之爲言也ㅣ 隱
而未見ᄒᆞ며 行而未成이라 是以君子ㅣ弗用也ᄒᆞᄂ니라 〔行並下孟反未 見之見賢遍反〕
●君子ㅣ德을成홈으로써行을삼ᄂ니 日로可히見홀거시 行이라 潛이란말은 隱ᄒᆞ
야見티못ᄒᆞ며 行이成티못ᄒᆞ연ᄂ디라 일로써君子ㅣ用치아니ᄒᆞᄂ니라 〔本義〕成
ᄒᆞᆫ德으로써
○成德已成之德也 初九固成德但其行未可見爾
君子ㅣ學以聚之ᄒᆞ고 問以辨之ᄒᆞ며 寬以居之ᄒᆞ고 仁以行之ᄒᆞᄂ니 易
曰見龍在田利見大人이라ᄒᆞ니 君德也ㅣ라
●君子ㅣ學ᄒᆞ야써聚ᄒᆞ고 問ᄒᆞ야써辨ᄒᆞ며 寬으로써居ᄒᆞ고 仁으로써行ᄒᆞᄂ니 易
에글오ᄃᆡ見龍在田利見大人이라ᄒᆞ니 君의德이라
○盖由四者以成大人之德 再言君德以深明九二之爲大人也
九三은重剛而不中ᄒᆞ야 上不在天ᄒᆞ며 下不在田이라 故로乾乾ᄒᆞ야 因 〔重直龍 反下同〕
其時而惕ᄒᆞ면 雖危나 无咎矣리라
●九三은重ᄒᆞᆫ剛이오 中티아니ᄒᆞ야 上으로天애在치아니ᄒᆞ며 下로田애在치아니
ᄒᆞ지라 故로乾乾ᄒᆞ야 그時를因ᄒᆞ야惕ᄒᆞ면 비록危ᄒᆞ나 咎ㅣ업스리라

○重剛謂陽爻陽位

九四는重剛而不中야 上不在天며下不在田며 中不在人이라故로或之니 或之者는疑之也니故로无咎라

●九四는重혼剛이오中티아니야上으로天애在치아니며下로田애在티아니며中으로人애在티아니디라故로或이라ᄒᆞ니 혼은疑혼이니故로咎ㅣ업스니라

○九四非重剛重字疑衍在人謂三或者隨時而未定也

夫大人者는與天地合其德며與日月合其明며與四時合其序며與鬼神合其吉凶야先天而天弗違며後天而奉天時니天且弗違온而況於人乎며況於鬼神乎여

夫音扶先悉薦反後胡豆反

●大人은天地로더부러그德이合ᄒᆞ며日月로더브러그明이合ᄒᆞ며四時로더브러그序ㅣ合ᄒᆞ며鬼神으로더브러그吉凶이合야天애先ᄒᆞ야도天이違디몯ᄒᆞ며天애後ᄒᆞ야天時를奉ᄒᆞᄂᆞ니天도ᄯᅩ違리몯곤ᄒᆞ며人에며ᄒᆞ며鬼神에ᄯᆞ녀

○大人即釋爻辭所利見之大人也有是德而當其位乃可以當之人與天地鬼神本无

二理特蔽於有我之私是以梏於形體而不能相通大人无私以道爲體曾何彼此先後

之可言哉先天不違謂意之所爲默與道契後天奉天謂知理如此奉而行之回紇謂郭
子儀曰卜者言此行當見一大人而還其占盖與此合若子儀者雖未及乎夫子之所論
然其至公无我亦可謂當時之大人矣

亢之爲言也는 知進而不知退며ᄒ 知存而不知亡며ᄒ 知得而不
知喪이니

●亢이란말은進을알고退를아지못ᄒ며存을알고亡을아지못ᄒ며得을알고喪을
아지못흠이니

○所以動而有悔也

其唯聖人乎아 知進退存亡而不失其正者ᅵ 其唯聖人乎뎌ᅵ

●그오직聖人가進ᄒ며退ᄒ며存ᄒ며亡흠을알아ㄱ正을失디아니ᄒᄂ者ᅵㄱ오
직聖人인뎌

○知其理勢如是而處之以道則不至於有悔矣固非計私以避害者也再言其唯聖人
乎始若設問而卒自應之也 ○此第六節復申第二第三第四節之意

坤　坤上　坤下

坤은元코ᄒ亨코ᄒ利코ᄒ牝馬之貞이니 「本義」「坤」은元亨코ᄒ利牝馬之貞이니

●坤은元ᄒᆞ고亨ᄒᆞ고利ᄒᆞ고牝馬의貞이니「本義」크게亨ᄒᆞ고牝馬의貞이利ᄒᆞ니

(傳)坤乾之對也四德同而貞體則異乾以剛固爲貞坤則柔順而貞牝馬柔順而健行故

取其象曰牝馬之貞

●君子의有攸往이니라「本義」君子ㅣ有攸往이던댄

(傳)君子所行柔順而利且貞合坤德也

●先ᄒᆞ면迷ᄒᆞ고後ᄒᆞ면得ᄒᆞ리니主利라「本義」得ᄒᆞ야主利니

(傳)陰從陽者也待唱而和陰而先陽則爲迷錯居後乃得其常也主利利萬物則主於坤

生成皆地之功也臣道亦然君令臣行勞於事者臣之職也

●西南은得朋이오東北은喪朋이니安貞ᄒᆞ야吉ᄒᆞ니라　喪(息浪反)「本義」安貞ᄒᆞ면吉ᄒᆞ리라

●西와南은朋을得ᄒᆞ고東과北은朋을喪ᄒᆞ리니安ᄒᆞ고貞ᄒᆞ야吉ᄒᆞ니라「本義」貞

애安ᄒᆞ면吉ᄒᆞ리라

○一者偶也陰之數也坤者順也陰之性也註中者三畫卦之名也經中者六畫卦之名

也陰之成形莫大於地此卦三畫皆偶故名坤而象地重之又得坤焉則是陰之純順之

至故其名與象皆不易也牝馬順而健行者陽先陰後陽主義陰主利西南陰方東北陽

方安順之爲也貞健之守也遇此卦者其占爲大亨而利以順健爲正如有所往則先迷
後得而主於利往西南則得朋往東北則喪朋大抵能安於正則吉也

● 象曰至哉라 坤元이여 萬物이 資生호나니 乃順承天호나이

● 象애 글오디 지극다 坤의 元이이여 萬物이 資호야 生호나니이예 順히 天을 承호나니
○ 此以地道明坤之義而首言元也至極也比大義差緩始者氣之始生者形之始順承
天施地之道也

坤厚載物이 德合无疆호며

● 坤의 厚ㅣ 物을 載호욤이 德이 无疆애 合호며

(傳) 資生之道可謂大矣乾旣稱大故坤稱至至義差緩不若大之盛也聖人於尊卑之辨
謹嚴如此萬物資乾以始資坤以生父母之道也順承天地以成其功坤之厚德持載萬
物合於乾之无疆也

含弘光大야 品物이 咸亨호나니라

● 含호며 弘호며 光호며 大야 品物이다 亨호나니라
○ 言亨也德合无疆謂配乾也

牝馬는 地類니 行地无疆호며 柔順利貞이 君子攸行이라

● 牝馬ᄂᆞᆫ 地의 類ㅣ니 地에 行홈이 疆이업시ᄒ며 柔順ᄒ고 利貞홈이 君子의 行ᄒᄂᆞᆫ 배라

○ 言利貞也ㅣ니 馬乾之象而以爲地類者ᄂᆞᆫ 牝陰物而馬又行地之物也ㅣ 行地无疆則順而健矣 柔順利貞坤之德也 君子攸行 人之所行如坤之德也 所行如是則其占如下文所云

先迷ᄒ야 失道ᄒ고 後ᄒ면 順ᄒ야 得常ᄒ리니 西南得朋은 乃與類行이오 東北喪朋은 乃終有慶ᄒ리니 「本義」 東北喪朋이나

● 先ᄒ면 迷ᄒ야 道ᄅᆞᆯ 失ᄒ고 後ᄒ면 順ᄒ야 常을 得ᄒ리니 西와 南은 朋을 類로더브러 行홈이오 東과 北은 朋을 喪홈은 ᄆᆞᄎᆞᆷ애 慶이이시리니 「本義」 東과 北은 朋을 喪ᄒ나

○ 陽大陰小 陽得兼陰 陰不得兼陽 故坤之德常減於乾之半也 東北雖喪朋然反之西南則終有慶矣

安貞之吉이 應地无疆이라

● 安貞의 吉홈이 地의 疆업슴을 應홈이니라

○ 安而且貞地之德也

象曰 地勢ㅣ 坤이니 君子ㅣ 以ᄒ야 厚德으로 載物ᄒᄂᆞ니라

●象애ᄀᆞᆯ오ᄃᆡ地의勢ㅣ坤이니君子ㅣ以ᄒᆞ야厚ᄒᆞᆫ德으로物을載ᄒᆞᄂᆞ니라

○地坤之象이亦一而已故不言重而言其勢之順則見其高下相因之无窮至順極厚而

无所不載也

初六은履霜ᄒᆞ면堅氷이至ᄒᆞᄂᆞ니라

●初六은霜을履ᄒᆞ면堅ᄒᆞᆫ氷이至ᄒᆞᄂᆞ니라

○六陰爻之名陰數六老而八少故謂陰爻爲六也霜陰氣所結盛則水凍而爲氷此爻
陰始生於下其端甚微而其勢必盛故其象如履霜則知堅氷之將至也夫陰陽者造化
之本不能相无而消長有常亦非人所能損益也然陽主生陰主殺則其類有淑慝之分
焉故聖人作易於其不能相无者既以健順仁義之屬明之而无所偏主至其消長之際
淑慝之分未嘗不致其扶陽抑陰之意焉盖所以贊化育而參天地者其旨深矣不言
其占者謹微之意已可見於象中矣

象曰履霜堅氷은陰始凝也니馴致其道ᄒᆞ야至堅氷也ᄒᆞᄂᆞ니라「本
義」履霜作初六

●象애ᄀᆞᆯ오ᄃᆡ履霜堅冰은陰이비로소凝ᄒᆞᆷ이니그道ᄅᆞᆯ馴ᄒᆞ야致ᄒᆞ야堅冰애至ᄒ
ᄂᆞ이다

○按魏志作初六履霜今當從之馴順習也

六二는 直方大ㅣ라 不習도어라 无不利ㅣ라ᄒᆞ니

● 六二는 直ᄒᆞ고 方ᄒᆞ고 大ᄒᆞᆫ지라 習지아니ᄒᆞ야도 利티아님이업스니라

○ 柔順正固坤之直也ㅣ오 賦形有定坤之方也ㅣ오 德合无疆坤之大也ㅣ오 六二柔順而中正又得坤道之純者故其德內直外方而又盛大不待學習而无不利占者有其德則其占如是也

(傳) 承天而動直以方耳直方則大矣直方之義其大无窮地道光顯其功順成豈習而後利哉

象曰六二之動이 直以方也ㅣ니 不習无不利는 地道ㅣ 光也ㅣ라

● 象애ᄀᆞᆯ오ᄃᆡ 六二의 動ᄒᆞᆷ이 直ᄒᆞ고 ᄡᅥ 方ᄒᆞ니 不習无不利ᄂᆞᆫ 地道ㅣ 光ᄒᆞᆷ이라

六三은 含章可貞이니 或從王事ᄒᆞ야 无成有終이라ᄒᆞ리라

● 六三은 章을含홈이 可히 貞홀지니 或王事를從ᄒᆞ야 成홈이업고 終을둘지니라

[本義] 章을含ᄒᆞ야 可히 貞호ᄃᆡ 或王事를 從ᄒᆞ면 成이업셔도 終이이시리라

○ 六陰三陽內含章美可貞以守然居下之上不終含藏故或時出而從上之事則始雖无成而後必有終爻有此象故戒占者有此德則如此占也

象曰含章可貞이니 以時發也ㅣ오

●象애글오□章을含홈이可히貞홀지니時로써發홀거시오

(傳)夫子懼人之守文而不達義也又從而明之言爲臣處下之道不當有其功善必含晦
其美乃正而可常然義所當爲者則以時而發不有其功耳再不失其宜乃以時也非含
藏終不爲也含而不盡忠者也

●或從王事는知—光大홈이라 〔知音智〕

(傳)象只舉上句解義則幷及下文它卦皆然或從王事而能无成有終者是其知之光大
也唯其知之光大故能含晦淺暗之人有善唯恐人之不知豈能含章也

●六四는括囊이면无咎며无譽리라 〔本義〕括囊 〔括音活反譽音餘又音預〕

○六四는囊을括듯ᄒ면咎도업스며譽도업스리라〔本義〕囊을括홈이니

○括囊言結囊口而不出也譽者過實之名謹密如是則无咎而亦无譽矣六四重陰不
中故其象占如此盖或事當謹密或當隱遁也

●象曰括囊无咎는愼不害也라

(傳)象애글오딕括囊无咎는愼ᄒ면害치아니홈이라

●六五는黃裳이면元吉이라 〔本義〕黃裳이니元吉이라ᄒ니

(傳)能愼如此則无害也

●六五는黃호裳이면크게吉호리라「本義」黃호裳이니크게吉호니라
○黃中色裳下飾六五以陰居尊中順之德充諸內而見於外故其象如此而其占爲大
善之吉也占者德必如是則其占亦如是矣奉秋傳南蒯將叛筮得此爻以爲大吉子服
惠伯曰忠信之事則可不然必敗外強內溫忠也和以率貞信也故曰黃裳元吉黃中之
色也裳下之飾也元善之長也中不忠不共不得其色下不得其飾事不善不得其極且
夫易不可以占險三者有闕筮雖當未也後蒯果敗此可以見占法矣

象曰黃裳元吉은文在中也라ᅵ
●象애글오디黃裳元吉은文이中애在홈이라
○文在中而見於外也

上六은龍戰于野ᄒ니其血이玄黃이로
●上六은龍이野애戰ᄒ니그血이玄ᄒ고黃ᄒ두다
○陰盛之極至與陽爭兩敗俱傷其象如此占者如是其凶可知

象曰龍戰于野는其道ᅵ窮也라ᅵ
●象애글오디龍戰于野는그道ᅵ窮홈이라
○陰盛至於窮極則必爭而傷也

用六은利永貞라ᄒ니
(傳)

●六用혼은永ᄒᆞ고貞혼이利ᄒᆞ니라

○用六言凡得陰爻者皆用六而不用八亦通例也以此卦純陰而居首故發之遇此卦

而六爻俱變者其占如此辭盖陰柔而不能固守變而爲陽則能永貞矣故戒占者以利

永貞即乾之利貞也自坤而變故不足於元亨云

●象曰用六永貞은以大終也ᅵ라

○初陰後陽故曰大終

●象애굴오ᄃᆡ用六永貞은終애大ᄒᆞᆷ으로ᄡᅥ라

○剛方釋牝馬之貞也方謂生物有常

●文言曰坤은至柔而動也ᅵ剛ᄒᆞ고至靜而德方ᄒᆞ니

●文言애골오ᄃᆡ坤은젹극히柔ᄒᆞᄃᆡ動홈이剛ᄒᆞ고지극히靜ᄒᆞᄃᆡ德이方ᄒᆞ니

●後得야ᄒᆞ主而有常ᄒᆞ며

○程傳曰主下當有利字

●後ᅵ면得ᄒᆞ야利ᄅᆞᆯ主ᄒᆞ야常이이사며

●含萬物而化ᅵ光ᄒᆞ니

●萬物을含ᄒᆞ야化ᅵ光ᄒᆞ니

坤道ㅣ其順乎뎌承天而時行ㅣ나니라

●坤道ㅣ그順훈뎌天을承호야時로行호나니라

○復明順承天之義○此以上申象傳之意

積善之家는必有餘慶호고積不善之家는必有餘殃이나니 臣弑其

君며子弑其父ㅣ非一朝一夕之故ㅣ라其所由來者ㅣ漸矣니由

辯之不早辯也ㅣ니易曰履霜堅氷至나라호 盖言順也ㅣ라「本義」順當作愼

●善을積호 는家는반다시므慶이잇고不善을積호 는家는반다시므殃이

니臣이그君을弑호며子ㅣ그父를弑홈이一朝一夕의故ㅣ아니라그말믜아마온배

漸호욤이니辯홈을일辯치아님을말믜아매니易에글오디履霜堅氷至라호니順홈

을닐옴이라

○古字順愼通用按此當作愼言當辯之於微也

直은其正也ㅣ오方은其義也ㅣ니君子ㅣ敬以直內호고義以方外호야敬

義立而德不孤니 直方大不習无不利는則不疑其所行也

●直은그正홈이오方은그義니君子ㅣ敬호야써內롤直호고義호야써外롤方호야

敬과義立호야德이孤티아니호느니直方大不習无不利는그行호는바롤疑치아니홈이라

○此以學而言之也正謂本體義謂裁制敬則本體之守也直內方外程傳備矣不孤言大也疑故習而後利不疑則何假於習

●陰이비록美룰두나含호야써王事룰從호야敢히成티말올디니地의道ㅣ며妻의道ㅣ며臣의道ㅣ니地道는成홈이업고代호야終을두느니라

(傳)爲下之道不居其功含晦其章美以從王事代上以終其事而不敢有其成功也猶地道代天終物而成功則主於天也妻道亦然

陰雖有美나含之야以從王事야弗敢成也니地道也며妻道也

臣道也니地道는无成而代有終也니

●天地變化호면草木이蕃호고天地閉호면賢人이隱느는易曰括囊无咎

天地ㅣ變化호면草木이蕃호고天地ㅣ閉호면賢人이隱호느니易에굴오디括囊

无譽ㅣ라호니盖言謹也ㅣ라

无咎无譽ㅣ라ᄒᆞ니 謹ᄒᆞᆷ을닐옴이라

(傳)四居上近君而无相得之義故爲隔絶之象天地交感則變化萬物草木蕃盛君臣相
際而道亨天地閉隔則萬物不遂君臣道絶賢者隱遯四於閉隔之時括囊晦藏則雖无
令譽可得无咎言當謹自守也

君子ㅣ黃中通理ᄒᆞ야

●君子ㅣ黃이中ᄒᆞ고理애通ᄒᆞ야
○黃中言中德在內釋黃字之義也

正位居體ᄒᆞ야

●正位예셔體예居ᄒᆞ야
○雖在尊位而居下體釋裳字之義也

美在其中而暢於四支ᄒᆞ며發於事業ᄒᆞᄂᆞ니美之至也ㅣ라

●美ㅣ그中애在ᄒᆞ야四支예暢ᄒᆞ며事業애發ᄒᆞᄂᆞ니美의지극ᄒᆞᆷ이라
○美在其中復釋黃中暢於四支復釋居體

陰疑於陽ᄒᆞ면必戰ᄒᆞᄂᆞ니爲其嫌於无陽也ㅣ라故로稱龍焉ᄒᆞ고猶未
離其類也ㅣ라故로稱血焉ᄒᆞᄂᆞ니夫玄黃者ᄂᆞᆫ天地之雜也ㅣ니天玄而

地黃라ᄒ니 [爲于僞反離力 智反夫音扶]

●陰이陽애疑ᄒ며반다시戰ᄒᄂ니그陽이업合애嫌홈을爲ᄒᄂ디라故로龍이라稱ᄒ고오히려그類애離티못ᄒᄂ디라故로血이라稱ᄒ니ᄒᆞᆫ黃은天地의雜ᄒᆞᆫ거시니天은ᄒᆞᆫ고地ᄂᆞᆫ黃ᄒ니라

○疑謂鈞敵而无小大之差也坤雖无陽然陽未嘗无也血陰屬盖氣陽而血陰也立黃天地之正色言陰陽皆傷也○此以上申象傳之意

䷂
坎上 震下

屯은元亨코利貞ᄒ니勿用有攸往이오利建侯ᄒ니라 [屯張 倫反]

●屯은크게亨ᄒ고貞홈이利ᄒ니ᄡᅥ往홈을두지말오侯를建홈이利ᄒ니라

○震坎皆三畫卦之名震一陽動於二陰之下故其德爲動其象爲雷坎一陽陷於二陰之間故其德爲陷爲險其象爲雲爲雨爲水屯六畫卦之名也難也物始生而未通之意故其爲字象ᄡᅥ穿地始出而未申也其卦以震遇坎乾坤始交而遇險陷故其名爲屯震動在下坎險在上是能動乎險中能動雖可以亨而在險則宜守正而未可遽進故筮得之者其占爲大亨而利於正但未可遽有所往耳又初九陽居陰下而爲成卦之主是能以賢下人得民而可君之象故筮立君者遇之則吉也

象曰屯은剛柔ㅣ始交而難生호며 　難去聲六　二象同

●象애글오디屯은剛과柔ㅣ비로소交호야難이生호며

○以二體釋卦名義始交謂震難生謂坎

動乎險中호니

●險호中애動호니

(傳)以雲雷二象言之則剛柔始交也以坎震二體言之動乎險中也剛柔始交未能通暢

則艮屯故云難生又動於險中爲艱屯之義

○以二體之德釋卦辭動震之爲也險坎之地也自此以下釋元亨利貞乃用文王本意

大亨貞은「本義」大亨貞이니

●크게亨호고貞홈은本義크게亨코貞호니라

雷雨之動이滿盈호니라「本義」滿盈호야

●雷雨의動이滿盈호실라「本義」滿盈호야

(傳)所謂大亨而貞者雷雨之動滿盈也陰陽始交則艱屯未能通及其和洽則成雷雨滿盈於天地之間生物乃遂屯有大亨之道也所以能大亨由夫貞也非貞固安能出屯人之處屯有致大亨之道亦在夫貞固也

天造草昧에는 宜建侯오ㅣ而不寧이니라「本義」天造草昧ㅣ라

●天造ㅣ草昧호졔는 맛당이侯를建호고寧치아닐지니라「本義」天造ㅣ草昧호지

○以二體之象釋卦辭雷震象雨坎象天造猶天運草雜亂昧晦冥也陰陽交而雷雨作雜亂晦冥塞乎兩間天下未定名分未明宜立君以統治而未可遽謂安寧之時也不取初九爻義者取義多端姑舉其一也

象曰雲雷ㅣ屯이니君子ㅣ以야經綸니라

●象애굴오디雲과雷ㅣ屯이니君子ㅣ以호야經호며綸니라

○坎不言水而言雲者未通之意經綸治絲之事經引之綸理之也屯難之世君子有爲之時也

初九는磐桓니利居貞며利建侯니라　盤　步干反

●初九는磐桓이니貞애居홈이利호며侯를建홈이利호니라「本義」建호야侯호음이利호니라

○磐桓難進之貌屯難之初以陽在下又居動體而上應陰柔險陷之爻故有磐桓之象然居得其正故其占利於居貞又本成卦之主以陽下陰爲民所歸侯之象也故其象又如此而占者如是則利建以爲侯也

象曰雖磐桓ᄒ나志行正也ᅵ며

●象애ᄀᆞᆯ오ᄃᆡ비록磐桓ᄒ나志ᅵ正을行홈이며

(傳)賢人이在下時ᄒ야苟未利雖磐桓未能遂往濟時之屯然有濟屯之志與濟屯之用志在行其正也

以貴下賤ᄒᆞ니大得民也ᅵ로

●貴로ᄡᅥ賤애下ᄒᆞ니크게民을得홈이로다

(傳)九當屯難之時以陽而來居陰下爲以貴下賤之象方屯之時陰柔不能自存有一剛陽之才衆所歸從也更能自處卑下所以大得民也或疑方屯于下何有貴乎夫以剛明之才而下於陰柔以能濟屯之才而下於不能乃以貴下賤也況陽之於陰自爲貴乎

六二는屯ᄒᆞ며邅如ᄒᆞ며乘馬班如ᄒᆞ니匪寇ᅵ면婚媾ᅵ리니女子ᅵ貞ᄒᆞ야不字ᅵ라가十年애乃字ᄒᆞᆯᄯᅵ로다「本義」匪寇라婚媾ᅵ니

邅張連反 乘繩證反又音繩

●六二는屯ᄒᆞ며邅ᄒᆞ며馬를乘ᄒᆞ얏다가班ᄒᆞ니寇곳아니면婚媾애ᄒᆞ리니女子ᅵ貞ᄒᆞ야字치아니ᄒᆞ얏다가十年에아이에字ᄒᆞ리로다「本義」馬를乘흠아니라婚媾홈이니

○班分布不進之貌字許嫁也禮曰女子許嫁笄而字六二陰柔中正有應於上而乘初

剛故爲所難而邅回不進然初非爲寇也乃求與己爲婚媾耳但已守正故不之許至于
十年數窮理極則妄求者去正應者合而可許矣爻有此象故因以戒占者

●象애 글오ᄃᆡ 六二의 難은 剛을 乘홈이오 十年乃字ᄂᆞᆫ 常애 反홈이라

象曰六二之難은 乘剛也ㅣ오十年乃字ᄂᆞᆫ 反常也ㅣ라

(傳) 六二居屯之時而又乘剛爲剛陽所逼是其患難也至於十年則難久必通矣乃得其
反常與正應合也十數之終也

六二은即鹿无虞라惟入于林中이어君子ㅣ幾야不如舍ㅣ니往ᄒᆞ면吝

幾音機
舍音捨象同

●六三은鹿애 即호ᄃᆡ 虞ㅣ 업슨지라오직 林中애 入홈이니君子ㅣ幾ᄒᆞ야 舍홈만 갓
지못ᄒᆞ니往ᄒᆞ면吝ᄒᆞ리라

○陰柔在下不中不正上無正應妄行取困爲逐鹿无虞陷入林中之象君子見幾不如
舍去若往逐而不舍必致羞吝占者宜如是也

象曰即鹿无虞는以從禽也ㅣ오君子ㅣ舍之ᄂᆞᆫ 往ᄒᆞ면吝窮也ㅣ라

●象애 글오ᄃᆡ 即鹿无虞ᄂᆞᆫ 禽을 從홈으로써오君子ㅣ舍홈믄 往ᄒᆞ면吝ᄒᆞ야 窮홈이
라

(傳)事不可而妄動以從欲也无虞而即鹿以貪禽也當屯之時不可動而動猶无虞而即鹿以有從禽之心也君子則見幾而舍之不從若從則可吝而困窮也

六四는 乘馬班如니 求婚媾야 往면 吉야 无不利라 [本義]求婚媾ㅣ어

●六四는 馬를乘야얏다가 班홈이니 婚媾을求야 往야면吉야 利치아임이업스리라 [本義]馬을乘야 班홈이니 婚媾를求거든

○陰柔居屯不能上進故爲乘馬班如之象然初九守正居下以應於己故其占爲下求婚媾則吉也

象曰求而往은明也라

●象애글오 求야往은明홈이라 [本義]求거든往은明홈이라

(傳)知己不足求賢自輔而後往可謂明矣知居得致之地己不能而遂已至暗者也

九五는 屯其膏니 小貞면吉코 大貞면凶라 [本義]小貞吉大貞도이라凶리

●九五는 그膏ㅣ屯홈이니 져기貞야면吉고 크게貞야면凶리라 [本義]小애는

貞ᄒ면吉ᄒ고大애는貞ᄒ여도凶ᄒ리라

○九五는雖以陽剛中正居尊位然當屯之時陷於險中雖有六二正應而陰柔才弱不足以濟初九得民於下衆皆歸之九五坎體有膏潤而不得施爲屯其膏之象占者以處小事則守正猶可獲吉以處大事則雖正而不免於凶

象曰屯其膏는施ᅵ未光也ᅵ라　施始皷反

(傳)膏澤不下及是以德施未能光大也人君之屯也

●象애글오ᄃ屯其膏는施ᅵ光치못홈이라

上六은乘馬班如ᄒ야泣血漣如ᄒ도

●上六은馬를乘ᄒ얏다가班ᄒ야泣血홈을漣히ᄒ놋다「本義」馬를乘ᄒ야班ᄒ야

○陰柔无應處屯之終進无所之憂懼而已故其象如此

象曰泣血漣如ᅵ어何可長也ᅵ오　長直良反

●象애글오ᄃ泣血漣如ᄒ거니엇지可히長ᄒ리오

(傳)屯難窮極莫知所爲故至泣血顚沛如此其能長久乎夫卦者事也爻者事之時也分三而又兩之足以包括衆理引而伸之觸類而長之天下之能事畢矣

艮上　坎下

蒙은亨ᄒ니匪我ㅣ求童蒙이라童蒙이求我ㅣ니初筮ㅣ어 告ᄒ고 再三이면 瀆

이라瀆則不告ㅣ니利貞ㅣ라ᄒ니라　告音谷三息　暫反瀆音獨

●蒙은亨ᄒ니내童蒙애求ᄒ논주리아니라童蒙이내게求홈이니처엄筮ᄒ거든告ᄒ고再三ᄒ면瀆혼지라瀆거든告치아닐지니貞으로홈이利ᄒ니라

○艮亦三畫卦之名이一陽止於二陰之上故其德爲止其象爲山蒙昧也物生之初蒙昧未明也其卦以坎遇艮山下有險蒙之地也內險外止蒙之意也故其名爲蒙亨以下占辭也九二內卦之主以剛居中能發人之蒙者而與六五陰陽相應故遇此卦者有亨道也我二也童蒙幼稚而蒙昧謂五也筮者明則人當求我而其亨在人筮者暗則我當求人而亨在我人求我者當視其可否而應之我求人者當致其精一而扣之而明者之養蒙與蒙者之自養又皆利於以正也

象曰蒙은山下有險ᄒ고險而止ㅣ蒙이라

●象애ᄀᆞ로ᄃᆡ蒙은山下애險이잇고險ᄒ고止홈이蒙이라

○以卦象卦德釋卦名有兩義

蒙亨은以亨行이니時中也오匪我求童蒙童蒙求我는志應也오

「本義」以亨行ᄒ야

●蒙이亨ᄒᆞᆷ은亨ᄋᆞ로써行ᄒᆞᆷ이니時ᄒᆞ고中ᄒᆞᆷ이오匪我求童蒙童蒙求我ᄂᆞᆫ志ᅵ應ᄒᆞᆷ이오「本義」亨ᄋᆞ로써行ᄒᆞ야時의中이오

(傳)山下有險內險不可處外止莫能進未知所爲故爲昏蒙之義蒙之能亨以亨道行也所謂亨道行時中也時謂得其中得中則一有字時也蒙匪我求童蒙童蒙求我志應也二以剛明之賢處於下五以童蒙居上非是二求於五蓋五之志應於二也賢者在下豈可自進以求於君苟自求之必无能信用之理古之人所以必待人君致敬盡禮而後住者非欲自爲尊大蓋其尊德樂道不如是不足與有爲也

●初筮告은以剛中也오再三瀆瀆則不告은瀆蒙也니

(傳)初筮謂誠一而來求決其蒙則當以剛中之道告而開發之再三煩數也來筮之意煩數不能誠一則瀆慢矣不當告也告之必不能信受徒爲煩瀆故曰瀆蒙也求者告者皆煩瀆矣

蒙以養正이聖功也ᅵ라

●蒙애셔正을養ᄒᆞᆷ이聖ᄒᆞᆯ功이라

○以卦體釋卦辭也九二以可亨之道發人之蒙而又得其時之中謂如下文所指之事

皆以亨行而當其可也志應者二剛明五柔暗故二不求五而五求二其志自相應也以

剛中者以剛而中故能告而有節也瀆筮者二三則問者固瀆而告者亦瀆矣蒙以養正

乃作聖之功所以釋利貞之義也

라

●象애글오디山下에泉이出홈이蒙이니君子ㅣ以ᄒ야行을果ᄒ며德을育ᄒᄂᆞ니

象曰山下出泉이蒙이니君子ㅣ以ᄒ야果行ᄒ며育德ᄒᄂᆞ니라　行下孟反　六三象同

○泉水之始出者必行而有漸也

蒙니利用刑人

初六은發蒙이니利用刑人ᄒ야用說桎梏이以往면吝ᄒ리라「本義」發
　　　說叶活反桎音　說音脫桎
　　　質桎古毒反　桎音質谷

●初六은蒙을發호디ᄡ써人을刑ᄒ야ᄡ써桎梏을說홈이利ᄒ니ᄡ써往ᄒ면吝ᄒ리라

「本義」蒙을發홈지니ᄡ써人을刑ᄒ고

○以陰居下蒙之甚也占者遇此當發其蒙然發之之道當痛懲而暫舍之以觀其後若

象曰利用刑人은以正法也ㅣ라

●蒙애글오디利用刑人은ᄡ써法을正홈이라

遂往而不舍則致羞吝矣戒占者當如是也

○發蒙之初法不可不正懲戒所以正法也

九二는包蒙이면吉항고納婦ㅣ면 吉항리 子ㅣ克家ㅣ로 「本義」包蒙이니吉항고

納婦ㅣ吉항고子ㅣ克家ㅣ니

●九二는蒙을包항고면吉항고婦를納항고면吉항고子ㅣ家를克홈이니라

을包홈이니吉항고婦를納홈이니吉항고子ㅣ家를克홈이니라

○九二以陽剛爲內卦之主統治群陰當發蒙之任者然所以治旣廣物性不齊不可一槩

取必而爻之德剛而不過爲能有包容之象又以陽受陰爲納婦之象又居下位而能任

上事爲子克家之象故占者有其德而當其事則如是而吉也

象曰子克家는剛柔ㅣ接也ㅣ라

○指二五之應

●象애굴오디子克家는剛과柔ㅣ接홈이라

六三은勿用取女ㅣ니見金夫고不有躬니无攸利라항니 取七具反

●六三은써女를取치말올지니金夫를見항고躬을두지못항니利홈배엽스니라

○六三陰柔不中不正女之見金夫而不能有其身之象也占者遇之則其取女必得如

是之人无攸利矣金夫盖以金賂已而挑之若魯秋胡之爲者

象曰勿用取女는行이不順也라「本義」行不順也라 順當作愼

●象애ᄀᆞᆯ오ᄃᆡ勿用取女는行이順치아니홈이라「本義」行을順치아니홈이라 順當作愼

○順當作愼蓋順愼古字通用荀子順墨作愼墨且行不愼於經意尤親切今當從之

○旣遠於陽又无正應爲困於蒙之象占者如是可羞吝也能求剛明之德而親近之則

可免矣

六四는困蒙이吝다

●六四는蒙애困홈이니吝도다

○象曰困蒙之吝은獨遠實也라 遠于萬反

●象애ᄀᆞᆯ오ᄃᆡ困蒙의吝홈은홀노實애遠홈이라

○實叶韻去聲

六五는童蒙이니吉ᄒᆞ니라

●六五는童蒙이니吉ᄒᆞ니라

○柔中居尊下應九二純一未發以聽於人故其象爲童蒙而其占爲如是則吉也

○象曰童蒙之吉은順以巽也라 ㄹ서

●象애ᄀᆞᆯ오ᄃᆡ童蒙의吉홈은順ᄒᆞ고ᄡᅥ巽ᄒᆞᆯ시라

（傳）舍己從人順從也降志下求卑巽也能如是優於天下矣

●上九ᄂᆞᆫ蒙ᄋᆞᆯ擊홀지니寇되욤이利치아니ᄒᆞ고寇ᄅᆞᆯ禦홈이利ᄒᆞ니라「本義」蒙ᄋᆞᆯ擊홈이니

上九ᄂᆞᆫ擊蒙이니不利爲寇오利禦寇ᄒᆞ니라

○以剛居上治蒙過剛故爲擊蒙之象然取必太過攻治太深則必反爲之害惟捍其外誘以全其眞純則雖過於嚴密乃爲得宜故戒占者如此凡事皆然不止爲誨人也

象曰利用禦寇ᄂᆞᆫ上下ㅣ順也ㅣ라

●象애골오ᄃᆡ써寇ᄅᆞᆯ禦홈이利홈은上下ㅣ順홈이라

○禦寇以剛上下皆得其道

䷄
乾下
坎上　需音　須

需ᄂᆞᆫ有孚ᄒᆞ야光亨코貞吉니ᄒᆞ니利涉大川라ᄒᆞ니「本義」需ㅣ有孚ᄒᆞ면 光亨

●貞吉ᄒᆞ야

●需ᄂᆞᆫ有孚ㅣ이셔光ᄒᆞ야亨ᄒᆞ고貞ᄒᆞ야吉ᄒᆞ니大川ᄋᆞᆯ涉홈이利ᄒᆞ니라「本義」需ㅣ

孚ㅣ이시면光亨ᄒᆞ고貞ᄒᆞ면吉ᄒᆞ야

○需待也니 以乾遇坎乾健坎險以剛遇險而不遽進以陷於險待之義也孚信之在中者

也其卦九五以坎體中實陽剛中正而居尊位爲有孚得正之象坎水在前乾健臨之將

涉水而不輕進之象故占者爲有所待而能有信則光亨矣若又得正則吉而利涉大川

正固无所利而涉川尤貴於能待則不欲速而犯難也

象曰需는須也니 險이 在前也니 剛健而不陷는其義ㅣ不困窮

矣라

●象애굴오디 需는須홈이니 險이前애在홈이니 剛健호디陷치아니ᄒᆞ니그義ㅣ困

窮치아니ᄒᆞ리라

○此以卦德釋卦名義

需有孚光亨貞吉은位乎天位야ᄒᆞ以正中也ㅣ오

●需有孚光亨貞吉은天位애位ᄒᆞ야正ᄒᆞ고中홈으로써오

(傳)五以剛實居中爲孚之象而得其所需亦爲有孚之義以乾剛而至誠故其德光明而

能亨通得貞正而吉也所以能然者以居天位而得正中也居天位指五以正中兼二言

故云正中

利涉大川은往有功也ㅣ라

●利涉大川은往ㅎ야면功이이심이라

○以卦體及兩象釋卦辭

象曰雲上於天이需니君子ㅣ以ㅎ야飲食宴樂ㅎ나니라 _{上時掌反 樂音洛}

●象애골오디雲이天에上홈이需ㅣ니君子ㅣ以ㅎ야飲食ㅎ며宴樂ㅎ나니라

○雲上於天无所復爲待其陰陽之和而自雨耳事之當需者亦不容更有所爲但飲食宴樂俟其自至而己一有所爲則非需也

○郊曠遠之地未近於險之象也而初九陽剛又有能恒於其所之象故戒占者能如是則无咎也

●初九는郊애需홈이라써恒홈이利ㅎ니咎ㅣ업스리라

初九는需于郊ㅣ라利用恒이니无咎ㅣ리라

象曰需于郊는不犯難行也ㅣ오利用恒无咎는未失常也ㅣ라 _{難乃旦反}

●象애골오디需于郊는難을犯치아니ㅎ야行홈이오利用恒无咎는常을失치아니

(傳)處曠遠者不犯冒險難而行也陽之爲物剛健上進者也初能需待於曠遠之地不犯險難而進復宜安處不失其常則可以无咎矣雖不進而志動者不能安其常也君子之需時也安靜自守志雖有須而恬然若將終身焉乃能用常也

九二는 需于沙ㅣ라 小有言ㅎ나 終吉ㅎ리라

●九二는 沙애 需홈이라 저기 言이이시나 ᄆᆞ춤애 吉ㅎ리라

○沙則近於險矣 言語之傷 亦災害之小者 漸進近坎故有此象 剛中能需故得終吉 戒

占者當如是也

象曰 需于沙는 衍로 在中也ㅣ니 雖小有言ㅎ나 以吉로 終也ㅣ리라 〔衍 以善反〕

라

●象애 글오디 需于沙는 衍으로 中에 이심이니 비록 저기 言이이시나 吉로써 終ㅎ리라

○衍寬意以寬居中不急進也

九三은 需于泥ㅣ니 致寇至ㅎ리라

●九三은 泥애 需홈이니 寇ㅣ 至ㅎ리라

○泥將陷於險矣 寇則害之大者 九三去險愈近而過剛不中 故其象如此

象曰 需于泥는 災在外也ㅣ니 自我致寇ㅎ니 敬愼ㅎ면 不敗也ㅣ리라

●象애 글오디 需于泥는 災ㅣ 外애 이숌이라 날로브터 寇를 致ㅎ니 敬愼ㅎ면 敗치 아니ㅎ리라

○外謂外卦 敬愼不敗 發明占外之占 聖人示人之意切矣

六四는需于血이니出自穴이로[本義]需于血이니出自穴이리라

● 六四는血애需홈이니出홈을穴로브터ᄒᆞᆺ다[本義]血애需ᄒᆞ니出홈을穴로브더ᄒᆞ리라

○ 血者殺傷之地穴險陷之所四交坎體入乎險矣故爲需于血之象然柔得其正需
而不進故又爲出自穴之象占者如是則雖在傷地而終得出也

象曰需于血은順以聽也라

● 象애ᄀᆞᆯ오ᄃᆡ需于血은順ᄒᆞ야ᄡᅥ聽홈이라

(傳)四以陰柔居於險難之中不能固處故退出自穴蓋陰柔不能與時競不能處則退是
順從以聽於時所以不至於凶也

九五는需于酒食이니貞코吉ᄒᆞ니라[本義]貞면吉ᄒᆞ리라

● 九五는酒食에需홈이니貞코吉ᄒᆞ니라[本義]貞ᄒᆞ면吉ᄒᆞ리라

○ 酒食宴樂之具言安以待之九五陽剛中正需于尊位故有此象占者如是而貞固則
得吉也

象曰酒食貞吉은以中正也라

● 象애ᄀᆞᆯ오ᄃᆡ酒食貞吉은中正으로ᄡᅥ라

(傳)需于酒食而貞且吉者以五得中正而盡其道也

上六은 入于穴이니 有不速之客三人이 來호리니 敬之면 終吉

●上六은 穴에 入홈이니 速다아니호 客三人이 來호리시리니 敬호면 ㅁ첨애吉호리라

○陰居險極无復有需有陷而入穴之象下應九三與下二陽需極並進爲不速客

三人之象柔不能禦而能順之有敬之之象占者當陷險中然於非意之來敬以待之則

得終吉也

○以陰居上是爲當位不當位未詳

●象애글오디 不速之客來敬之終吉은비록位애當디아니호나크게失티아니홈이라

象曰不速之客來敬之終吉은雖不當位未大失也 ——當都浪及後凡言當位不當位者倣地

坎下
乾上

訟은 有孚나 窒야 惕호니 中은 吉코 終은 凶호니 [本義]窒호 惕야

●訟은 孚ㅣ이시나 窒호야 惕호니 中홈은吉호 고終홈은凶호니

(傳)訟之道必有其孚實中无其實乃是誣妄凶之道也卦之中實爲有孚之象訟者與人

爭辯而待決於人雖有孚亦須窒塞未通不窒則已明无訟矣事旣未辯吉凶未可必也

故有畏惕中吉得中則吉也終凶終極其事則凶也

利見大人이오 不利涉大川하나니라

●大人을見홈이利하고大川을涉홈이利티아니하니라

○訟爭辯也上乾下坎乾剛坎險上剛以制其下下險以伺其上又爲內險而外健又爲己險而彼健皆訟之道也九二中實上无應與又爲加憂且於卦變自遯而來爲剛來居二而當下卦之中有有孚而見窒能懼而得中之象上九過剛居訟之極有終極其訟之象九五剛健中正以居尊位有大人之象以剛乘險以實履陷有不利涉大川之象故戒占者必有爭辯之事而隨其所處爲吉凶也

○以卦德釋卦名義

象曰訟은 上剛下險하야險而健이訟이라

●象애골오딕訟은上이剛하고下ㅣ險하야險하고健홈이訟이라

訟有孚窒惕中吉은 剛來而得中也오

●訟有孚窒惕中吉은剛이來하야中을得홈이오

(傳)訟之道固如是又據卦才而言九二以剛自外來而成訟則二乃訟之主也以剛處中中實之象故爲有孚處訟之時雖有孚信亦必艱阻窒塞而有惕懼不窒則不成訟矣又居險陷之中亦爲窒塞惕懼之義二以陽剛自外來而得中爲以剛來訟而不過之義是

以吉也卦有更取成卦之由爲義者此是也卦義不取成卦之由則更不言所變之爻也

據卦辭二乃善也而爻中不見其善蓋卦辭取其有孚得中而言乃善也爻則以自下訟

上爲義所取不同也

終凶은訟不可成也ㅣ오
●終凶은訟은可히成치못홀거시오
(傳)訟은非善事不得已也安可終極其事極意於其事則凶矣故曰不可成也成謂窮盡其事也

利見大人은尙中正也ㅣ오
●利見大人은尙홈이中正이오
(傳)訟者求辯其是非也辯之當乃中正也故利見大人以所尙者中正也聽者〔一有非其 或字〕

不利涉大川은入于淵也ㅣ라
●不利涉大川은淵에入홈이라
人則或不得其中正也中正大人九五也

象曰天與水ㅣ違行이訟이니君子ㅣ以야作事謀始하나니라
●不利涉大川은淵에入홈이라
○以卦變卦體卦象釋卦辭

●象에 글오디 天과 다믓 水ㅣ 違ᄒ야 行홈이 訟이니 君子ㅣ 以ᄒ야 事를 作홈이 始에 謀ᄒᄂ니라

○天上水下ㅣ 其行相違作事謀始訟端絕矣

初六은 不永所事ㅣ면 小有言ᄒ나 終吉이리라 「本義ᆢ不永所事ㅣ

●初六은 事ᄒᆞᄂᆞᆫ바를 永치 아니면 저기 言이이시나 믓ᄎᆞᆷ애 吉ᄒ리라 「本義」事ᄒᆞᄂᆞᆫ바를 永치 아님이니

○陰柔居下不能終訟故其象占如此

象曰不永所事ᄂᆞᆫ 訟不可長也ㅣ니

●象에 글오디 不永所事ᄂᆞᆫ 訟은 可히 長치 못ᄒᆞᆯ것시니

(傳)六以柔弱而訟於下其義固不可長永也永其訟則不勝而禍難及矣又於訟之初即戒訟非可長之事也

雖小有言ᄂᆞᆫ 其辯이 明也ㅣ라

●비록 저기 멀이이시나 그 辯홈이 明ᄒ니라

(傳)柔弱居下才不能訟雖不永所事旣訟矣必有小災故小有言也旣不永其事又上有剛陽之正應辯理之明故終得其吉也不然其能免乎在訟之義同位而相應相與者也故初於四爲獲其辯明同位而不相得相訟者也故二與五爲對敵也

九二는不克訟이니歸而逋ᄒ야其邑人이三百戸ㅣ면無眚ᄒ리라「本義」
不克訟ᄒ야歸而逋ㅣ니
●九二는訟을克지못ᄒ야歸ᄒ욤이니歸ᄒ야逋홈이니그邑人이三百戸ㅣ면眚이업스리라「本義」訟은克지못ᄒ야歸ᄒ욤이니歸ᄒ야逋홈이니그邑人이三百戸ㅣ면眚이업스리라
○九二陽剛爲險之主本欲訟者也然以剛居柔得下之中而上應九五陽剛居尊勢不可敵故其象占如此邑人三百戸邑之小者言自處卑約以免災患占者如是則无眚矣

象曰不克訟ᄒ야歸而逋竄也ㅣ니
●象에글오ᄃ訟을克지못ᄒ야歸ᄒ야逋竄홈이니
(傳)義旣不敵故不能訟歸而逋竄避去其所也
竄七亂反　掇都活反

自下訟上이患至掇也ㅣ라
●下로부터上을訟ᄒ욤이患이至홈이掇듯ᄒ니라「本義」掇홈이라
○掇自取也

六三은食舊德ᄒ야貞ᄒ면厲ᄒ나終吉이리
●六三은舊德을食ᄒ야貞ᄒ면厲ᄒ나ᄆ참에吉ᄒ리니
(傳)三雖居剛而應上然質本陰柔處險而介二剛之間危懼非爲訟者也祿者稱德而受

食舊德謂處其素分貞謂堅固自守屬終吉謂雖處危地能知危懼則終必獲吉也守素

分而无求則不訟矣處危謂地險而承乘皆剛與居訟之時也

或從王事야호无成다이로「本義」或從王事도ㅣ라无成이리

●或王事를從호야成호이업도다「本義」或王事를從호지라도成호이업스리라

○食猶食邑之食言所享也六三陰柔非能訟者故守舊居正則雖危而終吉然或出而

從上之事則亦必无成功占者守常而不出則善也

象曰食舊德니호從上도이라吉也라ㅣ「本義」食舊德은從上이

●象애글오딕舊德을食호니上을從홀지라吉호리라「本義」食舊德은上을從호

○從上吉謂隨人則吉明自主事則无成功也

면

九四는不克訟이라復卽命호야渝호야安貞면호吉라호리「本義」安貞

●九四는訟을克치못호논지라復호야命에나아가渝호야安호고貞호면吉호리라（朱反　渝以）

○即就也命正理也渝變也九四剛而不中故有訟象以其居柔故又爲不克而復就正

理渝變其心安處於正之象占者如是則吉也

象曰復卽命渝安貞은 不失也ㅣ라

●象애그르오ㄷ 復卽命渝安貞은 失티아님이라

(傳)能如是則爲无失矣니 所以吉也

九五는 訟애 元吉이라 [本義] 元吉이리

●九五는 訟에 크게 吉홈이라 [本義] 크게 吉ㅎ리라

○陽剛中正以居尊位ㅎ야 聽訟而得其平者也ㅣ니 占者遇之訟而有理ㅣ면 必獲伸矣리라

象曰訟元吉은 以中正也ㅣ라

●象애그르오ㄷ 訟元吉은 中正으로써라

○中則聽不偏正則斷合理

上九는 或錫之鞶帶도라 終朝三褫之라리 〔褫 敕紙反〕

●上九는 或鞶帶를 錫ㅎ지라도 아ᄎᆞᆷ이 ᄆᆞᄎᆞ매 셰번 褫ㅎ리라

○鞶帶命服之飾이오 褫奪也ㅣ니 以剛居訟極終訟而能勝之故로 有錫命受服之象이나 然以訟得之라

豈能安久故로 又有終朝三褫之象이니 其占이 爲終訟无理而或取勝然其所得終必失之聖人

爲戒之意深矣

象曰以訟受服이 亦不足敬也ㅣ라

●象애ᄀᆞᆯ오ᄃᆡ訟으로ᄡᅥ服을受ᄒᆞ욤이坵ᄒᆞᆫ足히敬ᄒᆞᆯ만ᄒᆞ얌족지아니니라

[傳] 窺極訟事設使受服命之寵亦且不足敬而可賤惡況又禍患隨至乎

師　坎下坤上

師ᄂᆞᆫ貞이니丈人이아吉코无咎ᄒᆞ리라「本義」貞코

●師ᄂᆞᆫ貞ᄒᆞᆯ지니丈人이라아吉ᄒᆞ고咎ㅣ업스리라「本義」貞ᄒᆞ고

○師兵衆也ㅣ라下坎上坤坎險坤順坎水坤地古者寓兵於農伏至險於大順藏不測於至靜之中又卦惟九二一陽居下卦之中爲將之象上下五陰順而從之爲衆之象故其卦之名曰師丈人長老之稱用師之道利於得正而任老成之人乃得吉而无咎戒占者亦必如是也

象曰師ᄂᆞᆫ衆也ㅣ오貞ᄋᆞᆫ正也ㅣ니能以衆正ᄒᆞ면可以王矣리라

●彖애ᄀᆞᆯ오ᄃᆡ師ᄂᆞᆫ衆이오貞ᄋᆞᆫ正이니能히衆을ᄡᅥ正케ᄒᆞ면可히ᄡᅥ王ᄒᆞ리라

○此以卦體釋師貞之義以謂能左右之也一陽在下之中而五陰皆爲所以也能以衆正則王者之師矣

剛中而應ᄒᆞ고行險而順ᄒᆞᆫ니

●剛中이오應ᄒ고險을行호디順으로ᄒ니「本義」順ᄒ니

(傳言二也以剛處中剛而得中道也六五之君爲正應信任之專也雖行險道而以順動

所謂義兵王者之師也上順下險行險而順也

以此毒天下而民이從之ᄒᄂ니吉코又何咎矣오

●일노ᄡᅥ天下를毒호디民이從ᄒ니吉ᄒ고ᄯ또ㅁ合咎ㅣ리오

○又以卦體卦德釋丈人吉无咎之義剛中謂九二應謂六五應之行險謂行危道順謂順人必此非有老成之德者不能也毒害也師旅之興不无害於天下然以其有是才德是以民悅而從之也

象曰地中有水ㅣ師ㅣ니君子ㅣ以야容民畜衆ᄒᄂ니라「本義」畜〔畜　傳勅六反　本義許六反〕

●象애골오디地中애水ㅣ솜이師ㅣ니君子ㅣ以ᄒ야民을容ᄒ며衆을畜ᄒᄂ니라「本義」民을容ᄒ야衆을畜ᄒᄂ니라

○水不外於地兵不外於民故能養民則可以得衆矣

初六은師出以律이니否ㅣ면臧이라도凶ᄒ니라「本義」否臧면凶ᄒ리라

●初六은師를出호디律로ᄡᅥ홀디니否ㅣ면臧홀디라도凶ᄒ니라「本義」臧티아니면凶ᄒ리라

○律法也否臧謂不善也晁氏曰否字先儒多作不是也在卦之初爲師之始出師之道當謹其始以律則吉不臧則凶戒占者當謹始而守法也

●象曰師出以律ᄒᆞᄂᆞ니失律ᄒ면凶也ᅵ라

●象애ᄀᆞᆯ오ᄃᆡ師ᄅᆞᆯ出호ᄃᆡ律로ᄡᅥ홀디니律을失ᄒ면凶ᄒ리라

(傳)師出當以律失律則凶矣雖幸而勝亦凶道也

九二ᄂᆞᆫ在師ᄒᆞ야中ᄒᆞᆯᄉᆡ吉코无咎ᄒᆞ니王三錫命이로[本義]在師中ᄒᆞ야[本義]師中

●九二ᄂᆞᆫ師애이셔中ᄒᆞᆯᄉᆡ吉ᄒᆞ고咎ᅵ업ᄉᆞ니王이命을세번錫ᄒᆞ놋다

○九二在下爲衆陰所歸而有剛中之德上應於五而爲所寵任故其象占如此

象曰在師中吉ᄂᆞᆫ承天寵也ᅵ오王三錫命ᄋᆞᆫ懷萬邦也ᅵ라

●象애ᄀᆞᆯ오ᄃᆡ在師中吉ᄋᆞᆫ天寵을承ᄒᆞᆷ이오王三錫命ᄋᆞᆫ萬邦을懷ᄒᆞᆷ이라

(傳)在師中吉者以其承天之寵任也天謂王也人臣非君寵任之則安得專征之權而有成功之吉象以二專主其事故發此義與前所云世儒之見異矣王三錫以恩命褒其成功所以威字懷萬邦也

六三ᄂᆞᆫ師或輿尸면凶ᄒᆞ리라[本義]師或輿尸ᅵ니凶ᄒᆞ니라

●六三ᄂᆞᆫ師ᄅᆞᆯ或모다尸ᄒᆞ면凶ᄒᆞ리라[本義]師ᅵ或尸ᄅᆞᆯ輿ᄒᆞᆷ이니凶ᄒᆞ니라

○輿尸謂師徒撓敗輿尸而歸也以陰居陽才弱志剛不中不正而犯非其分故其象占如此

象曰師或輿尸ᆞ면大无功也ㅣ라리「本義」師或輿尸ᆞ는 大无功也

●象애굴오ᄃᆡ師或輿尸ᆞ면크게功이업스리라「本義」師或輿尸ᆞ는크게功이업슴이

(傳)라

六四는師左次니无咎ㅣ로다

●六四ᆞ는師ㅣ左로次ᄒᆞ욤이니咎ㅣ업도다

○左次謂退舍也陰柔不中而居陰得正故其象如此全師以退賢於六三遠矣故其占

如此

(傳)倚付二三安能成功豈唯无功所以致凶也

象曰左次无咎ᆞ는未失常也ㅣ라

●象애굴오ᄃᆡ左次无咎ᆞ는常을失홈이아니라「本義」常을失

○知難而退師之常也

六五ᆞ는田有禽이어ᄃᆞ利執言ᄒᆞ니无咎ㅣ라리長子ㅣ帥師니弟子ㅣ輿尸

貞도이라흐리凶ᄒᆞ라「本義」田有禽라이利執言ᄒᆞ니无咎ㅣ라리長子로帥師

弟子로 輿尸면

● 六五는 田애 禽이 잇거든 言을 執홈이 利ᄒ니 咎ㅣ 업스리라 長子ㅣ 師를 帥홀지니 弟子ㅣ 모다 尸케ᄒ면 貞ᄒ야도 凶ᄒ리라 「本義」田애 禽이이홈이라 執홈이 利ᄒ니 咎ㅣ 업스리라 長子로 師를 帥ᄒ고 弟子로 尸를 興케ᄒ면

○六五用師之主柔順而中不爲兵端者也敵加於己不得己而應之故爲田有禽之象而其占利以搏執而无咎也言語辭也長子九二也弟子三四也又戒占者專於委任若使君子任事而又使小人叅之則是使之輿尸而歸故雖貞而亦不免於凶也

象曰長子帥師는 以中行也오 弟子輿尸는 使不當也라 （當去聲）

● 象애 골오ᄃᆡ 長子帥師는 中으로써 行홈이오 弟子輿尸는 使홈이 當치아니홈이라
（傳）長子謂二以中正之德合於上而受任以行若復使其餘者衆尸其事是任使之不當也其凶宜矣

上六은 大君이 有命이니 開國承家애 小人勿用이라 「本義」大君有命야 開國承家ᄒ니

● 上六은 大君이 命을 둠이니 國을 開ᄒ며 家를 承홈애 小人을 쓰지마를지니라 「本義」大君이 命을 두어 國을 開ᄒ며 家를 承홈이니

○師之終順之極論功行賞之時也坤爲土故有開國承家之象然小人則雖有功亦不
可使之得有爵土但優以金帛可也戒行賞之人於小人則不可用此占而小人遇之亦
不得用此爻也

象曰大君有命은 以正功也ㅣ오 小人勿用은 必亂邦也ㅣ라

○聖人之戒深矣

●象애 ᄀᆞᆯ오ᄃᆡ 大君有命은 ᄡᅥ 功을 正홈이오 小人勿用은 반ᄃᆞ시 邦을 亂ᄒᆞᆯ서라

坎上　坤下

比는 吉ᄒᆞ니 原筮ᄒᆞᄃᆡ 元永貞이면 无咎ㅣ리라　「本義」比는 吉ᄒᆞ나 原筮ᄒᆞ야 元永
貞아이라　无咎라

比毗 志反

●比는 吉ᄒᆞ야 筮ᄒᆞᄃᆡ 元ᄒᆞ고 永ᄒᆞ고 貞ᄒᆞ면 咎ㅣ업스리라 「本義」比는 吉ᄒᆞ니 原筮ᄒᆞ야 元永

〔傳〕比는 吉道也ㅣ니 原ᄒᆞ야 元ᄒᆞ고 永ᄒᆞ고 貞ᄒᆞ야

比吉道也人相親比自爲吉道故雜卦云比樂師憂人相親比必有其道苟非其道則
有悔咎故必推原占決其可比者而比之筮謂占決卜度非謂以蓍龜也所比得元永貞
則无咎元謂有君長之道永謂可以常久貞謂得正道上之比下必有此三者下之從上
必求此三者則无咎也

不寧이어아 方來니 後ㅣ면夫ㅣ도라 凶이리라 「本義」不寧이 方來니 後夫는 凶

●寧티몯ᄒ야아 보야ᄒ로 來ᄒ리니 後ᄒ면 夫ㅣ라도 凶ᄒ리라 「本義」寧

○比親輔也ㅣ니 九五以陽剛居上之中而得其正 上下五陰比而從之 以一人而撫萬邦 四海而仰一人之象 故筮者得之則當爲人所親輔 然必再筮以自審有元善長永正固之德然後可以當衆之歸而无咎 其未比而有所不安者亦將皆來歸之 若又遲而後至 則此交已固彼來已晚而得凶矣 若欲比人則亦以是而反觀之耳

彖曰比는吉也ㅣ며

●彖애글오ᄃᆡ比는吉홈이며

○此三字疑衍文

比는輔也ㅣ니下ㅣ順從也ㅣ라

●比는輔홈이니下ㅣ順從홈이라

○此以卦體釋卦名義

原筮元永貞无咎는以剛中也ㅣ오

●原筮元永貞无咎는 剛으로써中흠이오

(傳)推原筮〔一作決〕相比之道得元永貞而後可以无咎所謂元永貞如五是也以陽剛居
中正盡比道之善者也以陽剛當尊位爲君德元也居中得正能永貞而貞也卦辭本泛言
比道象言元永貞者九五以剛處中正是也

●不寧方來는上下ㅣ應也ㅣ오

●不寧方來는上上下ㅣ應흠이오

(傳)人之生不能保其安寧方且來求附比民不能自保故戴君以求寧君不能獨立故保
民以爲安不寧而來比者上下相應也以聖人之公言之固至誠求天下之比以安民也
以後王之私言之不求下民之附則危亡至矣故上下之志必相應也在卦言之上下羣
陰比於五五比其衆乃上下應也

●後夫凶은其道ㅣ窮也ㅣ라

●後夫凶은그道ㅣ窮흠이라

○亦以卦體釋卦辭剛中謂五上下謂五陰

象曰地上有水ㅣ比니先王이以야建萬國ㅎ고親諸侯ㅎ니라

●象애글오딕地上에水ㅣ이솜이比니先生이以ㅎ야萬國을建ㅎ고諸侯를親ㅎ니
라

○地上애 有水호야 水比於地야 不容有間이니 建國親候이 亦先王의 所以比於天下而無間者也라 象意人

來比我호면 此取我徃比人

初六은 有孚比之라 无咎이리 「本義」有孚比之라

●初六은 孚를 두어 比호야아 咎이 업스리니 「本義」孚를 두어 比홈이라

(傳)初六比之始也相比之道以誠信爲本中心不信而親人人誰與之故比之始必

誠乃无咎也孚信之在中也

리라

有孚이 盈缶면 終애 來有他吉이라「本義」終來有他吉

●孚를 둠이 缶애 盈닷호면 終에 來호야 他吉이이시리라「本義」終來에 他吉이

리라

○比之初貴乎有信則可以无咎矣若其充實則又有他吉也

象曰比之初六은 有他吉也니라

●象애 골오딕 比에 初六은 他吉이인느니라

(傳)言比之初六者比之道在乎始也始能有孚則終致有他之吉其始不誠終焉得吉上

六之凶由无首也

六二는 比之自内니 貞야호 吉다로「本義」貞이라吉라호리

●六二는 比호믈 內로부터 홈이니 貞ㅎ야 吉ㅎ도다「本義」貞ㅎ지라 吉ㅎ리라

○柔順中正上應九五自內比外而得其貞吉之道也占者如是則正而吉矣

象曰比之自內는 不自失也ㅣ라

●象애골오딕 比之自內는 스스로 失치아니미라

○得正則不自失也

六三은 比之匪人이라「本義」比之匪人다이로

●六三은 匪人에 比홈이라「本義」比ㅎ거시 人이아니로다

○陰柔不中正承應皆陰所比皆非其人之象其占大凶不言可知

象曰比之匪人이 不亦傷乎아

●象애골오딕 比之匪人이 쏘ㅎ 傷홈지아니ㅎ냐

(傳)人之相比求安吉也乃比於匪人必將反得悔吝[吝一作咎]其亦可傷矣深戒失所比也

六四는 外比之ㅎ니 貞야ㅎ 吉ㅎ도다「本義」外比之ㅎ니 貞라이ㅎ 吉라ㅎ리

●六四는 外로 比홈이니 貞ㅎ야 吉ㅎ도다「本義」外로 比홈이니 貞ㅎ다라 吉ㅎ리라

○以柔居柔外比九五爲得其正吉之道也占者如是則正而吉矣

象曰外比於賢은 以從上也ㅣ라

●象애글오ᄃᆡ外로賢에比호믄써上을從홈이라

(傳)外比謂從五也ㅣ니五剛明中正之賢이오又居君位ᄒ야四比之是比賢且從上所以吉也ㅣ라

九五ᄂᆞᆫ顯比니王用三驅에失前禽ᄒ며邑人不誡니吉ᄒ도다[本義]失前禽고邑人도不誡ㅣ니吉ᄒ리라

●九五ᄂᆞᆫ比를顯홈이니王이三驅를用ᄒ야前禽을失ᄒ며邑人에誡티아니ᄒᆞ니吉ᄒ도다[本義]前禽을失ᄒ고邑人도誡티아니ᄒᆞ니吉ᄒ리라

○一陽居尊剛健中正卦之羣陰皆來比己而顯其比而无私如天子不合圍開一面之網來者不拒去者不追故爲用三驅失前禽而邑人不誡之象盖雖私屬亦喩上意不相警備以求必得也凡此皆吉之道占者如是則吉也

象曰顯比之吉은位正中也ㅣ오

●象애글오ᄃᆡ顯比의吉은位ㅣ正히中홈이오

(傳)顯比所以吉者以其所居之位得正中也處正中之地乃由正中之道也比以不偏爲善故云正中凡言正中者其處正得中也比與隨是也言中正者得中與正也訟與需是也

舍逆取順이失前禽也ㅣ오　（舍音捨）

●逆을舍ᄒ고順을取ᄒ요이前禽을失홈이오

（傳）禮取 不用命者乃是舍順取逆也順命而去者皆免矣比以向背而言謂去者爲逆來
者爲順也故所失者前去之禽也言來者撫之去者不追也

邑人不誡는 上使ㅣ中也ㅣ라」ㄹ새「本義」上使中也ㅣ라」ㄹ새

●邑人不誡는 上의 使호미 中홀ㅅ라「本義」上이ㅎ여곰 中케 홀ㅅ라

○由上之德使不偏也

上六은 比之无首ㅣ니 凶이라ㅎ니

●上六은 比홈애 首ㅣ업스니 凶ㅎ니라

○陰柔居上 无以比下凶之道也故爲无首之象而其占則凶也

象曰比之无首ㅣ 无所終也ㅣ니라

●象애곰오디 比之无首ㅣ 終홀배엽스니라

○以上下之象言之則爲无首以終始之象言之則爲无終无首則无終矣

三 乾下 巽上

小畜은 亨ㅎ니密雲不雨는 自我西郊ㅣ니라「本義」小畜은 亨ㅎ나 密雲

不雨ㅣ 自我西郊ㅣ로 畜敕六反 大畜卦同

密雲

◉小畜은亨호니雲이密호디雨치못호디우리西郊로브터호시니라「本義」小畜은
亨호나雲이密호디雨치못호미우리西郊로브터호미로다

○巽이亦三畫卦之名이니一陰伏於二陽之下故其德爲巽爲火其象爲風爲木小陰也畜止
之義也上巽下乾以陰畜陽又卦唯六四一陰上下五陽皆爲所畜故爲小畜又以陰
畜陽能係而不能固亦爲所畜者小之象內健外巽二五皆陽各居一卦之中而用事有
剛而能中其志得行之象故其占當得亨通然畜未極而施未行故有密雲不雨自我西
郊之象盖密雲陰物西郊陰方我者文王自我也文王演易於羑里視岐周爲西方正小
畜之時也筮者得之則占亦如其象云

象曰小畜은柔ㅣ得位而上下ㅣ應之홀시曰小畜이라

◉象애골오디小畜은柔ㅣ一位를得호고上下ㅣ應홀시골온小畜이라

○以卦體釋卦名義호니柔得位指六居四上下謂五陽

健而巽며剛中而志行야乃亨라호니「本義」剛中而志行이乃亨
라

◉健호고巽호며剛이中호고行에志호야이예亨호니라（本義）剛이中호고志ㅣ行
호이라이亨예호리라

○以卦德卦體而言陽猶可亨也

密雲不雨는 尙往也ㅣ오 自我西郊는 施未行也ㅣ라

●密雲不雨는 오히려 往홈이오 自我西郊는 施ㅣ行치못홈이라「本義」尙호야往홈
이오

○尙往言畜之未極其氣猶上進也

象曰風行天上이 小畜이니 君子ㅣ以야懿文德호나니라

●象애골오디風이天上에行홈이小畜이니君子ㅣ以호야文德을懿호나니라

○風有氣而无質能畜而不能久故爲小畜之象懿文德言未能厚積而遠施也

初九는 復이 自道ㅣ어니 何其咎ㅣ리오吉호니

●初九는復홈이道로브티호거니므슴그咎ㅣ리오吉호니라

○下卦乾體本皆在上之物志欲上進而爲陰所畜然初九體乾居下得正前遠於陰雖
與四爲正應而能自守以正不爲所畜故有進復自道之象占者如是則先咎而吉也

象曰復自道는 其義吉也ㅣ라

●象애골오디復自道는그義ㅣ吉호니라

(傳)陽剛之才有其道而復其義吉也初與四爲正應在畜時乃相畜者也

九二는 牽復니이 吉라호니

●九二는牽ㅎ야復ㅎ이니吉ㅎ니라

○三陽이志同而九二漸近於陰以其剛中故能與初九牽連而復亦吉道也占者如是則吉矣

象曰牽復은在中이라亦不自失也ㅣ라

●象애글오ㄷ牽復은中에인ㄴ지라또ㅎ스스로失치아니ㅎ미라

○亦者承上爻義

九三은輿說輻이며夫妻反目이로다 〔說吐 活反〕

●九三은輿ㅣ輻을說ㅎ이며夫妻ㅣ目을反ㅎ이로다

○九三亦欲上進然剛而不中迫近於陰而又非正應但以陰陽相說而爲所係畜不能自進故有輿說輻之象然以志剛故又不能平而與之爭故又爲夫妻反目之象戒占者如是則不得進而有所爭也

象曰夫妻反目은不能正室也ㅣ라

●象애글오ㄷ夫妻反目은能히室을正치못ㅎ이라

○程子曰說輻反目三自爲也

六四는有孚ㅣ면血去코惕出ㅎ야无咎ㅣ리라「本義」有孚ㅎ야血去코惕出

●六四눈孚를두어호면血이去호고惕애出호야씀ㅣ업스리라「本義」孚ㅣ이셔血
이去호고惕애出홈이니

○以一陰畜衆陽本有傷害憂懼以其柔順得正虛中巽體二陽助之是有孚而血去惕
出之象也无咎宜矣故戒占者亦有其德則无咎也

象曰有孚惕出은上合志也ㅣ라
●象애골오딕有孚惕出은上과志ㅣ合홈이라
(傳)四旣有孚則五信任之與之合志所以得惕出而无咎也惕出則血去可知擧其輕者
也五旣合志衆陽皆從之矣

九五눈有孚ㅣ攣如ㅣ라富以其隣이로「本義」有孚攣如눈攣力專反
●九五눈孚를둔눈디라攣호야富ㅣ그鄰으로써호눗다「本義」孚ㅣ이셔攣호야富
로그鄰을以호눗다

○巽體三爻同力畜乾隣之象也而九五居中處尊勢能有爲以彖乎上下故爲有孚攣
固用富厚之力而以其隣之象以猶春秋以某師之以言能左右之也占者有孚則能如
是也

象曰有孚攣如눈不獨富也ㅣ라

●象애글오디有孚攣如ᄂᆞᆫ혼자富ᄃᆡ아니ᄒᆞ미라

(傳)有孚攣如ᄂᆞᆫ[一有攣字]蓋其隣類皆牽攣而[一无攣字]從之與衆同欲不獨有其富也君子之處難厄惟其至誠故得衆力之助而能濟其衆也

上九ᄂᆞᆫ旣雨旣處ᄂᆞᆫ尙德ᄒᆞ야載ᄒᆞ니婦ᅵ貞이면厲ᄒᆞ리라「本義」婦ᅵ貞ᄒᆞ야도厲ᄒᆞ리라

●上九ᄂᆞᆫ이믜雨ᄒᆞ야임의處ᄒᆞ욤은德을尙ᄒᆞ야載홈이니婦ᅵ貞ᄒᆞ면厲ᄒᆞ리라「本義」婦ᅵ貞ᄒᆞ야도厲ᄒᆞ리니

(傳)九以巽順之極居卦之上處畜之終從畜而止者也爲四所止也旣雨和也旣處止也陰之畜陽不和則不能止旣和而止畜之道成矣[之成也○一作畜道]大畜畜之大故極而散小畜畜之小故極而成尙德載四用柔巽之德積滿而至於成也陰柔之畜剛非一朝一夕能成由積累而至可不戒乎載積滿也詩云厥聲載路婦貞厲婦謂陰以陰而畜制剛婦若貞固守此危厲之道也安有婦制其夫臣制其君而能安者乎

月幾望ᄂᆞᆫ君子ᅵ征ᄒᆞ면凶ᄒᆞ리라[幾音機]

●月이거의望이니君子ᅵ征ᄒᆞ면凶ᄒᆞ리라

○畜極而成陰陽和矣故爲旣雨旣處之象盖尊尙陰德至於積滿而然也陰加於陽故

雖正亦厲然陰旣盛而抗陽則君子亦不可以有行矣其占如此爲戒深矣

象曰旣雨旣處는德이積載也오ㅣ君子征凶은有所疑也ㅣ라ㅣ니

● 象애골오딕旣雨旣處는德이積ᄒ야ㅣ오君子征凶은疑ᄒᄂ배이시미니라

(傳)旣雨旣處言畜道積滿而成也陰將〔旣 一作盛則字〕極君子動則有凶也陰敵陽則必消

陽小人抗君子則必害君子安得不疑慮乎若前知疑慮而警懼求所以制之則不至於

凶矣

☰☱ 乾上 兌下

履虎尾도不咥人이라亨ᄒ니라〔咥直結反〕

● 虎의尾ᄅᆯ履ᄒ야도人을咥치아니홈이라亨ᄒ니라

○ 兌亦三畫卦之名一陰見於二陽之上故其德爲說其象爲澤履有所躡而進之義也

以兌遇乾和說以躡剛强之後有履虎尾而不見傷之象故其卦爲履而占如是也人能

如是則處危而不傷矣

象曰履는柔履剛也ㅣ니

● 象애골오딕履는柔ㅣ剛에履ᄒ욤이니

○ 以二體釋卦名義

說而應乎乾이라是以履虎尾不咥人亨이라

●說로乾을應호는디라일로써虎尾을履호야도人을咥치아니호야亨홈이라　悅 說音

○以卦德釋彖辭

剛中正로履帝位야호而不疚면ㅣ光明也라「本義」而不疚니ㅣ光明

●剛코中코正홈으로帝位를履호야疚치아니호면光明호리라「本義」疚치아니호

니光明호니라

○又以卦體明之指九五也

象曰上天下澤이履ㅣ君子ㅣ以야호辨上下야호定民志니라

●象에글오디上이天이오下ㅣ澤이履ㅣ君子ㅣ以호야上下를辨호야民志를定호

니라

(傳)天在上澤居下上天一作下下之正理也人之所履當如是故取其象而爲履君子觀履之

象以辨別上下之分以定其民志夫上下之分明然後民志有定民志定然後可以言治

民志不定天下不可得而治也古之時公卿大夫而下位各稱其德終身居之得其分也

位未稱德則君舉而進之士修其學學至而君求之皆非有預於巳也農工商賈勤其事

而所亨有限故皆有定志而天下之心可一後世自庶士至于公卿曰志于尊榮農工商
賈曰志于富侈億兆之心交騖於利天下紛然如之何其可一也欲其不亂難矣此由上
下无定志也君子觀履之象而分辨上下使各當其分以定民之心志也〇程傳備矣

初九는 素履로 往하면 无咎ㅣ리라 「本義」素履니 往야
● 初九는 素履로 往하면 咎ㅣ업스리라 「本義」素履니 往하야
〇以陽在下居履之初未爲物遷率其素履者也占者如是則往而无咎也

象曰素履之往은 獨行願也ㅣ니
● 象에글오딕 素履의 徃홈은 홀로 願을 行홈이라
(傳)安履其素而往者非苟利也獨行其志願耳獨專也若欲貴之心與行道之心交戰于
中豈安履其素也

九二는 履道ㅣ坦坦하니 幽人이라아 貞코 吉라하리 「本義」幽人이라
● 九二는 道ㅣ坦坦하니 幽혼人이라야 貞코 吉하리라 「本義」幽혼人이라
〇剛中在下无應於上故爲履道平坦幽獨守貞之象幽人履道而遇其占則貞而吉矣

象曰幽人貞吉은 中不自亂也ㅣ라
● 象에글오딕 幽人貞吉은 中이스스로 亂치아니홈이라

(傳)履道ㅣ在於安靜其中恬正則所履ㅣ安裕中若躁動이면豈能安其所履故로必幽人則能墜固
而吉이니蓋其中心安靜不以利欲自亂也ㅣ라

六三은眇能視며跛能履라履虎尾야人咥人이니凶코武人이爲于大
君다이로
　　　跛彼
　　　我反

●六三은眇ㅣ能히視ᄒ며跛ㅣ能히履홈이라虎尾를履ᄒ야人을咥홈이니凶ᄒ고
武人이大君이되오미로다

○六三不中不正柔而志剛以此履乾必見傷害故其象如此而占者凶又爲剛武之人
得志而肆暴之象如秦政項籍豈能久也

象曰眇能視는不足以有明也ㅣ오跛能履는不足以與行也ㅣ오
●象애굴오디眇能視는足히써明이잇디못홈이오跛能履는足히써더브러行치못
홈이오
(傳)陰柔之人其才不足視不能明行不能遠而乃務剛所履如此其能免於害乎

咥人之凶은位不當也ㅣ오武人爲于大君은志剛也ㅣ라
●咥人의凶홈은位ㅣ當치아니홈이오武人이爲于大君은志ㅣ剛홈이라
(傳)以柔居三履非其正所以致禍害被咥而凶也以武人爲喩者以其處陽才弱而志剛

也志剛則妄動所履不由其道如武人而爲大君也

九四는履虎尾니愬愬면終吉이릭「本義」履虎尾나愬愬야愬山革反音色

●九四는虎의尾를履홈이니愬愬ᄒ면참내吉ᄒ리라「本義」虎尾를履ᄒ나愬愬

ᄒ야

○九四亦以不中不正履九五之剛然以剛居柔故能戒懼而得終吉

象曰愬愬終吉은志行也라

●象에ᄀ로ᄃ愬愬終吉은志ㅣ行호려홈이라

(傳)能愬愬畏懼則終得其吉者志在於行而不處也去危則獲吉矣陽剛能行者也居柔

以順自處者也

九五는夬履니貞이라도厲ᄒ리라

●九五는夬히履홈이니貞ᄒ야도厲ᄒ리라

○九五以剛中正履帝位而下以兌說應之凡事必行无所疑礙故其象爲夬決其履雖

使得正亦危道也故其占爲雖正而危爲戒深矣

象曰夬履貞厲는位正當也라

●象애ᄀ로오ᄃ夬履貞厲는位ㅣ正當홀시라

○傷於所恃

上九는 視履ᄒᆞ야 考祥ᄒᆞᄃᆡ 其旋이면 元吉이리라

●上九ᄂᆞᆫ 履를 보와 祥을 考ᄒᆞᄃᆡ 그 旋ᄒᆞ면 元코吉ᄒᆞ리라「本義」크게吉ᄒᆞ리라

○視履之終以考其祥周旋无虧則得元吉占者禍福視其所履而未定也

象曰元吉在上이 大有慶也니라

●象애ᄀᆞᆯ오ᄃᆡ 元吉로 上에이슴이크게慶이이실이니라

○若得元吉則大有福慶也

䷊
乾下
坤上

泰ᄂᆞᆫ 小ᅵ往코 大ᅵ來ᄒᆞ니 吉ᄒᆞ야 亨ᄒᆞ니라

●泰ᄂᆞᆫ 小ᅵ往ᄒᆞ고 大ᅵ來ᄒᆞ니 吉ᄒᆞ야 亨ᄒᆞ니라

○泰通也爲卦天地交而二氣通故爲泰正月之卦也小謂陰大謂陽言坤往居外乾來居內又自歸妹來則六往居四九來居三也占者有剛陽之德則吉而亨矣

象曰泰小往大來吉亨은 則是天地ᅵ交而萬物이通也며 上下ᅵ交而其志ᅵ同也라

●象에 글오ᄃᆡ 泰小徃大來吉亨은 天地ㅣ交ᄒᆞ야 萬物이 通ᄒᆞ며 上下ㅣ交ᄒᆞ야 그志
ㅣ同홈이라

(傳)小徃大來陰徃而陽來也則是天地陰陽之氣相交而萬物得遂其通泰也在人則上
下之情交通而其志意同也

●內陽而外陰ᄒᆞ며 內健而外順ᄒᆞ며 內君子而外小人ᄒᆞ니 君子道ㅣ
長ᄒᆞ고 小人道ㅣ消也ㅣ라 長丁丈反 否卦同

●陽이內ᄒᆞ고陰이外ᄒᆞ며健이內ᄒᆞ며君子ㅣ內ᄒᆞ고小人이外ᄒᆞ고順이
子의道ㅣ長ᄒᆞ고 小人의道ㅣ消홈이라

(傳)陽來居內陰往居外陽進而陰退也乾健在內坤順在外爲內健而外順君子之道也
君子在內小人在外是君子道長小人道消所以爲泰也既取陰陽交和又取君子道
長陰陽交和乃君子之道ㅣ无長也 之字一无長也

●象曰天地交ㅣ泰니后ㅣ以ᄒᆞ야財成天地之道ᄒᆞ며 輔相天地之宜
ᄒᆞ야以左右民ᄒᆞᄂᆞ니라 財裁同相息亮反 左音佐右音祐

●象애 글오ᄃᆡ天地ㅣ交홈이泰니后ㅣ以ᄒᆞ야天地의道를財ᄒᆞ야成ᄒᆞ며天地에宜
를輔相ᄒᆞ야ᄡᅥ民을左右ᄒᆞᄂᆞ니라

○財成以制其過輔相以補其不及

初九는拔茅茹ㅣ라以其彙로征이니吉ᄒᆞ니라「本義」拔茅茹니以其彙면征이吉ᄒᆞ리라

●初九는茅의茹를拔홈이라그彙로써征홈이니吉ᄒᆞ니라「本義」茅의茹를拔홈이니그彙로써ᄒᆞ면征홈이吉ᄒᆞ리라

○三陽이在下ᄒᆞ야相連而拔茅連茹之象이니征行之象也ㅣ라占者ㅣ陽剛則其征이吉矣리라郭璞洞林讀至

彙字는絕句ㅣ니下卦放此라

象曰拔茅征吉은志在外也ㅣ라

●象애ᄀᆞᆯ오ᄃᆡ拔茅征吉은志ㅣ外애이심이라

(傳)時將泰則群賢皆欲上進三陽之志欲進同也故取茅茹彙征之象志在外上進也

九二는包荒ᄒᆞ며用馮河ᄒᆞ며不遐遺ᄒᆞ며朋亡ᄒᆞ면得尙于中行이라ᄒᆞ리라「本義」包荒ᄒᆞ고用馮河ᄒᆞ며不遐遺ᄒᆞ고朋亡ᄒᆞ면（馮音憑）

●九二는荒을包ᄒᆞ며河를馮홈을써며遐를遺치아니ᄒᆞ며朋을亡ᄒᆞ면시러곰中行의尙ᄒᆞ리라「本義」荒을包ᄒᆞ고河을馮홈을從ᄒᆞ며遐을遺치아니ᄒᆞ고朋을亡ᄒᆞ면

○九二以剛居柔在下之中上有六五之應主乎泰而得中道者也占者能包容荒穢而

果斷剛決不遺遐遠而不昵朋比則合乎此爻中行之道矣

象曰包荒得尙于中行은以光大也ㅣ라ㅣ

●象애글오디包荒得尙于中行은써光ᄒ고大홈이라

(傳)象擧包荒一句而通解四者之義言如此則能配合中行之德而其道光明顯大也

九三은无平不陂며无往不復이니艱貞이면无咎ᄒ야勿恤이도이라其孚ㅣ于食애有福이라ᄒ리ㅣ「本義」艱貞ᄒ면无咎ᄒ고勿恤其孚ㅣ면

●九三은平ᄒ고陂치아니ᄒ미업스며往ᄒ고復치아님이업스니艱ᄒ고貞ᄒ면咎ㅣ업셔恤치아니ᄒ야도그孚ᄒ지라食에福이잇스리라「本義」艱ᄒ야貞ᄒ면咎ㅣ업고 그孚를恤치말면

○將過于中泰將極而否欲來之時也恤憂也孚所期之信也戒占者艱難守貞則无咎而有福

象曰无往不復은天地際也ㅣ라ㅣ

●象애글오디无往不復은天地ㅣ際홈이라

(傳)无往不復言天地之交際也陽降于下必復于上陰升干上必復于下屈伸往來之常理也〔之常也 一作理〕因天地交際之道明否泰不常之理以爲戒也

六四는 翩翩히 不富以其鄰호야 不戒以孚ㅣ로다

●六四는 翩翩히 富치아니호야도 其鄰으로써호야 戒치아니호야도 써孚호놋다

○己過乎中泰己極矣故三陰翩然而下復不待富而其類從之不待戒令而信也其占

爲有小人合交以害正道君子所當戒也陰虛陽實故凡言不富者皆陰交也

象曰翩翩不富는 皆失實也오 不戒以孚는 中心願也ㅣ

●象애골오디 翩翩 不富는 다實을失홈이오 不戒以孚는 中心이願홈이라

○陰本居下在上爲失實

六五는 帝乙歸妹니 以祉며 元吉이리라

●六五는 帝乙이 妹를 歸홈이니 써祉ᄒᆞ며 크게吉ᄒᆞ리라

○以陰居尊爲泰之主柔中虛己下應九二吉之道也而帝乙歸妹之時亦嘗占得此交

占者如是則有祉而元吉矣凡經以古人爲言如高宗箕子之類者皆倣此

象曰以祉元吉은 中以行願也ㅣ라

●象애골오디 以祉元吉은 中으로써 願을行홈이라

(傳)所以能獲祉福且元吉者由其以中道合而行其志願也有中德所以能任剛中之賢

所聽從者皆其志願也非其所欲能從之乎

上六은 城復于隍이라 勿用師오 自邑告命이니 貞이라도 吝하니라

●上六은 城이 隍에 復홈이라 師를 用치 말고 邑으로브터 告命홈이니 貞하야도 吝하니라 「本義」告命홀지니

○泰極而否 城復于隍之象 戒占者 不可力爭 但可自守 雖得其貞 亦不免於羞吝也

象曰 城復于隍은 其命이 亂也라

●象애 골오딕 城復于隍은 그 命이 亂홈이라

○命亂故復否 告命所以治之也

≡≡
坤下 乾上

否之匪人이니

●否ㅣ 人이 안이니

(傳)天地交而萬物生於中 然後三才備 人爲最靈 故爲萬物之首 凡生天地之中者 皆人道也 天地不交則不生萬物 是无人道 故曰匪人 謂匪人道也 消長闔闢 相因而不息 泰極則復否 否終則傾 无常而不變之理 人道豈能无也 既否則泰矣

不利君子貞하니 大往小來라

●君子의 貞에 利치 아니하니 大ㅣ 往하고 小ㅣ 來홈이니라

○否閉塞也七月之卦也正與泰反故曰匪人謂非人道也其占不利於君子之正道盖
乾往居外坤來居內又自漸卦而來則九往居四六來居三也或疑之匪人三字衍文由
比六三而誤也傳不特解其義亦可見

象曰否之匪人不利君子貞大往小來ᄂᆞ則是天地ㅣ不交
而萬物이不通也ㅣ며上下ㅣ不交而天下ㅣ无邦也ㅣ니內陰而外
陽ㅎㅣ며內柔而外剛ㅎ며內小人而外君子ㅣᄂᆞ小人道ㅣ長고君子道
ㅣ消也라

● 象애글오ᄃᆡ否之匪人不利君子貞大往小來ᄂᆞ이天地ㅣ交치아니ㅎㅑ萬物이通
치아니ㅎ며上下ㅣ交치아니ㅎㅑ天下ㅣ邦이업스미라陰이內ㅎ고陽이外ㅎ며柔
ㅣ內ㅎ고剛이外ㅎ며小人이內ㅎ고君子ㅣ外ㅎ니小人의道ㅣ長ㅎ고君子의道ㅣ
消흠이라

(傳)夫天地之氣不交則萬无物生成之理上下之義不交則天下无邦國之道建邦國所
以爲治也上施政以治民民戴君而從命上下相交所以治安也今上下不交是天下无
邦國之道也陰柔在內陽剛在外君子往居於外小人來處於內小人道長君子道消之
時也

象曰天地不交ㅣ否ㅣ니君子ㅣ以야儉德辟難야不可榮以祿이니라

[本義]儉德辟難이

●象애굴오듸天地ㅣ交치아이홈이否니君子ㅣ以야德을儉야難을辟야可
히祿으로써榮치아닐디니라 [本義]德을儉야難을辟니지라可히祿으로써榮
게못느니라

○收斂其德不形於外以避小人之難人不得以祿位榮之

象애굴오듸拔茅貞吉은志ㅣ君에잇요미라 [本義]德을儉야可히祿으로써榮
이니不可榮以祿이라

○小人而變爲君子則能以愛君爲念而不計其私矣

象曰拔茅貞吉은志在君也ㅣ라

●象에굴오듸拔茅貞吉은志ㅣ君에잇요미라

能如是則變而爲君子矣

○三陰在下當否之時小人連類而進之象而初之惡則未形也故戒其貞則吉而亨盖

●初六은茅의茹를拔홈이라그彙로써貞홈이니吉야亨리라

初六은拔茅茹라以其彙로貞니吉야亨라 [本義]以其彙貞면

吉야亨리라

○牧斂其德不形於外以避小人之難人不得以祿位榮之

六二는 包承이니 小人은 吉코 大人은 否니 亨라이「本義」大人은 否하아라 亨하리

●六二는 包호거시 承이니 小人은 吉호고 大人은 否홈어니 亨홈이라「本義」包호며 承홈이니 大人은 否호여아 亨호리라

○陰柔而中正小人而能包容承順乎君子之象小人之吉道也故占者小人如是則吉大人則當安守其否而後道亨蓋不可以彼包承於我而自失其守也

象曰大人否亨은 不亂羣也라니

●象애글오디 大人否亨은 羣에 亂치아니홈이라

○言不亂於小人之羣

六三은 包羞다이로「本義」包羞라

●六三은 包호거시 羞홈도디「本義」羞를 包홈이라

○以陰居陽而不中正小人志於傷善而未能也故爲包羞之象然以其未發故无凶咎 之戒

象曰包羞는 位不當也라

●象애글오디 包羞는 位當치아닐시라

(傳)陰柔居否而不中不正所爲可羞者處不當故也處不當位所爲不以道也

九四는有命이면无咎야疇ㅣ離祉라리「本義」有命이오

●九四는命을두어하면咎ㅣ업셔疇ㅣ祉에離하리라「本義」命이잇고

○否過中矣將濟之時也九四以陽居陰不極其剛故其占爲有命无咎而疇類三陽皆

獲其福也命謂天命

象曰有命无咎는志行也라-

●象애골오디有命无咎는志ㅣ行홈이라

(傳)有君命則得无乃可以濟否其志得行也

九五는休否라大人의吉이니其亡其亡이라繫于苞桑라이리「本義」大

人이吉하니라

●九五는否를休하는지라大人에吉이니그亡할가그亡할가하여샤苞호桑에繫듯

○陽剛中正以居尊位能休時之否大人之事也故此爻之占大人遇之則吉然又當戒

懼如繫辭傳所云也

象曰大人之吉은位ㅣ正當也라

●象애 굴오디 大人의 吉홈은 位ㅣ 正히 當 호시라

(傳)有大人之德而得至尊之正位故能休息 一字 一有天下之否是以吉也无其位則雖有其道

將何爲乎故聖人之位謂之大寶

上九는 傾否니 先否코 後喜로다

●上九는 否ㅣ 傾홈이니 몬져 否 호고 後에 喜홈이로다 [本義] 否를 傾홈이니

○以陽剛居否極能傾否時之否者也其占爲先否後喜

象曰否終則傾이니 何可長也ㅣ오

●象애 굴오디 否ㅣ 終 호면 傾 호느니 엇지 可히 長 호리오

(傳)否終則必傾豈有長否之理極而必反理之常也然反危爲安易亂爲治必有剛陽之才而後能也故否之上九則能傾否屯之上六則不能變屯也

䷌ 乾上 離下

同人于野면 亨 호리니 利涉大川이며 利君子의 貞라 호니 [本義] 同人于野ㅣ니 亨 고 利涉大川이며 利君子 貞라 호니 [本義] 同人于

●人으로 同 호디 野에 호면 亨 호고 大川을 涉홈이 利 호며 君子의 貞이 利

●人으로 同 호디 野에 호면 亨 호리니 大川을 涉홈이 利 호니 君子의 貞이 利 호니라 [本義] 人으로 同 호디 野에 홈이니 亨 호고 大川을 涉홈이 利 호니 君子의 貞이 利

ᄒ니라

○離亦三畫卦之名一陰麗於二陽之間故其德爲文明其象爲火爲電同人
與人同也以離遇乾火上同於天六二得位得中而上應九五又卦唯一陰而五陽同與
之故爲同人于野謂曠遠而无私也有亨道矣以健而行故能涉川爲卦內文明而外剛
健六二中正而有應則君子之道也占者能如是則亨而又可涉險然必其所同合於君
子之道乃爲利也

彖曰同人은 柔ㅣ得位ᄒ며得中而應乎乾ᄒᆯ서曰同人이라

●彖에글오ᄃᆡ同人은柔ㅣ位를得ᄒ며中을得ᄒ야乾에應ᄒᆯ서글온同人이라

○以卦體釋卦名義柔謂六二乾謂九五

同人曰

(傳)此三字義文○「本義」衍文

同人于野亨利涉大川은乾行也오이

●同人于野亨利涉大川은乾의行이오

(傳)至誠无私可以蹈險難者乾之行也无私天德也

文明以健ᄒ고中正而應이君子正也니

(傳)文明以健ᄒ고中正而應ᄒᆯ君子正也니

●文明ᄒ고ᄡᅥ健ᄒ고中正으로應홈이君子의正이니

(傳)又以二體言其義有文明之德而剛健以中正之道相應乃君子之正道也

○以卦德卦體釋卦辭通天下之志乃爲大同不然則是私情之合而己何以致亨而利

唯君子ㅣ爲能通天下之志ᄒᆞᄂ니라

●오직君子ㅣ아能히天下의志를通ᄒᆞᄂ니라

淺哉

象曰天與火ㅣ同人이니君子ㅣ以ᄒᆞ야類族으로辨物ᄒᆞᄂ니라「本義」類族

●象애글오디天과다뭇火ㅣ同人이니君子ㅣ以ᄒᆞ야類族으로物을辨ᄒᆞᄂ니라

辨物ᄒᆞᄂ니라

「本義」族을類ᄒ며物을辨ᄒᆞᄂ니라

○天在上而火炎上其性同也類族辨物所以審異而致同也

初九ᄂ同人于門이니无咎리라

●初九ᄂ人으로同호믈門에홈이니咎ㅣ업스리라

○同人之初未有私主以剛在下上无係應可以无咎故其象占如此

象曰出門同人을又誰咎也ㅣ오리오

●象애글오디門에出ᄒ야人으로同홈을ᄯ뉘咎ᄒ리오

(傳)出門同人于外ᄂᆫ是其所同者ㅣ廣无所偏私人之同也ㅣ有厚薄親疎之異過咎所由生也既无所偏黨誰其咎之리오

六二ᄂ同人于宗이吝다

●六二ᄂ人으로同홈을宗에홈이니吝홉도다

○宗黨也六二雖中且正然有應於上不能大同而係於私吝之道也故其象占如此

象曰同人于宗이吝道也ㅣ라

●象애글오디同人于宗이吝ᄒ道ㅣ라

(傳)諸卦以中正相應爲善而在同人則爲可吝故五不取君義蓋私比非人君之道相同以私爲可吝也

九三ᄋ伏戎于莽ᄒ고升其高陵ᄒ야三歲不興다

●九三ᄋ戎을莽에伏ᄒ고그高陵에升ᄒ야三歲라도興지못ᄒ놋다

○剛而不中上无正應欲同於二而非其正懼九五之見攻故有此象

象曰伏戎于莽ᄋ敵剛也오三歲不興다安行也ㅣ리

●象에글오디伏戎于莽은敵이剛홈이오三歲에興치못ᄒ거니엇지行ᄒ리오

○言不能行

九四는乘其墉이호弗克攻이니吉하니라「本義」乘其墉호나弗克攻이니吉하니라

墉音庸이라

● 九四는그墉에乘호되능히攻치아니하니吉하니라「本義」그墉애乘하나니능히攻치못홈이니吉하리라

○ 剛不中正又无應與亦欲同於六二而爲三所隔故爲乘墉以攻之象然以剛居柔故有自反而不克攻之象占者如是則是能改過而得吉也

象曰乘其墉은義弗克也오其吉은則困而反則也라

● 象에글오딕乘其墉은義ー克지못홈이오그吉홈은困하야則에反홈이라

○ 乘其墉矣則非其力之不足也特以義之弗克而不攻耳能以義斷困而反於法則故吉也

九五는同人이先號咷而後笑니大師克이아相遇로다

● 九五는同人이먼져號咷하고後에笑홈이니大師로克하야아써로遇하리로다

號戶羔反咷道刀反旅卦同

○ 五剛中正二以柔中正相應於下同心者也而爲三四所隔不得其同然義理所同物不得而間之故有此象然六二柔弱而三四剛强故必用大師以勝之然後得相遇也

象曰同人之先은以中直也ㅣ오大師相遇는言相克也ㅣ라

○直謂理直

●象애글오디同人의몬져는中이直홈으로써오大師相遇는셔ㄹ克홈을니ㄹ니라

上九는同人于郊ㅣ니无悔라니「本義」同人于郊ㅣ니无悔라리

●上九는人으로同홈을郊애ㅎ욤미니悔업스니라「本義」人으로同홈을郊에ㅎ나

悔업스리라

○居外无應物莫與同然亦可以无悔故其象占如此郊在野之內未至於曠遠但荒僻

无與同耳

象曰同人于郊는志未得也ㅣ라

●象애글오디同人于郊는志를得지못홈이라

(傳)居遠莫同故終无所悔然而在同人之道求同之志不得遂雖无悔非善處也

三三 乾下 離上

大有는元亨ㅎ니

●大有는元코亨ㅎ니라

○大有는 所有之大也ㅣ니 離居乾上ᄒᆞ야 火在天上에 无所不照ㅣ오 又六五ㅣ 一陰이 居尊得中而五陽이 應之

故爲大有ㅣ라 乾健離明居尊應天有亨之道ㅣ니 占者ㅣ 有其德則大善而亨也ㅣ라

○象曰大有는 柔ㅣ 得尊位ᄒᆞ고 大中而上下ㅣ 應之ᄒᆞᆯ시 曰大有ㅣ니

●象애 골오ᄃᆡ 大有는 柔ㅣ 尊位를 得ᄒᆞ고 크게 中ᄒᆞ고 上下ㅣ 應ᄒᆞᆯᄉᆡ 골온 大有ㅣ니

○以卦體로 釋卦名義ᄒᆞ니 柔謂六五ㅣ오 上下謂五陽이라

其德이 剛健而文明ᄒᆞ고 應乎天而時行이라 是以元亨ᄒᆞ니라

●其德이 剛健코 文明ᄒᆞ고 天에 應ᄒᆞ야 時로 行ᄒᆞᄂᆞ니라 일로ᄡᅥ 元亨ᄒᆞ니라

○以卦德卦體로 釋卦辭ᄒᆞ니 應天은 指六五也ㅣ라

○象曰火在天上이 大有ㅣ니 君子ㅣ 以ᄒᆞ야 遏惡揚善ᄒᆞ야 順天休命ᄒᆞᄂᆞ니라

●象애 골오ᄃᆡ 火ㅣ 天上에 이쇼미 大有ㅣ니 君子ㅣ 以ᄒᆞ야 惡을 遏ᄒᆞ고 善을 揚ᄒᆞ야

火在天上애 所照者ㅣ 廣爲大有之象이라 所有ㅣ 旣大无以治之則豐蘩萌於其間矣니 天命有善

而无惡故로 遏惡揚善ᄒᆞ야 所以順天反之於身애 亦若是而已矣라

天의 休命을 順ᄒᆞᄂᆞ니라

○初九는 无交害니 匪咎ㅣ니 艱則无咎ㅣ라

●初九는 害예 交홈이 업ᄉᆞ니 咎ㅣ아니니 艱ᄒᆞ면 咎ㅣ업ᄉᆞ리라

○雖當大有之時나 然以陽居下上无係應而在事初未涉乎害者也ㅣ니 何咎之有然亦必艱

以處之則无咎戒占者宜如是也

象曰大有初九는无交害也ㅣ라

(傳)在大有之初克念艱難則驕溢之心无由生矣所以不交涉於害也

●象애ᄀᆞᆯ오ᄃᆡ大有의初九는害예交홈이업ᄉᆞ니라

○剛中在下得應乎上爲大車以載之象有所往而如是可以无咎矣占者必有此德乃

應其占也

九二는大車以載ㅣ니有攸往ᄒᆞ야无咎ㅣ리라「本義」有攸往

●九二는大車로ᄡᅥ載홈이니往ᄒᆞᆯᄲᅢ를두어咎ㅣ업스리라「本義」往ᄒᆞᆯᄲᅢ를두면

象曰大車以載는積中不敗也ㅣ라

(傳)壯大之車重積載於其中而不損敗猶九二材力之強能勝大有之任也

●象애ᄀᆞᆯ오ᄃᆡ大車以載는中에積ᄒᆞ야敗티아니홈이라

九三은公用亨于天子ㅣ니小人은弗克이라「亨傳如字　本義讀作享」

●九三은公이ᄡᅥ天子ᄭᅴ亨홈이니小人은克디몯ᄒᆞᄂᆞ니라

○亨春秋傳作享謂朝獻也占者亨通之亨亨獻之亨烹飪之烹皆作亨字九三居下之

上公侯之象剛而得正上有六五之君虛中下賢故爲亨于天子之象占者有其德則其

占如是小人无剛正之德則雖得此爻不能當也

象曰公用亨于天子는小人은害也ㅣ라

●象애굴오디公用亨于天子는小人은害ㅎ리라

(傳)公當用[一无用字]亨于天子若小人處之則爲害也自古諸侯能守臣節忠順奉上者則蕃養其衆以爲王之屛翰豐殖其財以待上之徵賦若小人處之則不知爲臣奉上之道以其爲己之私民衆財豐則反擅其富强益爲不順是小人大有則爲害又大有爲小人之害也

九四는匪其彭이면无咎ㅣ리라[本義]匪其彭ㅣ니[彭步郎反音旁]

●九四는그彭리아니ㅎ면咎ㅣ업스리라[本義]그彭리아니미니

○彭字音義未詳程傳曰盛貌理或當然六五柔中之君九四以剛近之有偪偪之嫌然以其處柔也故有不極其盛之象而得无咎戒占者宜如是也

象曰匪其彭无咎는明辨晢也ㅣ라

●象애굴오디匪其彭无咎는明辨ㅎ야晢ㅣ라[本義]明辨ㅎ미晢홈이라

○晢明貌(傳)能不處其盛而得无咎者盖有明辨之智也晢明智也賢智之人明辨物理當其方盛則知咎之將至故能損抑不敢至於滿極也

六五는厥孚ㅣ交如니威如면吉ㅎ리라

●六五는그孚ㅣ交홈이니威ㅎ면吉ㅎ리라

○大有之世柔順而中以處尊位虛己以應九二之賢而上下歸之是其孚信之交也然

君道貴剛太柔則廢常以威濟之則吉故其象占如此亦戒辭也

象曰厥孚交如는信以發志也ㅣ오

●象애굴오디厥孚交如는信으로써志를發홈이오「本義」信이써志를發홈이오

○一人之信足以發上下之志也

威如之吉은易而无備也라（易以　敗反）

●威如의吉홈은易호야備홈이업슬시라

○太柔則人將易之而无畏備之心

上九는自天祐之라吉无不利다로

●上九는天으로브터祐ᄒᆞᄂ지라吉ᄒᆞ야利치아니미업도다

○大有之世以剛居上而能下從六五是能履信思順而尙賢也滿而不溢故其占如此

象曰大有上吉은自天祐也라ㅣ

●象애굴오디大有의上이吉홈은天으로브터祐홈이라

○大有之上有極當變由其所爲順天合道故天佑助之所以吉也君子滿而不溢乃天

（傳）大有之上有極當變由其所爲順天合道故天佑助之所以吉也君子滿而不溢乃天

佑也繫辭復申之云天之所助者順也人之所助者信也履信思乎順又以尙賢也是以

自天佑之吉无不利也履信謂履五五虛中信也思順謂謙退不居尙賢志從於五大有

之世不可以盈豐而復處盈焉非所宜也六爻之中皆樂居權位唯初上不處其位故初

九无咎上九无不利上九在上履信思順故在上而得吉盖自天祐也

謙 艮下 坤上

謙은亨ㅎ니君子ㅣ有終이니라「本義」君子ㅣ有終이리라

●謙은亨ㅎ니君子ㅣ終이인ㄴ니라「本義」終이이시리라

○謙者有而不居之義止乎內而順乎外謙之意也山至高而地至卑乃屈而止於其下

謙之象也占者如是則亨通而有終矣有終謂先屈而後伸也

象曰謙亨은天道ㅣ下濟而光明ㅎ고地道ㅣ卑而上行이라

●象애글오디謙亨은天道ㅣ下濟ㅎ야光明ㅎ고地道ㅣ卑ㅎ야上行홈이라

○言謙之必亨

●天道는虧盈而益謙ㅎ고

天道는盈을虧코謙을益ㅎ고

○以天行而言盈者則虧謙者則益曰月陰陽是也

地道는變盈而流謙ㅎ고

●地道ᄂᆫ盈ᄋᆞᆯ變코謙ᄋᆞᆯ流ᄒᆞ고

(傳)以地勢而言盈滿者傾變而反陷卑下者流注而益增也

鬼神은害盈而福謙ᄒᆞ고

●鬼神은盈ᄋᆞᆯ害코謙ᄋᆞᆯ福ᄒᆞ고

(傳)鬼神謂造化之迹盈滿者禍害之謙損者福佑之凡過而損不足而益者皆是也

人道ᄂᆫ惡盈而好謙

●人道ᄂᆫ盈ᄋᆞᆯ惡코謙ᄋᆞᆯ好ᄒᆞᄂᆞ니　惡烏路反　好呼報反

(傳)人情疾惡於盈滿而好與於謙巽也謙者人之至德故聖人詳言所以戒盈而勸謙也

謙은尊而光ᄒᆞ고卑而不可踰ᄂᆡ君子之終也ᄅᆞ

●謙은尊ᄒᆞ고光ᄒᆞ고卑ᄒᆞ도可히踰치못흠이니君子의終이라「本義」尊ᄒᆞ니ᄂᆫ光ᄒᆞ고卑ᄒᆞ니도

○變謂傾壞流謂聚而歸之人能謙則其居尊者其德愈光其居卑者人亦莫能過此君

子所以有終也

象曰地中有山이謙이니君子ᅵ以ᄒᆞ야裒多益寡ᄒᆞ야稱物平施ᄂᆞ니라　裒蒲侯反　稱尺証反　施始豉反

●象애ᄀᆞᆯ오ᄃᆡ地中애山이이시미謙이니君子ᅵ以ᄒᆞ야多ᄅᆞᆯ裒ᄒᆞ야寡ᄅᆞᆯ益ᄒᆞ야物

을稱ᄒ야施를平히ᄒᄂ니라

○以卑蘊高謙之象也衷多益寡所以稱物之宜而平其施損高增卑以趣於平亦謙之
意也

初六은謙謙君子니用涉大川도이라吉라ᄒ니「本義」用涉大川이吉ᄒ리라

●初六은謙코謙ᄒᄂᆫ君子ㅣ니ᄡᅥ大川을涉ᄒᆯ지라도吉ᄒᄂ니라「本義」ᄡᅥ大川涉호
미吉ᄒ리라

○以柔處下謙之至也君子之行也以此涉難何往不濟故占者如是則利以涉川也

象曰謙謙君子는卑以自牧也라

●象애ᄀᆞᆯ오ᄃᆡ謙謙君子는卑로ᄡᅥ스ᄉᆞ로牧홈이라
(傳)謙謙謙之至也謂君子以謙卑之道自牧也自牧自處也詩云自牧歸荑

六二는鳴謙이니貞코吉ᄒ니라

●六二는謙을鳴홈이니貞코吉ᄒ니라「本義」謙으로
○柔順中正以謙有聞正而且吉者也故其占如此

象曰鳴謙貞吉은中心得也라

●象애 골오디 鳴謙貞吉은 中心에 得홈이라

(傳)二之謙德이 由至誠積於中所以發於聲音中心所自得也非勉强[一有爲字]爲之也

●九三은 勞謙이니 君子ㅣ有終이니 吉호니라「本義」君子ㅣ有終이라야 吉호리라

●九三은 勞호고 謙홈이니 君子ㅣ終을두미니 吉호니라「本義」君子ㅣ終이셔 吉호리라

○卦唯一陽居下之上剛而得正上下所歸有功勞而能謙尤人所難故有終而吉占者如是則如其應矣

象曰 勞謙君子는 萬民의 服也ㅣ라

●象애 골오디 勞謙君子는 萬民의 服홈이라

(傳)能勞謙之君子萬民所尊服也繫辭云勞而不伐有功而不德厚之至也語以其功下人者也德言盛禮言恭謙也者致恭以存其位者也有勞而不自矜伐有功而不自以爲德是其德弘厚之至也言以其功勞而自謙以下於人也德言盛禮言恭此所謂謙也夫謙也者謂致恭以存其位者也存守也致恭以守其位故高而不危滿而不溢是以能終吉也夫君子履謙乃其常行非爲保其位而爲之也而言存其位者蓋能致恭所以能存其位言謙之道如此如言爲善有令名君子豈爲令名而爲善也哉亦言其令名者爲善之故[劬一作]也

六四는无不利撝謙이니「本義」无不利니撝謙이라

●六四는謙을撝호매利치아니미업스니라「本義」利치아니미업스니謙을撝홀지니라

○柔而得正上而能下其占无不利矣然居九三之上故戒以更當發揮其謙以示不敢

自安之意也

象曰无不利撝謙은不違則也라ㅣ

●象애글오디无不利撝謙은則에違치아니홈이라

○言不爲過

六五는不富以其鄰이니利用侵伐이니无不利하리라「本義」利用侵伐

●六五는富치아니코그鄰으로써홈이니써侵伐홈이利ᄒ니利치아님이업스리라

「本義」써侵伐홈이利ᄒ고

○以柔居尊在上而能謙者也故爲不富而能以其隣之象盖從之者衆矣猶有未服者

則利以征之而於他事亦无不利人有是德則如其占也

象曰利用侵伐은征不服也라ㅣ

●象애ᄀᆞᆯ오ᄃᆡ利用侵伐은服치아니ᄒᆞᄂ니를征홈이라
(傳)征其文德謙巽所不能服者也文德所不能服而不用威武何以平治天下非人君之
中道謙之過也

上六은鳴謙이니利用行師ᄒᆞ야征邑國이라「本義」利用行師니征邑
國이라이니

●上六은謙을鳴홈이니ᄡᅥ師를行ᄒᆞ야邑國을征홈이利ᄒᆞ니라「本義」謙이鳴홈이
니ᄡᅥ師를行ᄒᆞ나邑國을征홀지니라
○謙極有聞人之所與故可用行師然以其質柔而无位故可以征己之邑國而已

象曰鳴謙은志未得也니可用行師ᄒᆞ야征邑國也라「本義」可用
行師니
●象애ᄀᆞᆯ오ᄃᆡ鳴謙은志를得지못홈이니可히ᄡᅥ師를行ᄒᆞ나
「本義」可히ᄡᅥ師를行ᄒᆞ나
○陰柔无位才力不足故其志未得而至於行師然亦適足以治其私邑而已

坤上
震下

豫는 利建侯行師ᄒᆞ니라

●豫는 侯를 建ᄒᆞ며 師를 行홈이 利ᄒᆞ니라

○豫和樂也니 人心和樂以應其上也라 九四一陽上下應之ᄒᆞᆫ지라 其志得行ᄒᆞ고 又以坤遇震이 爲順以動故로 其卦爲豫而其占이 利以立君用師也라

彖曰豫는 剛應而志行ᄒᆞ고 順以動이 豫라

●彖애 ᄀᆞᆯ오ᄃᆡ 豫는 剛이 應ᄒᆞ이여 志ᅵ 行ᄒᆞ고 順ᄒᆞ고 ᄡᅥ 動홈이 豫라

○以卦體卦德釋卦名義라

豫順以動故로 天地도 如之온 而況建侯行師乎여

●豫ᅵ 順ᄒᆞ고 ᄡᅥ 動ᄒᆞᄂᆞᆫ故로 天地도 如ᄒᆞ곤ᄒᆞ믈며 侯를 建ᄒᆞ며 師를 行홈이ᅵᄯᆞ녀

○以卦德釋卦辭라

天地ᅵ 以順動이라故로 日月이 不過而四時ᅵ 不忒ᄒᆞ고 聖人이 以順

●天地ᅵ 順으로 ᄡᅥ 動ᄒᆞᄂᆞᆫ지라故로 日月이 過치아니ᄒᆞ야 四時ᅵ 忒지아니ᄒᆞ고 聖

動이라則刑罰이 淸而民이 服ᄒᆞᄂᆞ니

●人이 順으로 ᄡᅥ 動ᄒᆞᄂᆞᆫ지라 刑罰이 淸ᄒᆞ야 民이 服ᄒᆞᄂᆞ니

(傳)復詳言順動之道天地之運以其順動所以日月之度不過差四時之行不忒ᄉᆞᆸ聖人

以順動故經正而民興於善刑罰淸簡而萬民服也

豫之時義ㅣ大矣哉라

● 豫의 時와 義ㅣ크다

○ 極言之而贊其大也

象曰雷出地奮이豫ㅣ니先王이以ᄒ야作樂崇德ᄒ야殷薦之上帝ᄒ야以配祖考ᄒ라ᄒ니

● 象애ᄀᆞᆯ오ᄃᆡ雷ㅣ地애出ᄒ야奮홈이豫ㅣ니先王이以ᄒ야樂을作ᄒ야德을崇ᄒ야殷히上帝씌薦ᄒ야써祖考로配ᄒ나니라

○ 雷出地奮和之至也先王作樂旣象其聲又取其義殷盛也

初六은鳴豫ㅣ니凶ᄒ니라

● 初六은豫를鳴홈이니凶ᄒ니라

○ 陰柔小人上有强援得時主事故不勝其豫而以自鳴凶之道也故其占如此卦之得名本爲和樂然卦辭爲衆樂之義爻辭除九四與卦同外皆爲自樂所以有吉凶之異

象曰初六鳴豫는志窮ᄒ야凶也ㅣ라

● 象애ᄀᆞᆯ오ᄃᆡ初六鳴豫는志ㅣ窮ᄒ야凶홈이라

○窮謂滿極

六二는介于石이라이不終日이니貞코吉라ᄒᆞ니「本義」貞ᄒᆞ야吉ᄒᆞ리라

●六二는介一石인지라日을終치아니ᄒᆞ미貞코吉ᄒᆞ니라「本義」貞ᄒᆞ야吉ᄒᆞ리라

○豫雖主樂然易以溺人溺則反而憂矣卦獨此爻中而得正是上下皆溺於豫而獨能以中正自守其介如石也其德安靜而堅確故其思慮明審不俟終日而見凡事之幾微也大學曰安而后能慮慮而后能得意正如此占者如是則正而吉矣

象曰不終日貞吉은以中正也ㅣ라

●象애ᄀᆞᆯ오ᄃᆡ不終日貞吉은中正홈으로ᄡᅥ라

(傳)能不終日而貞且吉者以有中正之德也中正故其守堅而能辨之早去之速爻言六二處豫之道爲敎之意深矣

六三은盱豫라悔며遲도有悔라「本義」盱豫라悔니遲ᄒᆞ면有悔라　盱　香于反

●六三은盱ᄒᆞ야豫ᄒᆞ논디라悔ᄒᆞ며遲ᄒᆞ야도悔이시리라「本義」盱ᄒᆞ야豫ᄒᆞ며悔ᄒᆞ지니遲ᄒᆞ면悔이시리라

○盱上視也陰不中正而近於四四爲卦主故六三上視於四而下溺於豫宜有悔者也

故其象如此而其占有事當速悔若悔之遲則必有悔也

象曰盱豫有悔는位不當也ㅣ라

●象애 ᄀᆞᆯ오ᄃᆡ 盱豫有悔ᄂᆞᆫ 位當티아니ᄒᆞᆯᄉᆡ라

(傳)自處不當失中正也是以進退有悔

九四ᄂᆞᆫ 由豫ㅣ라 大有得이니 勿疑면 朋이 盍簪[簪側林反]ᄒᆞ리라

●九四ᄂᆞᆫ 由ᄒᆞ야 豫ᄒᆞ논디라 크게 得홈이이시니 疑티 말면 朋이 盍簪ᄒᆞ리라

○九四卦之所由以爲豫者也故其象如此而其占爲大有得然又當至誠不疑則朋類

合而從之矣故又因而戒之簪聚也又速也

象曰由豫大有得은 志大行也ㅣ라

(傳)由己而致天下於樂豫故爲大有得謂其志得大行也

●象애ᄀᆞᆯ오ᄃᆡ 由豫大有得은 志ㅣ크게 行홈이라

六五ᄂᆞᆫ 貞호ᄃᆡ 疾ᄒᆞ나 恒不死ㅣ로다 「本義」貞疾ᄒᆞ니

●六五ᄂᆞᆫ 貞호ᄃᆡ 疾ᄒᆞ나더딈이 死티아닌놋다 「本義」貞호ᄃᆡ 疾이나

○當豫之時以柔居尊沉溺於豫又乘九四之剛衆不附而處勢危故爲貞疾之象然以

其得中故又爲恒不死之象卽象而觀占在其中矣

象曰六五貞疾은 乘剛也오ㅣ 恒不死ᄂᆞᆫ 中未亡也ㅣ라

●象에ᄀᆞᆯ오ᄃᆡ 六五貞疾은 剛을乘홈이오 恒不死ᄂᆞᆫ 中이亡티아녀심이라

(傳)貞而疾由乘剛爲剛所逼也恒不死中之尊位未亡也

上六은冥豫니成ㅎ나有渝면无咎ㅣ리라「本義」冥豫라成ㅎ나有渝니 渝羊朱反

●上六은豫에冥홈이니成ㅎ나渝호미이시면咎ㅣ업스리라「本義」豫에冥호다成ㅎ나渝ㅣ이실디니

○以陰柔居豫極爲昏冥於豫之象以其動體故又爲其事雖成而能有渝之象戒占者如是則能補過而无咎所以廣遷善之門也

象曰冥豫在上이어니何可長也오

●象애글오디豫에冥ㅎ야上애잇거니엇디可히長ㅎ리오

(傳)昏冥於豫至於終極災咎行及矣其可長然乎當速渝也

䷐ 兌上 震下

隨는元亨ㅎ니利貞ㅣ라无咎ㅣ리라「本義」元亨ㅎ나

●隨는크게亨ㅎ니貞홈이利ㅎ다라咎ㅣ업스리라「本義」크게亨ㅎ나

○隨從也以卦變言之本自困卦九來居初又自噬嗑九來居五而自未濟來者兼此二變皆剛來隨柔之義以二體言之爲此動而彼說亦隨之義故爲隨已能隨物物來隨彼此相從其通易矣故其占爲元亨然必利於貞乃得无咎若所隨不貞則雖大亨而不

兌於有咎矣春秋傳穆姜曰有是四德隨而无咎我皆先之豈隨也哉今按四德雖非本
義然其下云云深得占法之意

象曰隨는 剛來而下柔하고 動而說이 隨니
　説音悅　下遲嫁反

●象애글오딕隨는剛이來ᄒ야柔애下ᄒ고動ᄒ고說홈이隨ㅣ니
○以卦變卦德釋卦名義

大亨코 貞하야 无咎하야 而天下ㅣ隨時하나니
●크게亨코貞ᄒ야야咎ㅣ업서天下ㅣ時를隨ᄒᄂ니「本義」天下ㅣ隨ᄒᄂ니
○王肅本時作之今當從之釋卦辭言能如是則天下之所從也

隨時之義ㅣ大矣哉라
●時를隨ᄒᄂ義크다「本義」隨의時와義ㅣ크다
○王肅本時字在之字下今當從之

象曰澤中有雷隨니 君子ㅣ以하야 嚮晦入宴息하나니라
●象애글오딕澤中에雷ㅣ이쇼마隨ㅣ니君子ㅣ以ᄒ야晦애嚮커든入ᄒ야宴息ᄒ
ᄂ니라
○雷藏澤中隨時休息

初九는 官有渝니 貞하면 吉하니 出門交하면 有功하리라

● 初九는 官이 渝홈이이사니 貞하면 吉하니 門애 出하야 交하면 功이이시리라「本義」官하야 渝홈이이시니

○ 卦以物隨爲義오 爻以隨物爲義니 初九以陽居下하야 爲震之主하니 卦之所以爲隨者也라 旣有所隨則有所偏主而變其常矣어니와 惟得其正則吉하고 又當出門以交하야 不私其隨則有功也라 故其象占如此하니 亦因以戒之라

象曰 官有渝에 從正면 吉也니

● 象애 굴오디 官이 渝홈이이쇼미 正을 從하며 吉하리니

(傳) 旣有隨而變하니 必所從得正則吉也오 所從不正則有悔吝이라

出門交有功은 不失也라

● 出門交有功은 失티 아니홈이라

(傳) 出門而交는 非牽於私라 其交必正矣니 正則无失而有功이라

六二는 係小子ㅣ면 失丈夫ㅣ라호리「本義」係小子오 失丈夫ㅣ로다

● 六二는 小子에 係호면 丈夫를 失호리라「本義」小子에 係호고 丈夫를 失호도다

○ 初陽在下而近하고 五陽正應而遠하니 二陰柔不能自守하야 以須正應故로 其象如此하니 凶咎可知不

假言矣

象曰係小子ㅣ면弗兼與也ㅣ라 「本義」係小子는弗兼與也ㅣ라
●象애골오디係小子ㅣ면兼ᄒ야與티몯ᄒ리라 「本義」兼ᄒ야與티몯홈이라
(傳)人之所隨得正則遠邪從非則失是无兩從之理二苟係初則失五矣弗能與兼也所以戒人從正當專一也

六三은係丈夫고失小子니ᄒ야隨에有求를得나ᄒ야利居貞라ᄒ니 「本義」隨
●六三은丈夫를係ᄒ고小子를失ᄒ니隨호미有求를得ᄒ나貞에居홈이利ᄒ니라
○丈夫謂九四小子亦謂初也三近係四而失於初其象與六二正相反四陽當任而己隨之有求必得然非正應故有不正而爲邪媚之嫌故其占如此而又戒以居貞也

象曰係丈夫는志舍下也ㅣ라 舍音捨
●象애골오디係丈夫는志ㅣ下를舍홈이라
(傳)旣隨於上則是其志舍下而不從也舍下而從上舍卑而從高也於爲隨善矣

九四는隨에有獲이면貞이라도凶ᄒ니有孚ㅣ코在道코以明이면何咎ㅣ오리 「本義」隨有獲
●九四는隨에獲홈이이시면貞ᄒ야도凶ᄒ니孚를두고道애잇고明을뻐ᄒ면므슴

咎ㅣ오「本義」隨ᄒ야獲홈이이심이니

○九四以剛居上之下與五同德故其占隨而有獲然勢陵於五故雖正而凶惟有孚在
道而明則上安而下從之可以无咎也占者當時之任宜審此戒

象曰隨有獲은其義ㅣ凶也오ㅣ有孚在道는明功也ㅣ라

(傳)居近君之位而有獲其義固凶能有孚而在道則无咎蓋明哲之功也

●象애골오딕隨有獲은그義ㅣ凶홈이오有孚在道는明혼功이라

○陽剛中正下應中正其信于善也占者如是其吉宜矣

九五는孚于嘉니吉라ᄒ니

●九五는嘉의孚홈이니吉ᄒ니라

象曰孚于嘉吉은位正中也ㅣ라

●象애골오딕孚于嘉吉은位ㅣ正ᄒ고中ᄒᆞᆯ시라

(傳)處正中之位由正中之道孚誠所隨者正中也所謂嘉也其吉可知所孚之嘉謂六二
也隨以得中爲善隨之所防者過也蓋心所說隨則不知其過矣

上六은拘係之오乃從維之니王用亨于西山이로다〔亨音見大有卦後升卦同〕

●上六은拘係ᄒ고조초維홈이니王이뻐西山에亨홈이로다

○居隨之極隨之固結而不可解者也誠意之極可通神明故其占爲王用亨于西山亨

亦當作祭享之享自周而言岐山在西凡筮祭山川者得之其誠意如是則吉也

象曰拘係之는上窮也라ㅣ

●象애글오딕拘係之는上き야窮홈이라

○窮極也

蠱는元亨니利涉大川이니

〓〓〓 巽下 / 艮上

○窮極也

●蠱는元亨야니大川을涉홈이利니「本義」크게亨니

(傳)既蠱則有復治之理自古治必因亂亂則開治理自然也如卦之才以治蠱則能致元

亨也蠱之大者濟時之艱難險阻也故曰利涉大川

●先甲三日며後甲三日라이니「本義」先甲三日

甲으로몬져三日을며甲으로後ㅅ三日을홀지니라「本義」甲으로몬져三日을

先息薦反 後胡豆反

○蠱壞極而有事也其卦艮剛居上巽柔居下上不交下卑巽而上苟止故其卦爲蠱

或曰剛上柔下謂卦變自賁來者初上二下自井來者五上上下自既濟來者兼之亦剛

上而柔下皆所以爲蠱也蠱壞之極亂當復治故其占爲元亨而利涉大川甲日之始事
之端也先甲三日辛也後甲三日丁也前事過中而將壞則可自新以爲後事之端而不
使至於大壞後事方始而尙新然更當致其丁寧之意以監其前事之失而不使至於速
壞聖人之戒深也

象曰蠱는剛上而柔下ᄒ고巽而止ㅣ蠱ㅣ라
●象애길오ᄃᆡ蠱는剛이上ᄒ고柔ㅣ下ᄒ고巽ᄒ고止ㅣᄒ욤이蠱ㅣ라
○以卦體卦變卦德釋卦名義盖如此則積弊而至於蠱矣

蠱ㅣ元亨而天下ㅣ治也ㅣ오
●蠱ㅣ元ᄒ야亨ᄒ야天下ㅣ治흠이오「本義」蠱ㅣ크게亨ᄒ야
(傳)治蠱之道如卦之才則元亨而天下治矣夫治亂者苟能使尊卑上下之義正在下者
巽順在上者能止齊安定之事皆止於順則何蠱之不治也其道大善而亨也如此則天
下治矣

利涉大川은往有事也ㅣ오
●利涉大川은往ᄒ야事를둠이오
(傳)方天下壞亂之際宜涉艱險以往而濟之是往有所事也

先甲三日後甲三日은終則有始ㅣ天行也ㅣ라

●先甲三日後甲三日은終호면始ㅣ오미天의行이라

○釋卦辭治蠱至於元亨則亂而復治之象也亂之終治之始天運然也

○山下有風物壞而有事矣而事莫大於二者乃治已治人之道也

象曰山下有風이蠱ㅣ니君子ㅣ以야振民호며育德호나니라

●象애굴오딕山下에風이이슘이蠱ㅣ니君子ㅣ以호야民을振호며德을育호나니
라

初六은幹父之蠱ㅣ니有子ㅣ면考ㅣ无咎호리니厲호야終吉이리라

●初六은父의蠱을幹홈이니子ㅣ이시면考ㅣ咎ㅣ업스리니厲호야아ㅁ춤니吉호
리라

○幹如木之幹枝葉之所附而立者也蠱者前人已壞之緒故諸爻皆有父母之象子能
幹之則飭治而振起矣初六蠱未深而事易濟故其占爲有子則能治蠱而考得无咎然
亦危矣戒占者宜如是又知危而能戒則終吉也

象曰幹父之蠱는意承考也ㅣ라

●象애굴오딕幹父之蠱는意ㅣ考를承홈이라

(傳)子幹父蠱之道意在承當於父之事也故祇敬其事以置父於无咎之地常懷惕厲則
終得其吉也蠱誠於父事吉之道也

九二는幹母之蠱니不可貞이니

言當異以入之也

○九二剛中上應六五子幹母蠱而得中之象以剛承柔而治其壞故又戒以不可堅貞

●九二는母의蠱를幹호욤이니可히貞치못홀거시니라

象曰幹母之蠱는得中道也라

●象애골오딕幹母之蠱는中道를得홈이라

(傳)二得中道而不過剛幹母蠱之善者也

九三은幹父之蠱니小有悔나无大咎라

○過剛不中故小有悔巽體得正故无大咎

●九三은父의蠱를幹홈이니져기悔ㅣ이시나큰咎ㅣ업스리라

象曰幹父之蠱는終无咎也라

(傳)以三之才幹父之蠱雖小有悔終无大咎也蓋剛斷能幹不失正而有順所以終无咎

●象애골오딕幹父之蠱는ㅁ잠내咎ㅣ업스니라

六四는裕父之蠱니往면見吝라

也

●六四는父의蠱를裕로홈이니往호면吝을見호리라

○以陰居陰不能有爲寬裕以治蠱之象也如是則蠱將日深故往則見吝戒占者不可如是也

象曰裕父之蠱는往앤未得也라ㅣ

●象애글오딕裕父之蠱는往홈엔得지못홀지라

(傳)以四才之守常居寬裕之時則可矣欲有所往則未得也加其所在則不勝矣

六五는幹父之蠱니用譽라리

●六五는父의蠱를幹홈이니써譽호리라

○柔中居尊而九二承之以德以此幹蠱可致聞譽故其象占如此

象曰幹父用譽는承以德也라ㅣ

●象애글오딕幹父用譽는承홈을德으로써홈이라

(傳)幹父之蠱而用有令譽者以其在下之賢承輔之以剛中之德也

上九는不事王侯코高尙其事ㅣ로

●上九는王侯를셤기지아니호고그事를高尙호놋다

○陽剛居上在事之外故爲此象而占與戒皆在其中矣

象曰不事王侯는 志可則也ㅣ라

●象애굴오디不事王侯는 志ㅣ可히 則ㅎ염죽ㅎ니라

(傳)如上九之處事外不累於世務不臣事於王侯蓋進退以道用捨隨時非賢者能之乎

其所存之志可爲法則也

䷒ 兌下
坤上

臨은元亨코利貞ㅣ니

●臨은크게亨ㅎ고貞홈이利ㅎ니

(傳)以卦才言也臨之道如卦之才則大亨而正也

至于八月호얀有凶ㅎ리라

●八月에니르러는凶이이시리라

○臨進而凌逼於物也二陽浸長以逼於陰故爲臨十二月之卦也又其爲卦下兌說上坤順九二以剛居中上應六五故占者大亨而利於正然至于八月當有凶也八月謂自復卦一陽之月至于遯卦二陰之月陰長陽遯之時也或曰八月謂夏正八月於卦爲觀亦臨之反對也又因占而戒之

象曰臨은剛浸而長ㅎ며

● 象애 글오딕 臨은 剛이 浸호야 長호며

○ 以卦體釋卦名

說而順고 剛中而應호야 　悅　說音

● 說코 順호고 剛이 中호고 應호야

○ 又以卦德卦體言卦之善

大亨以正나 天之道也니라

● 크게 亨호고 뻐 正호니 天의 道ㅣ라

○ 當剛長之時又有此善故其占如此也

至于八月有凶은 消不久也니라

● 至于八月有凶은 消호야 기久티아니홈이라

○ 言雖天運之當然이나 君子宜知所戒

象曰澤上有地 臨이니 君子ㅣ 以야 教思ㅣ 无窮호며 容保民이 无疆　思去聲　호니라

● 象애 글오딕 澤上에 地ㅣ이솜이 臨이니 君子ㅣ以호야 教호는 思ㅣ 窮이업스며 民을 容호야 保홈이 疆이업시호느니라

○地臨於澤上臨下也二者皆臨下之事敎之无窮者兌也容之无疆者坤也

初九ᄂᆫ咸臨이니貞ᄒ야吉ᄒ니라

●初九ᄂᆫ咸ᄒ야臨홈이니貞ᄒ야吉ᄒ니라「本義」다臨홈이니

○卦唯二陽偏臨四陰故二爻皆有咸臨之象初九剛而得正故其占爲貞吉

象曰咸臨貞吉ᄋᆫ志行正也라

●象애글오ᄃ咸臨貞吉ᄋᆫ志ㅣ正을行홈이라

(傳)所謂貞吉九二之志在於行正也以九居陽又應四之正其志正也

九二ᄂᆫ咸臨이니吉ᄒ야无不利라

●九二ᄂᆫ咸ᄒ야臨홈이니吉ᄒ야利리아니홈이업스리라「本義」다臨홈이니

○剛得中而勢上進故其占吉而无不利也

象曰咸臨吉无不利ᄂᆫ未順命也라

●象애글오ᄃ咸臨吉无不利ᄂᆫ命을順ᄒ는주리아니라

○未詳

六三ᄋᆫ甘臨이라无攸利니旣憂之라无咎라

●六三ᄋᆫ甘으로臨ᄒ는디라利ᄒ배업스니임의憂ᄒ는디라咎ㅣ업스리라

○陰柔不中正而居下之上爲以甘說臨人之象其占固无所利然能憂而改之則无咎

也勉人遷善爲敎深矣

象曰甘臨은位不當也오旣憂之ᄂ혼咎不長也ᄅ라

●象애글오디甘臨은位ㅣ當치아니홈이오임의憂ᄒ니咎ㅣ長치아니ᄒ리라

（傳）陰柔之人處不中正而居下之上復乘二陽是處不當位也旣能知懼而憂之則必强

勉自改故其過咎不長也

六四ᄂ至臨이니无咎ᄒ니ᄅ라

●六四ᄂ至ᄒᆫ臨이니咎ㅣ업스니라

○處得其位下應初九相臨之至宜无咎者也

象曰至臨无咎ᄂ位當也ᄅ라홀셔

●象애글오디至臨无咎ᄂ位ㅣ當홀시라

（傳）居近君之位爲得其任以陰處四爲得其正與初相應爲下賢所以无咎蓋由位之當

也

六五ᄂ知臨이니大君之宜니吉ᄒ니ᄅ라　〔知音智〕

●六五ᄂ知로臨홈이니大君의宜니吉ᄒ니라

○以柔居中下應九二不自用而任人乃知之事而大君之宜吉之道也

象曰大君之宜는行中之謂也ㅣ라

●象애골오디大君之宜는中을行흠을닐음이라

(傳)君臣道合蓋以氣類相求五有中德故能倚任剛中之賢得大君之宜成知臨之功蓋

由行其中德也人君之於賢才非道同德合豈能用也

○居卦之上處臨之終敦厚於臨吉而无咎之道也故其象占如此

上六은敦臨이니吉호야无咎ㅣ라호니

●上六은敦히臨홈이니吉호야咎ㅣ업스니라

象曰敦臨之吉은志在內也ㅣ라

●象애골오디敦臨의吉홈은志ㅣ內에이심이라

(傳)志在內應乎初與二也志順剛陽而敦篤其吉可知也

觀 巽上 坤下

觀은盥而不薦면有孚야顯若라호리 觀官喚反下大觀以觀之觀大象觀字並同

●觀은盥호고薦치아니는듯호면孚를두어顯호리라「本義」薦치아니면孚ㅣ이셔

○觀者有以中正示人而爲人所仰也九五居上四陰仰之又內順外巽而九五以中正示天下所以爲觀盥將祭而潔手也薦奉酒食以祭也顯然尊敬之貌言致其潔清而不輕自用則其孚信在中而顯然可仰戒占者當如是也或曰有孚顯若謂在下之人信而仰之也此卦四陰長而二陽消正爲八月之卦而名卦繫辭更取他義亦扶陽抑陰之意

象曰大觀ㅣ在上호야順而巽호고中正으로以觀天下ㅣ니

●象애ᄀᆞᆯ오ᄃᆡ大觀으로上애이셔順코巽호고中正으로ᄡᅥ天下애觀호미니

○以卦體卦德釋卦名義

觀盥而不薦有孚顯若ㅣ下ㅣ觀而化也라 觀如字下觀天大象觀民之觀六爻觀字并同

●觀盥而不薦有孚顯若은下ㅣ觀호야化홈이라

○釋卦辭

觀天之神道而四時ㅣ不忒니聖人이以神道設教而天下ㅣ服矣라니

●天의神ᄒᆞᆫ道를觀홈애四時ㅣ忒디아니ᄒᆞ니聖人이神ᄒᆞᆫ道로ᄡᅥ教를設호매天下ㅣ服ᄒᆞ나라

○極言觀之道也四時不忒天之所以爲觀也神道設教聖人之所以爲觀也

象曰風行地上이觀이니先王이以ᄒᆞ야省方觀民ᄒᆞ야設敎ᄒᆞ니라 省悉 井反

●象애글오ᄃᆡ 風이地上애行홈이觀이니先王이以ᄒᆞ야方을省ᄒᆞ야民을觀ᄒᆞ야敎를設ᄒᆞ니라

○省方以觀民設敎以爲觀

初六은童觀이니小人은无咎오君子는吝이리라

●初六은童의觀이니小人은咎ㅣ엽고君子는吝ᄒᆞ리라

○卦以觀示爲義據九五爲主也爻以觀瞻爲義皆觀乎九五也初六陰柔在下不能遠見童觀之象小人之道君子之羞也故其占在小人則无咎君子得之則可羞矣

象曰初六童觀은小人道也ㅣ라

●象애글오ᄃᆡ 初六童觀은小人의道ㅣ라

(傳)所觀不明如童稚乃小人之分故曰小人道也

六二는闚觀이니利女貞ᄒᆞ니라

●六二는闚ᄒᆞ야觀ᄒᆞ욤이니女의貞홈이利ᄒᆞ니라

○陰柔居內而觀乎外闚觀之象女子之正也故其占如此丈夫得之則非所利矣

象曰闚觀女貞이亦可醜也ㅣ라니

● 象애글오디闚觀女貞이또可히醜호니라

○在丈夫則爲醜也

六三은觀我生호야進退니라

● 六三은我의生을觀호야進호며退홈이로다

○我先我之所行也니六三居下之上可進可退故不觀九五而獨觀己所行之通塞以爲
進退占者宜自審也

象曰觀我生進退는未失道也라

(傳)觀己之生而進退以順乎宜故未至於失道也

● 象애글오디觀我生進退호니道를失치아니홈이라

六四는觀國之光이니利用賓于王호니

○六四最近於五故有此象其占爲利於朝覲仕進也

● 六四은國은光을觀홈이니써王씌賓홈이利호니라

象曰觀國之光은尙賓也라

● 象애글오디觀國之光은賓을尙홈이라

(傳)君子懷負才業志在乎兼善天下然有卷懷自守者蓋時无明君莫能用其道不得己
也豈君子之志哉故孟子曰中天下而立定四海之民君子樂之旣觀見國之盛德光華

古人所謂非常之遇也[也] 一[字] 无所以志願登進王朝以行其道故云觀國之光尚賓也尚謂

尚志其意願慕賓于王朝也

九五는 觀我生호디君子ㅣ면无咎ㅣ리 「本義」 觀其生

●九五는 我의生을觀호디君子ㅣ면咎ㅣ업스리라 「本義」 我의生을觀홀지니

○九五陽剛中正以居尊位其下四陰仰而觀之君子之象也故戒居此位得此占者當

觀己所行必其陽剛中正亦如是焉則得无咎也

○此夫子以義言之明人君觀己所行不但一身之得失又當觀民德之善否以自省察

也

象曰觀我生은 觀民也ㅣ라

●象애글오디觀我生은民에觀홈이라

上九는 觀其生호디君子ㅣ면无咎ㅣ리 「本義」 觀其生

●上九는 그生을觀호디君子ㅣ면咎ㅣ업스리라 「本義」 그生을觀홀지니

○上九陽剛居尊位之上雖不當事任而亦爲下所觀故其戒辭略與五同但以我爲其

小有主賓之異耳

象曰觀其生은 志未平也ㅣ라

●象애 글오 觀其生은 志ㅣ平치못홈이라

○志未平言雖不得位未可忘戒懼也

噬嗑은 亨ㅎ니 利用獄ㅎ니라　噬市制反　嗑胡臘反

震　下
離　上

●噬嗑은 亨ㅎ니 獄을 用홈이 利ㅎ니라

○噬齧也嗑合也物有間者齧而合之也爲卦上下兩陽而中虛頤口之象九四一陽間
於其中必齧之而後合故爲噬嗑其占當得亨通者有間故不通齧之而合則亨通矣又
三陰三陽剛柔中半下動上明下雷上電本自益卦六四之柔上行以至於五而得其中
是知以陰居陽雖不當位而利用獄盖治獄之道惟威與明而得其中之爲貴故筮得之
者有其德則應其占也

象曰頤中有物을曰噬嗑이니

●象애 글오 頤中에 物이이실시글온噬嗑이니

○以卦體釋卦名義

噬嗑야 而亨ㅎ니라

●噬ㅎ야 嗑ㅎ야 亨ㅎ니라

（傳）頤中有物故爲噬嗑有物間於頤中則爲害噬而嗑之則其害亡乃亨道也故云噬嗑

而亨

● 剛柔ㅣ分호고動而明호고雷電이合而章호고

（傳）剛띠柔ㅣ分호고動호고明호야章호고

以卦才言也剛爻與柔爻相間剛柔分而不相雜爲明辨之象明辨察獄之本也動而明下震上離其動而明也雷電合而章雷震而電耀相須並見合而章也照與威並行用獄之道也能照則无所隱情有威則莫敢不畏上既以二象言其動而明故復言威照並用之意

柔得中而上行니호雖不當位나利用獄也라니　上時掌反

● 柔ㅣ中을得호야上行호니비록位에當치못호나獄을用홈이利호니라

○ 以卦名卦體卦德二象卦變釋卦辭

象曰雷電이噬嗑이니先王이以호야明罰勅法라호니 [本義] 當作電雷

（傳）象无倒置者疑此文互也雷電相須並見之物亦有噬嗑象電明而雷威先王觀雷電之

● 象애글오딕雷와電이噬嗑이니先王이以호야罰을明호며法을勅호나라

象法其明與威以明其刑罰飭其法令法者明事理而爲之防者也○雷電當作電雷

● 初九는履校야호滅趾니호无咎라

● 初九는校를履호야趾를滅홈이니咎ㅣ업스니라

○初上无位爲受刑之象中四爻爲用刑之象初在卦始罪薄過小又在卦下故爲屨校
滅趾之象止惡於初故得无咎占者小傷而无咎也

象曰屨校滅趾는不行也ㅣ라
●象애굴오디屨校滅趾는行치못ᄒ게홈이라

○滅趾又有不進於惡之象

六二는噬膚되호ᄃᆡ滅鼻니无咎ᄒ니라「本義」噬膚ᄂᆡ滅鼻니无咎ㅣ라
●六二ᄂᆞᆫ膚를噬호ᄃᆡ鼻를滅홈이니咎ㅣ업스니라「本義」膚를噬ᄒ나鼻를滅홈이
니咎ㅣ업스리라

○祭有膚鼎蓋肉之柔脆噬而易嗑者六二中正故其所治如噬膚之易然以柔乘剛故
雖甚易亦不免於傷滅其鼻占者雖傷而終无咎也

象曰噹膚滅鼻는乘剛也ㅣ실ᄉᆡ라
●象애굴오디噬膚滅鼻ᄂᆞᆫ剛을乘ᄒᆞᆯᄉᆡ라

六三은噬腊肉가ᄒᆞ다遇毒니이小吝나이无咎ㅣ라ᄂᆡ리라
(傳)深至滅鼻者乘剛故也乘剛乃用刑於剛强之人不得不深嚴則得宜乃所請
中也

●六三은 腊肉을 噬호다가 毒을 遇홈이니 져기 吝호나 咎ㅣ 업스리라

○腊肉은 謂獸腊全體骨而爲之者堅靭之物也 陰柔不中正治人而人不服爲噬腊遇毒之象占雖小吝然時當噬嗑於義爲无咎也

象曰遇毒은 位不當也ㄹ서라

(傳)六三은 一无三字 以陰居陽處位不當自處不當故所刑者難服而反毒之也

●象애글오디遇毒은位ㅣ當치아닐서라

九四는 噬乾胠야得金矢나利艱貞吉라호리 [本義]得金矢나

●九四는乾肺를噬호야金과矢를得호나艱호고貞호요미利호니吉호리라 [本義]

○肺肉之帶骨者與截通周禮獄訟入鈞金束矢而後聽之九四以剛居柔得用刑之道故有此象言所噬愈堅而得聽訟之宜也然必利於艱難正固則吉戒占者宜如是也

象曰利艱貞吉은 未光也라

●象애글오디利艱貞吉은光치못홈이라

(傳)凡言未光其道未光大也戒於以一作利艱貞蓋其所不足也不得中正故也

六五는 噬乾肉ᄒ야 得黃金이어니 貞厲면 无咎ㅣ리라「本義」貞厲ㅣ라

●六五는 乾肉을 噬ᄒ야 黃金을 得ᄒ욤이니 貞ᄒ고 厲ᄒ면 咎ㅣ업스리라

○噬乾肉難於膚而易於腊肺者也黃中色金亦謂鈞金六五柔順而中以居尊位用刑於人人无不服故有此象然必貞厲乃得无咎亦戒占者之辭也

象曰貞厲无咎는 得當也ㅣ섯라

(傳)所以能无咎者以所爲得其當也所謂當居中用剛而能守正慮危也

●象애ᄀᆞᆯ오ᄃᆡ貞厲无咎는 當을 得ᄒ욤이라

上九는 何校ᄒ야 滅耳니 凶ᄒ도다 (何何可反)

●上九는 校를 何ᄒ야 耳를 滅홈이니 凶ᄒ도다

○何負也過極之陽在卦之上惡極罪大凶之道也故其象占如此

象曰何校滅耳는 聰不明也ㅣ섯라

(傳)象애ᄀᆞᆯ오ᄃᆡ何校滅耳는 聰이 明치아니ᄒ욤이라

人之聾暗不悟積其罪惡以至於極古人制法罪之大者何之以校爲其无所聞知積成其惡故以校而滅傷 (傷字一无) 其耳誠聰之不明也○滅耳蓋罪其聽之不聽也若能審聽而早圖之則无此凶矣

䷕ 離上 艮下

賁는亨ᄒ니 小利有攸往ᄒ니라「本義」賁는亨코

●賁는亨ᄒ니 往ᄒᆞᆯ바를두미져기利ᄒ니라

○賁節也卦自損來者柔自三來而文二剛自二上而文三自旣濟而來者柔自上來而文五剛自五上而文上又內離而外艮有文明而各得其分之象故爲賁占者以其柔來文剛陽得陰助而離明於內故爲亨以其剛上文柔而艮止於外故小利有攸往

象曰賁亨은柔ᅵ來而文剛故로亨ᄒ고 分剛야ᄒ 上而文柔故로 小利有攸往ᄒ니天文也ᅵ오 〔亨字 疑衍〕

●象애ᄀᆞᆯ오ᄃᆡ賁亨은柔ᅵ來ᄒ야剛을文ᄒᆞᆫ故로亨ᄒ고剛을分ᄒ야上ᄒ야柔를文ᄒᆞᆫ故로往ᄒᆞᆯ바를두미져기利ᄒ니天의文이오

○以卦變釋卦辭剛柔之交自然之象故曰天文先儒說天文上當有剛柔交錯四字理或然也

文明以止ᄒ니人文也ᅵ니

●文明에ᄡᅥ止ᄒ니人의文이니「本義」文明ᄒ고

○又以卦德言之止謂各得其分

觀乎天文ᄒᆞ야以察時變ᄒᆞ며

●天文을觀ᄒᆞ야ᄡᅥ時變을察ᄒᆞ며

(傳)天文謂日月星辰之錯列寒暑陰陽之代變觀其運行以察四時之遷改也

○極言賁道之大也

觀乎人文ᄒᆞ야以化成天下ᄒᆞᄂᆞ니라

●人文을觀ᄒᆞ야ᄡᅥ天下를化ᄒᆞ야成ᄒᆞᄂᆞ니라

象曰山下有火ᅵ賁니君子ᅵ以ᄒᆞ야明庶政ᄒᆞ고无敢折獄ᄒᆞᄂᆞ니라「本義」明庶政ᄒᆞ고

●象에ᄀᆞᆯ오ᄃᆡ山下에火ᅵ이소미賁니君子ᅵ以ᄒᆞ야庶政을明ᄒᆞ고獄을折ᄒᆞ매敢치아니ᄒᆞᄂᆞ니라「本義」庶政을明ᄒᆞ고

○山下有火明不及遠明庶政事之小者折獄事之大者內離明而外艮止故取象如此

初九는賁其趾니舍車而徒ᅵ로다 舍音捨

●初九는그趾를賁ᄒᆞᆷ이니車를舍ᄒᆞ고徒ᄒᆞᆷ이로다

○剛德明體自賁於下爲舍非道之車而安於徒步之象占者自處當如是也

象曰舍車而徒는 義弗乘也라ᅵ
●象애글오디舍車而徒는 義에 乘치못홀지라
○君子之取舍決於義而己

六二는 賁其須ᅵ로다
●六二는 그 須를 賁홈이로다
○二以陰柔居中正三以陽剛而得正皆无應與故二附三而動有賁須之象占者宜從
上之陽剛而動也

象曰賁其須는 與上興也ᅵ라ᅵ
●象애글오디 賁其須는 上으로더브러興홈이라
(傳)以須爲象者謂其與上同興也隨上而動動止唯係所附也猶加飾於物因其質而賁
之善惡在其質也

九三은 賁如ᅵ濡如니 永貞면吉ᄒ리라
●九三은 賁ᄒ요미濡ᄒ니 永ᄒ고貞ᄒ면吉ᄒ리라
○一陽居二陰之間得其賁潤澤者也然不可溺於所安故有永貞之戒

象曰永貞之吉은 終莫之陵也라ᅵ니

●象애글오디永貞의吉홈은ᄆᆞ춤늬陵호리업스니라

(傳)飾而不常且非正則一字有人所陵侮也故戒能永正則吉也其賁既常而正誰能陵之乎

六四는賁如ㅣ며皤如호며白馬ㅣ翰如호니匪寇면婚媾ㅣ라「本義」匪寇라婚媾ㅣ니〔皤白波反〕

●六四는賁ㅣ皤호며白馬ㅣ翰닷호니寇곳아니면婚媾ㅣ리라「本義」寇ㅣ아니라

○皤白也馬人所乘人白則馬亦白矣四與初相賁者乃爲九三所隔而不得遂故皤如而其往求之心如飛翰之疾也然九三剛正非爲寇者也乃求婚媾耳故其象如此

象曰六四는當位疑也ㅣ니匪寇婚媾는終无尤也ㅣ라

●象애글오디六四는當호位ㅣ疑홈이니匪寇婚媾는ᄆᆞ춤에尤ㅣ업슬디라

○當位疑謂所當之位可疑也終无尤謂若守正而不與亦无他患也

六五는賁于丘園이니束帛이戔戔이면吝호나終吉이리라「本義」賁于丘園이니束帛戔戔ㅣ니〔戔戔在干反又晉戩〕

●六五는丘園에賁홈이니束帛이戔戔닷호면吝호나ᄆᆞ춤늬吉호리라「本義」丘園애賁호나束帛이戔戔호니

○六五柔中爲賁之主敦本尙實得賁之道故有丘園之象然陰性吝嗇故有束帛戔戔
之象束帛薄物戔戔淺小之意人而如此雖可羞吝然禮奢寧儉故得終吉

象曰六五之吉은有喜也ㅣ라
●象애굴오디六五의吉홈은喜이시미라
(傳)能從人以成賁之功享其吉美是有喜也

○賁極反本復於无色善補過矣故其象占如此

上九는白賁면无咎ㅣ리라「本義」白賁ㅣ니
●上九는賁를白게ᄒᆞ면咎ㅣ업스리라「本義」賁ㅣ白홈이니

象曰白賁无咎는上得志也ㅣ라
●象애굴오디白賁无咎는上에셔志를得홈이라
(傳)白賁无咎以其在上而得志也上九爲得志者在上而文柔成賁之功六五之君又受
其賁故雖居无位之地而實尸賁之功爲得志也與他卦居極者異矣旣在上而得志處
賁之極將有華僞失實之咎故戒以質素則无咎飾不可過也

剝은不利有攸往ᄒᆞ니라

坤下 艮上

●剝은往호미바를두미利치아니호니라

○剝落也五陰在下而方生一陽在上而將盡陰盛長而陽消落九月之卦也陰盛陽衰小人壯而君子病又內坤而外艮有順時而止之象故占得之者不可有所往也陰盛

象曰剝은剝也니柔ㅣ變剛也니

●象애글오디剝은剝홈이니柔ㅣ剛을變홈이니

○以卦體釋卦名義言柔進于陽變剛爲柔也

不利有攸往은小人이長也ㅣ라　長丁丈反

●不利有攸往은小人이長홀시라

(傳)剝剝也謂剝落也柔變剛也柔長而剛變也夏至一陰生而漸長一陰長則一陽消至於　一无於字　建戌則極而成剝是陰柔變剛陽也陰小人之道方長盛而剝消於　剛一作陽　剛故君子不利有所往也

順而止之는觀象也니君子ㅣ尙消息盈虛ㅣ天行也ㅣ라

●順호야止홈은象을觀홈이니君子ㅣ消息盈虛를尙호욤미天의行이라

○以卦體卦德釋卦辭

象曰山附於地ㅣ剝이니이上이以야厚下야安宅니라

●象에 ᄀᆞᆯ오디 山이 地에 附홈이 剝이니 上이 以ᄒᆞ야 下를 厚케ᄒᆞ야 宅을 安ᄒᆞᄂᆞ니라

(傳)艮重於坤山附於地也山高起於地而反附著於地圮剝之象也上謂人君與居人上〔一作山〕者觀剝之象而厚固其下以安其居也下者上之本未有基本固而能剝者也故上之剝必自下下剝則上危矣爲人上者知理之如是則安養人民以厚其本乃所以安其居也書曰民惟邦本本固邦寧

初六은 剝牀以足이니 蔑貞이라 凶도다 「本義」蔑貞이면 凶ᄒᆞ리라

●初六은 牀을 剝호디 足을 써홈이니 貞을 蔑홈이라 凶도다 「本義」貞을 蔑ᄒᆞ면 凶ᄒᆞ리라

○剝自下起滅正則凶故其占如此蔑滅也

象曰 剝牀以足은 以滅下也라

●象애 굴오디 牀을 剝호디 足으로써 下에셔 滅홈이라

(傳)取牀足爲象者以陰侵沒陽於下也滅沒也侵滅正道自下而上也

六二는 剝牀以辨이니 蔑貞이라 凶도다 「本義」蔑貞이면

●六二는 牀을 剝호디 辨을 써홈이니 貞을 蔑홈이라 凶도다 「本義」貞을 蔑ᄒᆞ면

○辨牀幹也進而上矣

象曰剝牀以辨은 未有與也라ᄒᆞᆯᄉᆡ

●象애굴오ᄃᆡ剝牀以辨은 與ᅵ잇지아닐ᄉᆡ라

○言未大盛

六三은剝之无咎ᅵ니라

●六三은剝에咎ᅵ업스니라

○衆陰方剝陽而己獨應之去其黨而從正无咎之道也占者如是則得无咎

象曰剝之无咎는失上下也라ᄒᆞᆯᄉᆡ

●象애굴오ᄃᆡ剝之无咎는上下와失ᄒᆞᆯᄉᆡ라

○上下謂四陰

六四는剝牀以膚ᅵ니凶ᄒᆞ니라

●六四ᄂᆞᆫ牀을剝ᄒᆞ야膚에ᄡᅥ홈이니凶ᄒᆞ니라

○陰禍切身故不復言蔑貞而直言凶也

象曰剝牀以膚는切近災也라

●象애굴오ᄃᆡ剝牀以膚는災에切近홈이라

(傳)五爲君位剝已及四在人則剝其膚矣剝及其膚身垂於亡矣切近於災禍也

六五는 貫魚야 以宮人寵면이 无不利라리「本義」以宮人寵니

●六五는 魚를貫야宮人의寵으로써야면利치아임이업스리라「本義」宮人의寵

으로홈이니

○魚陰物宮人陰之美而受制於陽者也五爲衆陰之長當率其類受制於陽故有此象

而占者如是則无不利也

象曰以宮人寵은 終无尤也라리

●象애글오디 以宮人寵은 마촘내尤ㅣ업스리라

(傳)羣陰消（消字一无）剝於（於字一无）陽以至於極六五若能長率羣陰駢首順序反獲寵愛於陽則

終无過尤也於剝之將終復發此義聖人勸遷善之意深切之至也

上九는 碩果不食니이 君子는 得輿고 小人은 剝廬라리

●上九는 碩혼果ㅣ食히이지아넘이니 君子는 輿를得고 小人은 廬를剝리라

○一陽在上剝未盡而能復生君子在上則爲衆陰所載小人居之則剝極於上自失所

覆而无復碩果得輿之象矣取象既明而君子小人其占不同聖人之情益可見矣

象曰君子得輿는 民所載也오 小人剝廬는 終不可用也라리

●象애글오디君子得輿는民의載혼배오 小人剝廬는 마촘내可히用치못홈이라

(傳)正道消剝旣極則人復思治故陽剛君子爲民所承載也若小人處剝之極則小人之

窮耳終不可用也非謂九爲小人但言剝極之時小人如是也

坤上 震下

復은亨ᄒ야 出入에 无疾ᄒ야 朋來아라 无咎ᅵ리니 「本義」復은亨ᄒ니 出入에 无

疾며ᄒ 朋來에 无咎라

● 復은亨ᄒ야 出入호매 疾ᄒ리업스며 朋이來ᄒ여아 咎ᅵ업스니라 「本義」復은亨ᄒ야 出入호매 疾ᄒ리업셔 朋이來ᄒ여아 咎ᅵ업스리라

(傳)復亨旣復則亨也陽氣復生於下漸亨盛而生育萬物君子之道旣復則漸以亨通澤

於天下故復則有亨盛之理也出入无疾出入謂生長復生於內入也長進於外出也先

云出語順耳陽生非自外也來於內故謂之入物之始生其氣至微故多屯艱陽之始生

其氣至微故多摧折春陽之發爲陰寒所折觀草木於朝暮則可見矣出入无疾謂微陽

生長无害之者也旣無害之而其類漸進而來則將亨盛故无咎也所謂咎在氣則爲差

忒在君子〔道字 一之有〕則爲抑塞不得盡其理陽之當復雖使有疾之固不能止其復也但爲

阻礙耳而卦之才有无疾之義乃復道之善也一陽始生至微固未能勝群陰而發生萬

物必待諸陽之來然後能成生物之功而无差忒以朋來而无咎也三陽子丑寅之氣生

成萬物衆陽之功也若君子之道既消而復豈能便勝於小人必待其朋類漸盛則能協力以勝之也

反復其道야 七日애 來復니 利有攸往이니「本義」七日來復오이之復反復

芳福反又
作覆象同

●그道ㅣ反復ㅎ야七日애來ㅎ야復ㅎ니往홈미利ㅎ니라「本義」來ㅎ야復ㅎ고

○復陽復生於下也剝盡則為純坤十月之卦而陽氣已生於下矣積之踰月然後一陽之體始成而來復故十有一月其卦為復以其陽既往而復反故有亨道又內震外坤有陽動於下而以順上行之象故其占又為己之出入既得先疾朋類之來亦得无咎又自五月姤卦一陰始生至此七爻而一陽來復乃天運之自然故其占又為反復其道至於七日當得來復又以剛德方長故其占又為利有攸往也反復其道往而復來來而復往之意七日者所占來復之期也

象曰復亨은 剛反이니

●象애글오디復의亨홈은剛이反홈이니

○剛反則亨

動而以順行이라是以出入无疾朋來无咎라니

●動ᄒ야 順으로뻐 行ᄒ는디라 일로뻐 出入无疾朋來无咎ᅵ니라

○以卦德而言

反復其道七日來復은 天行也ᅵ오

●反復其道七日來復은 天의 行이오

○陰陽消息天運然也

利有攸往은 剛이 長ᄒ실시니 （長丈 丁反）

●利有攸往은 剛長也ᅵ니

○以卦體而言旣生則漸長矣

復애 其見天地之心乎ᅵ뎌

●復애 그 天地의 心을 볼인뎌

○積陰之下一陽復生天地生物之心幾於滅息而至此乃復可見在人則爲靜極而動惡極而善本心幾息而復見之端也程子論之詳矣而邵子之詩亦曰冬至子之半天心无改移一陽初動處萬物未生時玄酒味方淡大音聲正希此言如不信更請問包羲至哉言也學者宜盡心焉

象曰雷在地中이 復니이 先王이 以ᄒ야 至日애 閉關ᄒ야 商旅ᅵ 不行ᄒ며

后ㅣ不省方이라ᄒ니라

●象애굴오디雷ㅣ地中애이시미復이니先王이以ᄒ야至日애關을閉ᄒ야商旅ㅣ行티아니ᄒ며后ㅣ方을省티아니ᄒ니라

○安靜以養微陽也니月令是月齊戒掩身以待陰陽之所定

初九는不遠復이라无祗悔니元吉이라ᄒ니

●初九는遠티아니ᄒ야셔復ᄒ디라悔애祗홈이업스니元ᄒ고吉ᄒ니라

○一陽이復生於下復之主也니祗抵也오又居事初失之未遠能復於善不抵於悔大善而吉之道也故其象占如此

象曰不遠之復은以脩身也ㅣ라

●象애굴오디不遠ᄒ야復홈은뻐身을脩홈이라

(傳)不遠而復者君子所以脩其身之道也學問（一无問字）之道无他也唯其知不善則速改以從善而己

六二는休復이니吉이라ᄒ니

●六二는休ᄒ復이니吉ᄒ니라

○柔順中正近於初九而能下之復之休美吉之道也

象曰休復之吉은以下仁也라니

●象애글오디休復의吉홈은仁애下홈으로뻐라

(傳)爲復之休美而吉者以其能下仁也仁者天下之公善之本也初復於仁二能親而下

之是以吉也

○以陰居陽不中不正又處動極復而不固屢失屢復之象屢失故危復則无咎故其占

又如此

六三은頻復이니厲하나无咎리라

●六三은조조復홈이니厲하나咎ㅣ업스리라

象曰頻復之厲는義无咎也라니

●象애글오디頻復의厲홈은義ㅣ咎ㅣ업스리라

(傳)頻復頻失雖爲危厲然復善之義則无咎也

六四는中行호디獨復이로

●六四는中에行호디홀로復홈이로다

○四處群陰之中而獨與初應爲與衆俱行而獨能從善之象當此之時陽氣甚微未足

○以有爲故不言吉然理所當然吉凶非所論也董子曰仁人者正其義不謀其利明其道

不計其功於剝之六三及此爻見之

象曰中行獨復은 以從道也ㅣ라

●象애 글오디 中行獨復은 道을 從호모로써라

(傳)稱其獨復者以其從陽剛君子之善道也

六五ᄂᆞᆫ 敦復이니 无悔ᄒᆞ니라

●六五ᄂᆞᆫ 復애 敦홈이니 悔 업스니라

○以中順居尊而當復之時敦復之象无悔之道也

象曰敦復无悔ᄂᆞᆫ 中以自考也ㅣ라

●象애 글오디 敦復无悔ᄂᆞᆫ 中으로써 스스로 考홈이라

○考成也

上六ᄋᆞᆫ 迷復이라 凶ᄒᆞ니 有災眚ᄒᆞ야 用行師ㅣ면 終有大敗ᄒᆞ고 以其國君이면 凶ᄒᆞ야 至于十年히 不克征이라ᄒᆞ리라 「本義」終有大敗ᄒᆞ야 以其國君凶

●上六ᄋᆞᆫ 復애 迷ᄒᆞ욤이라 凶ᄒᆞ니 災眚이이셔ᄡᅥ 師를 行ᄒᆞ면 終애 大敗ㅣ잇고ᄡᅥ 그 國을ᄒᆞ면 君이 凶ᄒᆞ야 十年에 니르리 能히 征디 몯ᄒᆞ리라 「本義」終애 大敗ᄒᆞ여 그 國

君으로써凶ᄒ야

○以陰柔居復終ᄒ야終迷不復之象凶之道也故其占如此以猶及也

象曰迷復之凶은 反君道也ᅵ라

●象애굴오ᄃᆡ迷復의凶홈은君道애反홀ᄉᆡ라

(傳)復則合道旣迷於復與道相反也其凶可知以其國君凶謂其反君道也人君居上而治衆當從天下之善乃迷於復反君之道也非止人君凡人迷於復者皆反道而凶也

䷘ 乾上
　 震下

无妄은元亨코利貞ᄂ호其匪正이면有眚ᄒ릴ᄉᆡ不利有攸往ᄒ니라

●无妄은크게亨ᄒ고貞홈이利ᄒ니그正곳아니면眚이이시릴ᄉᆡ往홀바를두미利치아니ᄒ니라

○无妄實理自然之謂史記作无望謂无所期望而有得焉者其義亦通爲卦自訟而變九自二來而居於初又爲震主動而不妄者也故爲无妄又二體震動而乾健九五剛中而應六二故其占大亨而利於正若其不正則有眚而不利有所往也

象曰无妄은剛이自外來而爲主於內ᄒ니

●象애굴오ᄃᆡ无妄은剛이外로브터來ᄒ야內에主ᅵ되니

(傳)謂初九也坤初爻變而爲震剛自外而來也震以初爻爲主成卦由之故初爲无妄之

主動以天爲无妄動而以天動爲主也以剛變柔爲以正去妄之象又剛正爲主於內无

妄之義也九居初正也

● 動而健ᄒ고 剛中而應ᄒ야 大亨以正ᄒ니 天之命也ㅣ라

● 動코 健ᄒ고 剛이 中ᄒ고 應ᄒ야 크게亨ᄒ고 써正ᄒ니 天의命이라

(傳)下動而上健是其動剛健也剛健无妄之體也剛中而應五以剛居中正二復以中正

相應是順理而不妄也故其道大亨通而貞正乃天之命也天命謂天道也所謂无妄也

● 其匪正有眚 不利有攸往은 无妄之往이 何之矣오 天命不祐를 行矣哉아

● 其匪正有眚不利有攸往은 无妄의往홈이어디가리오 天命이祐치아니홈을 行ᄒ라

○ 以卦變卦德卦體言卦之善如此故其占當獲大亨而利於正乃天命之當然也其有

不正則不利有所徃欲何徃哉蓋其逆天之命而天不祐之故不可以有行也

● 象曰 天下雷行ᄒ야 物與无妄ᄒ니 先王이 以ᄒ야 茂對時ᄒ야 育萬物ᄒ라

● 象애 ᄀᆞᆯ오ᄃᆡ 天下에 雷ㅣ 行ᄒ야 物마다 无妄을 與ᄒ니 先王이 以ᄒ야 茂히 時를 對

ᄒᆞ야萬物을育ᄒᆞ니라

○天下雷行震動發生萬物各正其性命是物物而與之以无妄也先王法此以對時育

物因其所性而不爲私焉

初九ᄂᆞᆫ无妄ᄂᆞᆯ이往에吉ᄒᆞᄂᆞ리라

●初九ᄂᆞᆫ无妄이니往애吉ᄒᆞ리라

○以剛在內誠之主也如是而往其吉可知故其象占如此

象曰无妄之往은得志也ㅣ라리

●象애ᄀᆞᆯ오ᄃᆡ无妄ᄋᆞ로往홈은志를得ᄒᆞ리라

(傳)以无妄而往无不得其志也蓋誠之於物无不能動以之脩身則身正以之治事則事得其理以之臨人則人感而化无所往而不得其志也

六二ᄂᆞᆫ不耕ᄒᆞ야穫ᄒᆞ며不菑ᄒᆞ야畬ㅣ니 則利有攸往ᄒᆞ니라「本義」不耕穫
不菑畬ㅣ니

●六二ᄂᆞᆫ耕치아니ᄒᆞ야穫ᄒᆞ며菑치아니ᄒᆞ야畬홈이니往홈바두마利ᄒᆞᄂᆞ니라「本
義」耕ᄒᆞ며穫지아니ᄒᆞ며菑ᄒᆞ며畬치아니ᄒᆞ미니

○柔順中正因時順理而无私意期望之心故有不耕穫不菑畬之象言其无所爲於前

无所冀於後也占者如是則利有所徃矣

象曰不耕穫은未富也ㅣ라

●象애글오딕不耕穫은富호려홈이아이미라

○富如非富天下之富言非計其利而爲之也

六三은无妄之災니或繫之牛ㅣ行人之得이邑人之災다로「本義」

或繫之牛를

●六三은无妄에災니或牛를繫ᄒᆞ나行人의得홈이邑人의災로다「本義」或이繫ᄒᆞᆫ

牛를

○卦之六爻皆无妄者也六三處不得正故遇其占者无故而有災如行人牽牛以去而

居者反遭詰捕之擾也

象曰行人得牛ㅣ邑人災也ㅣ라

象애글오딕行人의牛를得홈이邑人의災라

(傳)行人得牛乃邑人之災也有得則有失何足以爲得乎

九四는可貞이니无咎ㅣ라리

●九四는可히貞홈이니咎ㅣ업스리라

○陽剛乾體下无應與可固守而无咎不可以有爲之占也

象曰可貞无咎는固有之也ㅣ라시

●象애골오디可貞无咎는구디둘시라

○有猶守也

九五는无妄之疾니이 勿藥有
喜라리 「本義」无妄之疾이니 勿藥有

●九五는无妄의疾은藥디아니면喜이시리라「本義」无妄의疾이니藥지아녀셔喜

○乾剛中正以居尊位而下應亦中正无妄之至也如是而有疾勿藥而自愈矣故其象

占如此

○既己无妄而復藥之則反爲妄而生疾矣試謂少嘗之也

●象애골오디无妄의藥은可히試치못흘거시라

象曰无妄之藥은不可試也니라

上九는无妄에行면이有眚야ㅎ无攸利라ㅎ니「本義」无妄에行니이

●上九는无妄애行ㅎ면眚이이셔利ㅎ비업스니라「本義」无妄애行홈이니

○上九는 非有妄也로되 但以其窮極而不可行耳故其象占如此

象曰无妄之行은 窮之災也라ㅣ

●象애굴오디 无妄의行은 窮의災라

(傳)无妄既極而復加進乃爲妄矣是窮極而爲災害也

大畜䷙乾下 艮上

大畜은 利貞하니 不家食하면 吉하니 利涉大川하니라[本義]不可食하야 吉코

●大畜은 貞홈이利하니 家에食지아니하면吉하고

家에食지아니하야吉하고

○大陽也以艮畜乾又畜之大者也又以內乾剛健外艮篤實輝光是以能日新其德而

爲畜之大也以卦變言此卦自需而來九自五而上以卦體言六五尊而尙之以卦德言

又能止健皆非大正不能故其占爲利貞而不家食吉也又六五下應於乾爲應乎天故

其占又爲利涉大川也不家食謂食祿於朝不食於家也

象曰大畜은 剛健코 篤實코 輝光하야 日新其德이니

●象애굴오디 大畜은 剛健하고 篤實하고 輝光하야 日로그德을新홈이니

○以卦德釋卦名義

剛上而尙賢ᄒᆞ고能止健이大正也ㅣ라

●剛이上ᄒᆞ야賢을尙ᄒᆞ고能히健을止ᄒᆞ욤이크게正홈이라

○以卦變卦體釋卦辭

不家食吉ᄋᆞᆫ養賢也ㅣ오

●不家食吉은賢을養홈이오

○亦取尙賢之象

利涉大川ᄋᆞᆫ應乎天也ㅣ라

●利涉大川은天을應홈이라

○亦以卦體而言

象曰天在山中이大畜이니君子ㅣ以ᄒᆞ야多識前言往行ᄒᆞ야以畜其德ᄒᆞᄂᆞ니라　識如字又音　志行下孟反

●象애ᄀᆞᆯ오ᄃᆡ天이山中에이쇼미大畜이니君子ㅣ以ᄒᆞ야前言과往行을만히識ᄒᆞ야써그德을畜ᄒᆞᄂᆞ니라

○天在山中不必實有是事但以其象言之耳

初九ᄂᆞᆫ有厲니利已라니　己夷　止反

●初九는有厲利己ᅵ니 흠이이시리니마로미 利ᄒᆞ니라
○乾之三陽爲艮所止故內外之卦各取其義初九爲六四所止故其占往則有危而利於止也

象曰有厲利己는 不犯災也ᅵ라
●象애길오디有厲利己는災를犯치아니홈이라
(傳)有危則宜己不可犯災危而行也不度其勢而進有災必矣

九二는輿說輹다이로　輹音服又音福　說吐活反
●九二는輿ᅵ輹을說홈이로다
○九二亦爲六五所畜以其處中故能自止而不進有此象也

象曰輿說輹은中이라无尤也ᅵ라
●象애길오디輿說輹은中ᄒᆞ지라尤ᅵ엄스니라
(傳)輿說輹而不行者蓋其處得中道動不失宜故无過尤也善莫善於剛中柔中者不至
於過柔耳剛中中而才也初九處不得中故戒以有危宜己二得中進止自无過差故但
言輿說輹謂其能不行也不行則无尤矣初與二乾體剛健而不足以進四與五陰柔而
能止時之盛衰勢之强弱學易者所宜深識也

九三은良馬逐이니利艱貞ᄒᆞ니曰閑輿衛면利有攸往ᄒᆞ리라　曰讀爲日

●九三은良馬ㅣ逐홈이니艱코貞홈이利호니日로輿와衛를閑호면征홈바롤두미
利호리라

○三以陽居健極上以陽居畜極極而通之時也又皆陽爻不相畜而俱進有良馬逐
之象焉然過剛銳進故其占必戒以艱貞閑習乃利於有往也曰當爲日月之日

象曰利有攸往은上이合志也ㅣ니

三合志上進也字

(傳)所以利有攸往者以與在上者合志也上九陽性上進且畜已極故不下畜三而與

●象애골오디利有攸往은上이志ㅣ合홀시라

六四는童牛之牿이니元吉호니라　牿古毒反

●六四는童牛의牿이니元코吉호니라

○童者未角之稱牿施橫木於牛角以防其觸詩所謂楅衡者也止之於未角之時爲力
則易大善之吉也故其象占如此學記曰禁於未發之謂豫正此意也

象曰六四元吉은有喜也ㅣ라

●象애골오디六四元吉은喜이쇼이라

(傳)天下之惡已盛而止之則上勞於禁制而下傷於刑誅故畜止於微小之前則大善而
吉不勞而无傷故可喜也四之畜初是也上畜亦然

六五는 豶豕之牙ㅣ니 吉ㅎ니라 豶符云反

● 六五는 豕의 牙를 豶ㅎ욤이니 吉ㅎ니라

○ 陽已進而止之ㅣ不若初之易矣然以柔居中而當尊位是以得其機會而可制故其象

如此占雖吉而不言元也

象曰六五之吉은 有慶也ㅣ라

● 象애굴오디 六五의 吉홈은 慶이이숌이라

(傳) 在上者不知止惡之方嚴刑以敵民欲則其傷甚而无功若知其本制之有道則不勞

无傷而俗革天下之福慶也

上九는 何天之衢ㅣ니 亨ㅎ니라 「本義」何天之衢오

● 上九는 天의 衢ㅣ니 亨ㅎ니라 「本義」엇지 天의 衢오

○ 何天之衢言何其通達之甚也畜極而通豁達无礙故其象占如此

象曰何天之衢오 道ㅣ大行也라 「本義」何天之衢는

● 象애굴오디 엇지 天의 衢오 道ㅣ크게 行홈이라

(傳) 何以謂之天의 衢오 以其无止礙道路大通行也以天衢非常語故象特設問曰何謂天之

衢以道路大通行取空豁之狀也以象有何字故爻下亦誤加之

頤ᄂᆞᆫ 貞ᄒᆞ면吉ᄒᆞ니 觀頤ᄒᆞ며 自求口實이라이니

震　上
艮　下

●頤ᄂᆞᆫ 貞ᄒᆞ면 吉ᄒᆞ니 頤ᄒᆞ며스로 口實을 觀ᄒᆞᆯ디니라

○頤口旁也口食物以自養故爲養義爲卦上下二陽內含四陰外實內虛上止下動爲
頤之象養之義也貞吉者占者得正則吉觀頤謂觀其所養之道自求口實謂觀其所以
養身之術皆得正則吉也

象曰頤貞吉은 養正則吉也니 觀頤ᄂᆞᆫ 觀其所養也오 自求口
實은 觀其自養也라

●象애ᄀᆞᆯ오ᄃᆡ頤貞吉은 養홈이正ᄒᆞ면吉홈이니 觀頤ᄂᆞᆫ그 養ᄒᆞᄂᆞᆫ바를보미오自求
口實은 그自養홈을보미라

○釋卦辭

天地ㅣ養萬物ᄒᆞ며聖人이 養賢ᄒᆞ야以及萬民ᄒᆞᄂᆞ니頤之時ㅣ 大矣哉

●天地ㅣ萬物을養ᄒᆞ며聖人이賢을養ᄒᆞ야써萬民에밋ᄂᆞᄂᆞ니頤의時ㅣ크다

○極言養道而贊之

象曰山下有雷ㅣ頤ㄴ君子ㅣ以야ㅎ야愼言語ㅎ며節飲食ㅎㄴㄴ라

●象애글오디山下에雷ㅣ이숌이頤ㄴ君子ㅣ以ㅎ야言語를愼ㅎ며飲食을節ㅎㄴㄴ

○二者養德養身之切務니라

初九ㄴ舍爾靈龜ㅎ고觀我ㅎ야朶頤ㄴ凶ㅎㄴ라

●初九ㄴ爾의靈龜를舍ㅎ고我를보와頤를朶ㅎ니凶ㅎㄴ라

○靈龜不食之物朶垂也朶頤欲食之貌初九陽剛在下足以不食乃上應六四之陰而動於欲凶之道也故其象占如此

象曰觀我朶頤ㄴ亦不足貴也ㅣ로

●象애글오디我를觀ㅎ야頤를朶ㅎ야또足히貴치아니ㅎ도다

(傳)九動體朶頤謂其說陰而志動既爲欲所動則雖有剛健明智之才終必自失故其才亦不足貴也人之貴乎剛者爲其能立而不屈於欲也貴乎明者爲其能照而不失於正也既惑所欲而失其正何剛明之有爲可賤也

六二ㄴ顚頤라拂經ㅣ니于丘애頤야ㅎ야征ㅎ면凶ㅎ리라「本義」顚頤면拂經오ㅣ

于丘頤(면)征(호야)凶(호리)라

● 六二(눈)頤(호)야頤홈이라經애拂호니丘애頤호고丘애頤호면征호야凶호요려호야征호면凶호리라「本義」

顯호야頤호면經에拂호고丘에頤호면征호야凶호리라「本義」

○ 求養於初則顛倒而違於常理求養於上則往而得凶丘土之高者上之象也

象曰六二征凶은行이失類也ㅣ라

● 象애글오디六二征凶은行이類를失홈이라

○ 初上皆非其類也

六三은頤의貞에拂호지라凶호야十年勿用이라无攸利라호니「本義」拂頤(면)貞(라)이凶(호)야十年勿用(이)라无攸利(라)

도호야凶호야

● 六三은頤의貞에拂호지라凶호야十年이라도用치마를지라利홀배업스니라「本義」拂頤(면)貞

「本義」頤에拂호면貞이라도凶호야

○ 陰柔不中正以處動極拂於頤矣旣拂於頤雖正亦凶故其象占如此

象曰十年勿用은道ㅣ大悖也ㅣ라

● 象애글오디十年勿用은道ㅣ크게悖홈이라

(傳)所以戒終不可用以其所由之道大悖義理也

六四ᄂᆞᆫ 顛頤나 吉ᄒᆞ니 虎視耽耽ᄒᆞ며 其欲逐逐ᄒᆞ면 无咎ㅣ리라

●六四ᄂᆞᆫ 顛ᄒᆞ야 頤ᄒᆞ나 吉ᄒᆞ니 虎의 視ㅣ 耽耽닷ᄒᆞ며 그 欲이 逐逐ᄒᆞ면 咎ㅣ 업스리

○柔居上而得正所應又正而賴其養以施於下故雖顛而吉虎視耽耽下而專也其欲

逐逐求而繼也又能如是則无咎矣

象曰顛頤之吉ᄋᆞᆫ 上施ㅣ光也ㅣ니라 （施始 鼓反）

(傳)●象애ᄀᆞᆯ오ᄃᆡ 顛頤의 吉ᄒᆞ홈은 上의 施ㅣ光ᄒᆞ심이니라

○顛倒求養而所以吉者蓋得剛陽之應以濟其事致己居上之德施光明被于天下吉

孰大焉

六五ᄂᆞᆫ 拂經이나 居貞ᄒᆞ면 吉ᄒᆞ려니와 不可涉大川이니

●六五ᄂᆞᆫ 經에 拂ᄒᆞ나 貞에 居ᄒᆞ면 吉ᄒᆞ려니와 可히 大川을 涉지못ᄒᆞ지니라

○六五陰柔不正居尊位而不能養人反賴上九之養故其象占如此

象曰居貞之吉ᄋᆞᆫ 順以從上也ㅣ라

(傳)●象애ᄀᆞᆯ오ᄃᆡ 居貞의 吉ᄒᆞ홈은 順ᄒᆞ야ᄡᅥ 上을 從ᄒᆞᆯ시라

○居貞之吉者謂能堅固順從於上九之賢以養天下也

上九ᄂᆞᆫ 由頤니 厲ᄒᆞ면 吉ᄒᆞ니 利涉大川이라 ᄒᆞ니라

●上九는 由ㅎ야 頤홈이니 厲ㅎ면 吉ㅎ니 大川을 涉홈이 利ㅎ니라

○六五는 賴上九之養以養人是物由上九以養也位高任重故厲而吉陽剛在上故利涉
川

象曰由頤厲吉은 大有慶也ㅣ라

●象애굴오디 由頤厲吉은 크게 慶이이솜이라

(傳)若上九之當大任如是能兢畏如是天下被其德澤是大有福慶也

≣ 巽下
　 兊上

大過는 棟이 橈ㅣ니 利有攸往ㅎ야 亨ㅎ니라

●大過는 棟이 橈홈이니 徃ㅎ바를 둠이 利ㅎ야 亨ㅎ니라

○大陽也四陽居中過盛故爲大過上下二陰不勝其重故有棟橈之象又以四陽雖過
而二五得中內巽外說有可行之道故利有所徃而得亨也

象曰大過는 大者ㅣ 過也ㅣ오

●象애굴오디 大過는 大ㅎ거시 過홈이오

○以卦體釋卦名義

棟橈는 本末이 弱也ㅣ라

●棟橈는 本과 末이 弱홈이라

○復以卦體釋卦辭本謂初末謂上弱謂陰柔

剛過而中고 巽而說行이라 利有攸往이야 乃亨니 　　悅 說音

●剛이過호디中호고 巽코 說로 行호는지라 往홀바를 둠이 利호야 이에 亨호니

○又以卦體卦德釋卦辭

大過之時ㅣ 大矣哉라

●大過의 時ㅣ크다

○大過之時非有大過人之材不能濟也故歎其大

象曰澤滅木이 大過니 君子ㅣ 以야 獨立不懼며 遯世无悶니라

●象애 글오디 澤이 木을 滅홈이 大過ㅣ니 君子ㅣ以호야 獨立호야 懼치 아니호며 世예 遯호디 悶홈이 업느니라

○澤滅於木大過之象也 不懼无悶大過之行也

初六은 藉用白茅ㅣ니 无咎라호니 　　藉在夜反

●初六은 藉호디 白茅를써 홈이니 咎ㅣ업스니라

○當大過之時以陰柔居巽下過於畏愼而無咎者也故其象占如此白茅物之潔者

象曰藉用白茅는柔在下也라
● 象애골오디藉用白茅는柔로下애在홈이라
(傳)以陰柔處卑下之道唯當過於敬愼而已以柔在下爲以茅藉物之象敬愼之道也

九二는枯楊이生梯ᄒᆞ며老夫ㅣ得其女妻니无不利ᄒᆞ니라　梯徒稽反
● 九二는枯ᄒᆞᆫ楊이梯ㅣ生ᄒᆞ며老夫ㅣ그女妻를得홈이니利치아니미업스니라
○陽過之始而比初陰故其象占如此梯根也榮於下者也榮於下則生於上矣夫雖老
而得女妻猶能成生育之功也

象曰老夫女妻는過以相與也라
● 象애골오디老夫女妻는過히써로與홈이라
(傳)老夫之說少女少女之順老夫其相與過於常分謂九二初六陰陽相與之和過於常
也

九三은棟이橈니凶ᄒᆞ니라
● 九三은棟이橈홈이니凶ᄒᆞ니라
○三四二爻居卦之中棟之象也九三以剛居剛不勝其重故象橈而占凶

象曰棟橈之凶은不可以有輔也ㅣ니라

●象애굴오디棟橈의凶홈은可히써輔홈을두지못홀시라

（傳）剛强之過則不能取於人人亦不能親輔之如棟橈折不可支輔也棟當室之中不加

助是不可以有輔也

九四는棟隆이니吉ㅣ어니와有它ㅣ면吝ㅎ리

●九四는棟이隆홈이니吉커니와它을두면吝ㅎ리라

○以陽居陰過而不過故其象隆而占吉然下應初六以柔濟之則過於柔矣故又戒以

有它則吝也

象曰棟隆之吉은不橈乎下也ㅣ니라

●象애굴오디棟隆의吉홈은下에橈티아니홀시라

（傳）棟隆起則吉不橈曲以就下也謂不下繫於初也

九五는枯楊이生華ㅣ며老婦ㅣ得其士夫ㅣ니无咎ㅣ나无譽리라

●九五는枯ᄒᆞᆫ楊이華ㅣ生ᄒᆞ며老婦ㅣ그士夫ᄅᆞᆯ得홈이니咎ㅣ업스나譽ㅣ업스리라

○九五陽過之極又比過極之陰故其占皆與二反

象曰枯楊生華ㅣ何可久也ㅣ며老婦士夫ㅣ亦可醜也ㅣ로다

●象애글오디枯楊生華ㅣ엇지可히久ㅎ며老婦士夫ㅣ또흔可히醜홉도다

(傳)枯楊不生根而生華旋復枯矣安能久乎老婦而得士夫豈能成生育之功亦爲可醜也

上六은 過涉滅頂이라 凶ㅎ니 无咎ㅣ니라 「本義」過涉滅頂이 凶ㅎ야 无咎니라

●上六은 過히 涉ㅎ야 頂을 滅홈이라 凶ㅎ니 咎홀디업스니라 「本義」過히 涉ㅎ야 頂을 滅홈이니 凶ㅎ나 咎ㅣ업스니라

○處過極之地才弱不足以濟然於義爲无咎矣蓋殺身成仁之事故其象占如此

象曰過涉之凶은 不可咎也ㅣ니라

●象애글오디 過涉의 凶홈은 可히 咎치못홀거시니라

(傳)過涉至溺乃自爲之不可以有咎也言无所怨咎

<> 坎上
坎下

習坎은 有孚야 維心亨이니 行면 有尙이라

●習坎은 孚ㅣ이셔 心으로 亨ㅎ니 行ㅎ면 尙이이시리라

○習은重習也ㅣ坎險陷也ㅣ其象이爲水陽陷陰中外虛而中實也ㅣ此卦上下皆坎이是爲重險中

實爲有孚心亨之象이以是而行이必有功矣라故로其占이如此라

象曰習坎은重險也니 [重直龍反]

●象애굴오딕習坎은重혼險이니

○釋卦名義

水ㅣ流而不盈며行險而不失其信니이

●水ㅣ流호야盈치아니호며險에行호딕그信을失치아니호욤이니

○以卦象으로釋有孚之義言內實而行有常也ㅣ라

維心亨은乃以剛中也ㅣ오

●維心亨은剛中으로써오 [本義]剛이中혼으로써오

(傳)維其心可以亨通者는乃以其剛中也ㅣ니中實爲有孚之象이至誠之道ㅣ何所不通이리오[一作以剛]

中之道而行則可以濟險難而亨通也ㅣ라

行有尙은往有功也ㅣ라

●行有尙은往호면功이이시미라

○以剛在中으로心亨之象이如是而往이면必有功也ㅣ라

天險은不可升也ㅣ오地險은山川丘陵也ㅣ니王公이設險ᄒ야以守
其國ᄒᄂᆞ니險之時用이大矣哉라

○天險은可히升치못ᄒᆞᆯ것이오地險은山川과丘陵이니王公이險을設ᄒ야써그國
을守ᄒᆞᄂᆞ니險의時와用이크다

○極言之而贊其大也

象曰水ㅣ洊至ㅣ習坎이니君子ㅣ以야常德行ᄒ며習敎事ᄒᄂᆞ니라

○象애ᄀᆞᆯ오ᄃᆡ水ㅣ洊히至ᄒᆞᆷ이習혼坎이니君子ㅣ以ᄒ야德行을덛덛이ᄒ며敎事
를習ᄒᆞᄂᆞ니라

○治己治人皆必重習然後熟而安之

初六은習坎에入于坎窞이니凶ᄒᄂᆞ니라

○初六은習坎에坎窞에入홈이니凶ᄒᄂᆞ니라

○以陰柔居重險之下其陷益深故其象占如此

象曰習坎入坎은失道라凶也ㅣ라

○象애ᄀᆞᆯ오ᄃᆡ習坎入坎은道ᄅᆞᆯ失ᄒ지라凶홈이라

(傳)由習坎而更入坎窞失道也是以凶能出於險乃不失道也

九二는 坎에 有險하나 求를 小得하리라

●九二는 坎에 險이 이시나 求를져 기得하리라

○處重險之中하야 未能自出故로 爲有險之象然이나 剛而得中故로 其占可以求小得也

象曰求小得은 未出中也라ㅣ시

●象애글오디 求를져 기得홈은 中에 出디 못홀시라

○方爲二陰所陷在險之地以剛中之才不至陷於深險是所求小得然이나 未能出坎中之險也

六三은 來하야 坎坎하며 險에 且枕하야 入于坎窞이니 勿用이라 「本義」來
之坎坎하야 險且枕야하

●六三은 來하며 坎코 坎하며 險애 또 枕하야 坎窞에 入하나니 用치마를지
니라 「本義」險하고 坐枕하야

象曰來之坎坎은 終无功也ㅣ리

●象애글오디 來之坎坎은 終에 功이 업슬이라

○以陰柔不中正而履重險之間來往皆險前險而後枕其陷益深不可用也故其象占
如此枕倚著未安之意

(傳)進退皆險處又不安若用此道當益入于險終豈能有功乎以陰柔處不中正雖平易之地尙致悔咎況處險乎險者人之所欲出也必得其道乃能去之求去而失其道益困窮耳故聖人戒如三所處不可用也

六四는樽酒와簋貳를用缶고納約自牖면終无咎라호리라 [本義]樽酒簋貳用缶納約自牖니

●六四는樽酒와簋ㅣ貳를缶를用ㅎ고約을納호디牖로브터ㅎ면ㅁ춤늬咎ㅣ업스리라 [本義]樽酒와簋오貳호디缶를用ㅎ고約을納호디牖로브터홈이니

○晁氏云先儒讀樽酒簋爲一句貳用缶爲一句今從之貳盆之也周禮大祭三貳弟子職左執虛豆右執挾匕周旋而貳是也九五尊位六四近之在險之時剛柔相際故有但用薄禮益以誠心進結自牖之象牖非所由之正而室之所以受明也始雖艱阻終得无咎故其占如此

象曰樽酒簋貳는剛柔際也라

●象애골오디樽酒簋貳는剛과柔ㅣ際ㅎ을시라

○晁氏釋文本无貳字今從之

九五는坎不盈이어祗旣平ㅎ면无咎라리 [本義]坎不盈나이祗旣平이니

●九五는坎이盈티 몯ᄒᆞ얏시니임의平홈애니ᄅᆞ면咎ㅣ업스리라「本義 坎이盈치 몯ᄒᆞ야시니임의平홈애니를디니

○九五雖在坎中然以陽剛中正居尊位而時亦將出矣故其象占如此

象曰坎不盈은中이未大也ㅣ라

●象애 굴오디坎不盈은中이大디몯홈이라

○有中德而未大

上六은係用徽纆ᄒᆞ야寘于叢棘ᄒᆞ야三歲도不得이凶ᄒᆞ니라

●上六은係호디徽纆으로써ᄒᆞ야叢棘에寘ᄒᆞ야三歲라도得디몯홈이니凶ᄒᆞ니라

○以陰柔居險極故其象占如此

象曰上六失道는凶三歲也ㅣ라

●象애굴오디上六이道를失호믄凶이三歲리라

(傳)以陰柔而自處極險之地是其失道也故其凶至于三歲也三歲之久而不得免焉終凶之辭也言久有日十有日三隨其事也陷于獄至于三歲久之極也他卦以年數言者亦各以其事也如三歲不興十年乃字是也

離　離
上　下

離는 利貞하니 亨하니 畜牝牛ㅣ면吉하리라 畜許六反

● 離는 貞홈이 利하니 亨하니 牝牛를 畜듯하면 吉하리라

○ 離麗也ㅣ니 陰麗於陽하니 其象爲火라 體陰而用陽也ㅣ라 物之所麗貴乎得正하니 牝牛柔順之物也故로 占者能正則亨而畜牝牛則吉也ㅣ라

彖曰離는 麗也ㅣ니 日月이 麗乎天하며 百穀草木이 麗乎土하니

● 象애글오디 離는 麗홈이니 日月이 天에 麗하며 百穀草木이 土에 麗하니

(傳) 離麗也ㅣ니 謂附麗也ㅣ라 如日月則麗於天하고 百穀草木則麗於土하니 萬物莫不各有所麗하니 天地之中无无麗之物이라 在人當審其所麗하니 麗得其正則能亨也ㅣ라

重明으로 以麗乎正하야 乃化成天下하나니라 重直龍反

● 重明으로써 正에 麗하야 天下를 化하야 成하나니라

○ 釋卦名이라

柔ㅣ 麗乎中正故로 亨하니 是以畜牝牛吉也ㅣ라

● 柔ㅣ 中正에 麗한 故로 亨하니 일로써 畜牝牛吉也ㅣ라

○ 以卦體釋卦辭라

象曰明兩이 作離하나니 大人이 以야 繼明야 照于四方하나니라 [本義]明

兩作이離니
●象애굴오딕明兩이離를作ᄒᆞ니大人이以ᄒᆞ야明을繼ᄒᆞ야四方애照ᄒᆞᄂᆞ니라
○作起也

初九ᄂᆞᆫ履ㅣ錯然ᄒᆞ니敬之면无咎ㅣ리라　〔錯七各反〕
●初九ᄂᆞᆫ履ㅣ錯然ᄒᆞ니敬ᄒᆞ면咎ㅣ업스리라
○以剛居下而處明體志欲上進故有履錯然之象敬之則无咎矣戒占者宜如是也

象曰履錯之敬은以辟咎也ㅣ라　〔辟音避〕
●象애굴오딕履錯의敬홈은뻐咎를辟홈이라
(傳)履錯然欲動而知敬愼不敢進所以求辟免過咎也居明而剛故知而能辟不剛明則妄動矣

六二ᄂᆞᆫ黃離니元吉ᄒᆞ니라「本義」元吉이리라
●六二ᄂᆞᆫ黃ᄒᆞ離니元코吉ᄒᆞ니라
○黃中色柔麗乎中而得其正故其象占如此

象曰黃離元吉은得中道也ㅣ라

●象애글오딕黃離元吉은中道롤得홈이라

(傳)所以元吉者以其得中道也不云正者離以中爲重所以成文明由中也正在其中矣

●九三은日昃之離니不鼓缶而歌ᄒ면則大耋之嗟ㅣ라凶ᄒ리라

●九三은日이昃ᄒ離ㅣ니缶롤鼓ᄒ야歌치아니ᄒ면大耋롤嗟ᄒᄂ지라凶ᄒ리라

○重離之間前明將盡故有日昃之象不安常以自樂則不能自處而凶矣戒占者宜如是也

●象애글오딕日昃之離ㅣ何可久也ㅣ오

●象애글오딕日昃之離ㅣ엇지可히오라리오

○日旣傾昃明能久乎明者知其然也故求人以繼其事退處以休其身安常處順何足以爲凶也

●九四는突如其來如焚如死如棄如니[本義]突如其來

●九四는突히그來ᄒᄂ지라焚ᄒ니死ᄒ며棄홈이니라[本義]突히그來ᄒᄂ니焚ᄒ

●如ㅣ焚如ㅣ며

○後明將繼之時而九四以剛迫之故其象如此

象曰突如其來如는无所容也ㅣ니
●象애굴오ㄷ|突如其來如는容홀배업스니라
○无所容言焚死棄也ㅣ라

六五는出涕沱若ᄒ며戚嗟若이니吉ᄒ리라「本義」戚嗟若이면（沱徒河反）
●六五는涕를出ᄒ믈沱히ᄒ며戚嗟홈이니吉ᄒ리라「本義」戚嗟ᄒ면
○以陰居尊柔麗乎中然不得其正而迫於上下之陽故憂懼如此然後得吉戒占者宜

如是也

象曰六五之吉은離王公也ㅣ라（離音麗）
●象애굴오ㄷ|六五의吉홈은王公에離홀ㅅ|라
（傳）六五之吉者所麗得王公之正位也據在上之勢而明察事理畏懼憂虞以持之所以
能吉也不然豈能安乎

上九는王用出征면有嘉ㅣ니
●上九는王이ㅣ써出ᄒ야征ᄒ면嘉ㅣ이실이니
（傳）九以陽居上在離之終剛明之極者也明則能照剛則能斷能照足以察邪惡能斷足
以行威刑故王者宜用如是剛明以辨天下之邪惡而行其征伐則有嘉美之功也征伐

用刑之大者

折首코 獲匪其醜면 无咎라ㅣ리「本義」王用出征ㅎ야 有嘉折首오ㅣ 獲匪其醜니

●首를折ㅎ고 獲이그醜아니면咎ㅣ업스리라「本義」王이써出征ㅎ야首만折ㅎ홈을嘉ㅎ고獲이그醜아니니

○剛明及遠威震而刑不濫无咎之道也故其象占如此

象曰王用出征은 以正邦也라ㅣ

●象애글오듸王用出征은써邦을正ㅎ요미라

○王者用此上九之德明照而剛斷以察除天下之惡所以正治其邦國剛明居上之道也

正本
集註周易卷一
終

下經

兌上 艮下

咸

咸은亨ᄒ니利貞ᄒ니取女ㅣ면吉ᄒ리라

●咸은亨ᄒ니貞홈이利ᄒ니女를取ᄒ면吉ᄒ리라

○咸交感也니兌柔在上艮剛在下而交相感應又艮止則感之專兌說則應之至又艮以少男으로下於兌之少女ᄒ야男先於女得男女之正婚姻之時故其卦爲咸이니其占亨而利貞取女則吉ᄒ니蓋感有必通之理라然이나不以貞則失其亨而所爲皆凶矣리라

彖曰咸은感也ㅣ니

●彖애글오ᄃ咸은感ᄒ요미니

○釋卦名義

柔上而剛下ᄒ야二氣ㅣ感應以相與ᄒ야止而說ᄒ고男下女ㅣ라是以亨利貞取女吉也ㅣ니라

說音悅　男下之下退嫁反

●柔ㅣ上ᄒ고剛이下ᄒ야二氣ㅣ感ᄒ며應ᄒ야써로與ᄒ야止코說ᄒ고男이女

에下ᄒᆞᆫ지라일로써亨利貞取女吉也ㅣ니라

○以卦體卦德卦象釋卦辭或以卦變言柔上剛下之義曰咸自旅來柔上居六剛下居

五也亦通

天地ㅣ感而萬物이化生ᄒᆞ고聖人이感人心而天下ㅣ和平ᄒᆞᄂᆞ니그感ᄒᆞ　觀

其所感而天地萬物之情을可見矣리라

●天地ㅣ感ᄒᆞ매萬物이化生ᄒᆞ고聖人이人心을感ᄒᆞ매天下ㅣ和平ᄒᆞᄂᆞ니그感ᄒᆞ

ᄂᆞᆫ바를보매天地와萬物의情을可히보리라

○極言感通之理

象曰山上有澤이咸이니君子ㅣ以ᄒᆞ야虛로受人ᄂᆞ니라

●象애ᄀᆞᆯ오ᄃᆡ山上의澤이咸이니君子ㅣ以ᄒᆞ야虛로人에受ᄒᆞᄂᆞ니라

○山上有澤以虛而通也

初六은咸其拇ㅣ라　拇茂　后反

●初六은咸이그拇ㅣ라

○拇足大指也咸以人身取象感於最下咸拇之象也感之尙淺欲進未能故不言吉凶

此卦雖主於感然六爻皆宜靜而不宜動也

象曰咸其拇ㅣ라志在外也ㅣ라

●象에글오딕咸其拇는志ㅣ外에이심이라

(傳)初志之動感於四也故日在外志雖動而感未深如拇之動未足以進也

六二는咸其腓니凶ㅎ니居ㅎ면吉ㅎ리라「本義」咸其腓니

●六二는咸이그腓면凶ㅎ니居ㅎ면吉ㅎ리라「本義」咸其腓니

○腓足肚也欲行則先自動躁妄而不能固守者也二當其處又以陰柔不能固守故取

其象然有中正之德能居其所故其占動凶而靜吉也

象曰雖凶居吉은順ㅎ면不害也ㅣ라

●象애글오딕비록凶ㅎ여도居ㅎ면吉홈은順ㅎ면害치아니홈이라

(傳)二居中得正所應又中正其才本善以其在咸之時質柔而上應故戒以先動求君則

凶居以自守則吉象復明之云非戒之不得相感唯順理則不害謂守道不先動也

九三은咸其股ㅣ라執其隨니往ㅎ면吝ㅎ리라

●九三은咸이그股ㅣ라執이그隨홈이니往ㅎ면吝ㅎ리라

○股隨足而動不能自專者也執者主當持守之意下二爻皆欲動者三亦不能自守而

隨之往則吝客矣故其象占如此

象曰咸其股은亦不處也니志在隨人이니所執이下也라

●象애글오디咸其股는또호處치아니홈이니志ㅣ人을隨홈애이셔니執혼비下홈이라

○言亦著因前二爻皆欲動而云也二爻陰躁其動也宜九三陽剛居止之極宜靜而動可咎之甚也

九四는貞이면吉야悔ㅣ亡니憧憧往來면朋從爾思ㅣ리라〔憧昌容反　又音童〕

●九四는貞이면吉호야悔ㅣ亡호리니憧憧히往來호면朋만爾의思를從호리라

○九四居股之上脢之下又當三陽之中心之象咸之主也心之感物當正而固乃得其理今九四乃以陽居陰爲失其正而不能固故因占設戒以爲能正而固則吉而悔亡若憧憧往來不能正固而累於私感則但其朋類從之不復能及遠矣

象曰貞吉悔亡은未感害也ㅣ오憧憧往來는未光大也ㅣ라

●象애글오디貞吉悔亡은感에害치아니홈이오憧憧往來는光大치못홈이라

○感害言不正而感則有害也

九五는咸其脢니无悔라〔脢武盃反　又音每〕

●九五는咸이그脢니悔ㅣ업스리라

○脢背肉在心上而相背不能感物而无私係九五適當其處故取其象而戒占者以能

如是則雖不能感物而亦可以无悔也

象曰咸其脢는志末也라ᄂ섇라「本義」志末也ᅵ라

●象애굴오ᄃᆡ咸其脢는志ᅵ末ᄒᆞᆯ섇라「本義」志ᅵ末홈이라

○志末謂不能感物

上六은咸其輔頰舌이라

●上六은咸이그輔ᅵ며頰이며舌이라

○輔頰舌皆所以言者而在身之上上六以陰居說之終處咸之極感人以言而无其實

又兌爲口舌故其象如此凶咎可知

象曰咸其輔頰舌은滕口說也라ᅵ

●象애굴오ᄃᆡ咸其輔頰舌은口說에滕홈이라

○滕騰通用

䷟ 巽下
　 震上

恒은亨ᄒᆞ야无咎ᄂᆞ니利貞ᄒᆞ니利有攸往이라ᄒᆞ니「本義」无咎ᄂᆞ

●恒은亨ᄒ야咎ㅣ업스니貞홈이利ᄒ니往홀바를두미利ᄒ니라「本義」咎ㅣ업스
나

○恒常久也ㅣ爲卦震剛在上巽柔在下震雷巽風二物相與巽順震動爲巽而動二體六
爻陰陽相應四者皆理之常故爲恒其占爲能久於其道則亨而无咎然又必利於守貞
則乃爲得所常久之道而利有攸往也

象曰恒은久也ㅣ니
●象애굴오ᄃᆡ恒은久ᄒ욤이니
(傳)恒者長久之義也

剛上而柔下ᄒ고雷風이相與ᄒ고巽而動ᄒ고剛柔ㅣ皆應이恒이니
●剛이上ᄏ고柔ㅣ下ᄒ고雷風이셔르與ᄒ고巽動ᄒ고剛柔ㅣ다應ᄒ요미恒이니
○以卦體卦象卦德釋卦名義或以卦變言剛上柔下之義曰恒自豐來剛上居二柔下
居初也亦通

恒亨无咎利貞은久於其道也ㅣ니
●恒亨无咎利貞은그道애久ᄒ요미니
(傳)恒之道可致亨而无過咎但所恒宜得其正失正則非可恒之道也故曰久於其道其
道可恒之正道也不恒其德與恒於不正皆不能亨而有咎也

天地之道ㅣ恒久而不已也ㅣ니

●天地의道ㅣ恒久ᄒ야마지지아니ᄒ니라

○恒固能亨且无咎矣然必利於正乃爲久於其道不正則久非其道矣天地之道所以

長久亦以正而已矣

利有攸往은終則有始也ㅣ니라

●利有攸往은終ᄒ면始이실시니라

○久於其道終也利有攸往始也動靜相生循環之理然必靜爲主也

日月이得天而能久照ᄒ며四時ㅣ變化而能久成ᄒ며聖人이久於

其道而天下ㅣ化成ᄒ니、觀其所恒而天地萬物之情을可見

矣리라

●日月이天을得ᄒ야能히오래照ᄒ며四時ㅣ變化ᄒ야能히오래成ᄒ며聖人이그

道에久ᄒ야天下ㅣ化ᄒ야成ᄒ니니그恒ᄒ바를보매天地萬物의情을可히보리라

○極言恒久之道

象曰雷風이恒이니君子ㅣ以ᄒ야立不易方ᄒ니라

●象애 굴오딕雷와風이恒이니君子ㅣ以ᄒᆞ야立ᄒᆞ야方을易지아니ᄒᆞᄂᆞ니라

(傳)君子ㅣ觀雷風相與成恒之象以常久其德自立於大中常久之道不變易其方所也

初六은浚恒이라貞야凶니无攸利라[本義]貞도이라凶야

●初六은浚ᄒᆞᆫ恒이라貞ᄒᆞ야凶ᄒᆞ니利ᄒᆞᆫ비업스니라[本義]貞ᄒᆞ야도凶ᄒᆞ야

○初與四爲正應理之常也然初居下而在初未可以深有所求四震體而陽性上而不下又爲二三所隔應初之意異乎常矣初之柔暗不能度勢又以陰居巽下爲巽之主其

性務入故深以常理求之浚恒之象也占者如此則雖貞亦凶而无所利矣

象曰浚恒之凶은始애求深也라

●象애굴오딕浚恒의凶호믄始에求호믈深히ᄒᆞᆯ셔라

(傳)居恒之始而求望於上之深是知常而不知度勢之甚也所以凶陰暗不得恒之宜也

九二는悔ㅣ亡ᄒᆞ리라

●九二는悔ㅣ亡ᄒᆞ리라

○以陽居陰本當有悔以其久中故得亡也

象曰九二悔亡은能久中也라

●象애굴오딕九二悔亡은能히中애久ᄒᆞ요미라

(傳)所以得悔亡者는由其能恒久於中也니人能恒久於中이면豈止亡其悔리오德之善也라

九三은 不恒其德이라 或承之羞니 貞면이 吝라호리 「本義」 或承之羞니

貞도이라 吝이리

九三은 그德이 恒치아니혼지라 或羞ㅣ承호리니 貞호면 吝호리라 「本義」 或이 羞

를 承홈이니 貞호야도 吝호리라

○位雖得正이나 然過剛不中하고 志從於上하야 不能久於其所라 故爲不恒其德하야 或承之羞之象이오 或者는

不知其何人之辭니 承奉也라 言人皆得奉而進之하야 不知其所自來也라 貞吝者는 正而不恒이면 爲可

羞吝이니 申戒占者之辭라

象曰不恒其德이니 无所容也라로

象애 골오디 그德을 恒치아니호니 容홀비 업도다

(傳)人旣无恒하면 何所容處오 當處之地예 旣不能恒處하고 非其據하니 豈能恒哉아 是不恒之人은 无容處其

身也라

九四는 田无禽이라

九四는 田호매 禽이 업스미라

○以陽居陰하야 久非其位라 故爲此象이니 占者田无所獲而凡事亦不得其所求也라

象曰久非其位ᄂ이어늘安得禽也ᄋᆞ리오

●象애글오ᄃᆡ久ᄒᆞᆷ이其位아닌ᄃᆡ어늘久ᄒᆞ거니엇지禽을得ᄒᆞ리오

(傳)處非其位雖久何所得乎以田爲喻故云安得禽也

六五ᄂ恒其德이면貞ᄒᆞ나婦人은吉코夫子ᄂ凶라ᄒᆞ니「本義」恒其德ᄒᆞ니

●六五ᄂ그德을恒ᄒᆞ면貞ᄒᆞ니婦人은吉코夫子ᄂ凶ᄒᆞ니라「本義」그德을恒ᄒᆞᆷ이니貞ᄒᆞ나

○以柔中而應剛中ᄒᆞ야常久不易正而固矣然乃婦人之道非夫子之宜也故其象占如此

象曰婦人은貞吉ᄒᆞ니從一而終也오ᄅ새夫子ᄂ制義어늘從婦ᄒᆞ면凶也라

●象애글오ᄃᆡ婦人은貞ᄒᆞ야吉ᄒᆞ니一을從ᄒᆞ야終ᄒᆞᆯᄉᆡ오夫子ᄂ義로制ᄒᆞᆯ지어늘婦를從ᄒᆞ면凶ᄒᆞ리라

○如五之從二在婦人則爲正而吉婦人以從爲正以順爲德當終守於從一夫子則以義制者也從婦人之道則爲凶也

上六은振恒이니凶이라ᄒᆞ니

●上六은振ᄒᆞᆫ恒이니凶ᄒᆞ니라

○振者動之速也니上六居恒之極處震之終恒極則不常震終則過動又陰柔不能固守
居上非其所安故有振恒之象而其占則凶也

●象애글오ᄃᆡ振恒으로上애이시니크게功이업도다

(傳)居上之道必有恒德乃能有功若躁動不常豈能有所成乎居上而不恒其凶甚矣象
又言其不能有所成立故曰大无功也

象曰振恒在上이니大无功也ᄅᆞ로

䷠ 艮下
乾上

遯은亨ᄒᆞ니小利貞라ᄒᆞ니 本義 小ᄂᆞᆫ

●遯은亨ᄒᆞ니져기貞홈이利ᄒᆞ니라 本義 小ᄂᆞᆫ貞홈이利ᄒᆞ니라

○遯退避也니爲卦二陰浸長陽當退避故爲遯六月之卦也陽雖當遯然九五當位而下
有六二之應若猶可以有爲但二陰浸長於下則其勢不可以不遯故其占爲君子能遯
則身雖退而道亨小人則利於守正不可以浸長之故而遂侵迫於陽也小謂陰柔小人
也此卦之占與否之初二兩爻相類

象曰遯亨은遯而亨也니 本義 遯而亨也니

●象애 글오 딕 遯亨은 遯호야 亨호나 「本義」遯호야 亨호욤미니

(傳)小人道長之時君子遯退乃其道之亨也君子遯藏所以伸道也此言處遯之道自剛

當位而應以下則論時與卦才尙有可爲之理也

剛當位而應與時行也ㅣ라니「本義」與時行也오

●剛이位를當호야應호눈지라時로더브러行호거시니라「本義」時로더브러行호

요미오

○九五以一爻釋亨義

小利貞은 浸而長也ㅣ니　長丁 丈反

●小貞利은 浸호야 長호실시니

○以下二陰釋小利貞

遯之時義ㅣ大矣哉라

●遯의 時와 義ㅣ 크다

●陰方浸長處之爲難故其時義爲尤大也

象曰天下有山이 遯니 君子ㅣ以야 遠小人호딕 不惡而嚴호누니라

●象애 글오 딕 天下에 山이이심이 遯이니 君子ㅣ以호야 小人을 멀리호딕 惡지아니

코嚴ㅎㄴ니라

○天體无窮山高有限遯之象也嚴者君子自守之常而小人自不能近

初六 은 遯尾 라 厲 ㅎ니 勿用有攸往 이니

●初六은遯에尾라厲ㅎ니써갈바를두지마ㄹ지니라

○遯而在後尾之象危之道也占者不可以有所往但晦處靜俟可免災耳

象曰遯尾之厲 는 不往 이면 何災也 ㅣ리

●象애ㄹ오ㄷ遯의厲홈은徃치아니ㅎ면므슴災리오

(傳)見幾先遯固爲善也遯而爲尾危之道也徃既有危不若不徃而晦藏可免

故也古人處微下隱亂世而不去者多矣

六二 는 執之用黃牛之革 이라莫之勝說 이니「本義」說달

●六二는執홈을黃牛의革을써ㅎ논지라이긔여說치못ㅎ리니라「本義」이긔여說

○以中順自守人莫能解必遯之志也占者固守亦當如是

象曰執用黃牛 는 固志也 라

●象애ㄹ오ㄷ執用黃牛는志ㅣ固홈이라

(傳)上下以中順之道ㅣ 相固結其心志ㅣ 甚其[一作堅]如執之以牛革也ㅣ라

九三은 係遯이라 有疾야호 厲니 畜臣妾앤 吉라호니 (畜許六反)

●九三은 係호 遯이라 疾이이셔 厲호니 臣妾을 畜홈앤 吉호니라

○下比二陰當遯而有所係之象有疾而危之道也然而畜臣妾則吉蓋君子之於小人

惟臣妾則不必其賢而可畜耳故其占如此

象曰係遯之厲는 有疾야호 憊也ㅣ오 畜臣妾吉은 不可大事也ㅣ라니

●象애 굴오디 係遯의 厲홈은 疾이이셔 憊호고 畜臣妾吉은 可히 大事는 못홀거시니라

(傳)遯而有係累必以困憊致危其有疾乃憊也蓋力亦不足矣以此暱愛之心畜養臣妾

則吉豈可以當大事乎

九四는 好遯이니 君子는 吉코 小人은 否라호니 [本義]否 (好呼報反 否傳音鄙 本義方有反)

●九四는 好호나 遯홈이니 君子는 吉호고 小人은 否호니라 「本義」 小人은 못홀리

○下應初六而乾體剛健有所好而能絕之以遯之象也惟自克之君子能之而小人不

能故占者君子則吉而小人否也

象曰君子는 好遯호고 小人은 否也ㅣ라 「本義」否라

●象애 굴오디 君子는 好遯호고 小人은 否也ㅣ라 「本義」否ㅣ라

（傳）君子雖有好而能遯호야 不失於義오 小人則不能勝其私意而至於不善也

九五는 嘉遯이니 貞호야 吉호니라 「本義」貞면 吉호리라

●九五는 嘉遯이니 貞호야 吉호니라

○剛陽中正下應六二亦柔順而中正遯之嘉美者也占者如是而正則吉矣

象曰嘉遯貞吉은 以正志也ㅣ라

●象애 굴오디 嘉遯貞吉은 써 志를 正홈이라

（傳）志正則動必由正所以爲遯之嘉也居中得正而應中正是其志正也所以爲吉人之

遯也此也唯在正其志而已矣

上九는 肥遯이니 无不利라

●上九는 肥遯이니 利치아님이업스니라

○以剛陽居卦外下无係應遯之遠而處之裕者也故其象占如此肥者寬裕自得之意

象曰肥遯无不利는 无所疑也ㅣ라

●象애 굴오디 肥遯无不利는 疑홈이배엽슴이라

(傳)其遯之遠无所疑滯也蓋在外則己遠无應則无應則无累故爲剛決无疑也

䷡ 震上　乾下

大壯은 利貞하니라

●大壯은 貞홈이 利하니라

○大謂陽也四陽盛長故爲大壯二月之卦也陽壯則占者吉亨不假言但利在正固而己

象曰大壯은 大者ㅣ 壯也ㅣ니 剛以動故로 壯하니

●象애굴오디 大壯은 大혼者ㅣ 壯홈이니 剛으로써 動하는故로 壯하니

○釋卦名義以卦體言則陽長過中大者壯也以卦德言則乾剛震動所以壯也

大壯利貞은 大者ㅣ 正也ㅣ니 正大而天地之情을 可見矣리라

●大壯利貞은 大혼者ㅣ 正홈이니 正호고大호면天地의情을 可히보리라

○釋利貞之義而極言之

象曰雷在天上이 大壯이니 君子ㅣ 以하야 非禮弗履하나니라

●象애굴오 雷ㅣ天上에이슘이 大壯이니 君子ㅣ以하야 禮아니어든 履치아니하

는니라

○自勝者强

初九는 壯于趾니 征ᄒᆞ면凶이有孚ㅣ리라

● 初九는 趾에 壯홈이니 征ᄒᆞ면凶이孚ㅣ이시리라

○趾在下而進動之物也ㅣ라 剛陽處下而當壯時壯于進者也故有此象居下而壯于進其凶必矣故其占又如此

象曰壯于趾其孚窮也ㅣ로다

● 象애ᄀᆞᆯ오ᄃᆡ 趾에 壯ᄒᆞ니 그 窮홈을 孚ᄒᆞ리로다

○言必困窮

九二는 貞ᄒᆞ야吉ᄒᆞ니라 「本義」貞ᄒᆞ야야吉ᄒᆞ리라

● 九二는 貞ᄒᆞ야吉ᄒᆞ니라

○以陽居陰已不得其正矣然所處得中則猶可因以不失其正故戒占者使因中以求正然後可以得吉也

象曰九二貞吉은 以中也ㅣ라

● 象애ᄀᆞᆯ오ᄃᆡ 九二貞吉은 中으로써라

(傳)所以貞正而吉者以其得中道也中則不失正況陽剛而乾體乎 [壯字有]

九三은 小人은 用壯이오 君子는 用罔이니 貞이면 厲ᄒ니 羝羊이 觸藩ᄒ야 羸其
角이로 「本義」貞도이라

●九三은 小人은 壯을ᄡᅳ고 君子는 罔을ᄡᅳ미니 貞ᄒ면 厲ᄒ니 羝羊이 藩을 觸ᄒ야 그
角을 羸ᄒ 눗도다

○過剛不中當壯之時是小人用壯而君子則用罔也罔无也視有如无君子之過於勇
者也如此則雖正亦危矣羝羊剛壯喜觸之物藩籬也羸困也貞厲之占其象如此

象曰 小人은 用壯이오 君子는 罔也라

●象애굴오디 小人은 壯을ᄡᅳ고 君子는 罔ᄒᄂ니라

○小人以壯敗君子以困

九四는 貞이면 吉ᄒ야 悔ㅣ 亡ᄒ리니 藩決不羸ᄒ며 壯于大輿之輹이로다

●九四는 貞ᄒ야면 吉ᄒ야 悔亡ᄒ리니 藩이 決ᄒ야 羸치아니ᄒ며 大輿의 輹이 壯ᄒᆷ
이로다

○貞吉悔亡與咸九四同占藩決羸不承上文而言也決開也三前有四猶有藩焉四前
二陰則藩決矣壯于大輿之輹亦可進之象也以陽居陰不極其剛故其象占如此

象曰藩決不羸는 尙往也라

●象애글오디藩決不羸는오히려往홀시라

(傳)剛陽之長必至於極四雖己盛然其往未止也以至盛之陽用壯而進故莫有當之藩

決開而不羸困其力也尚往其進不已也

●六五는喪羊于易면无悔라「本義」喪羊于易나（易以鼓反音亦）

●六五는羊을易에喪ᄒ면悔업스리라「本義」羊을易에喪ᄒ나

○卦體似兌有羊象焉外柔而內剛者也獨六五以柔居中不能抵觸雖失其壯然亦无

所悔矣故其象如此而占亦與咸九五同易容易之易言忽然不覺其亡也或作疆場之

亦通漢食貨志場作易

●象曰喪羊于易는位不當也라

●象애글오디喪羊于易는位當치아니홀시라

(傳)所以必用柔和者以陰柔居尊位故也若以陽剛中正得（居一作尊位則下无壯矣以六）

五位不當也故設喪羊于易之義然大率治壯不可用剛夫君臣上下之勢不相侔也苟

君之權足以制乎下則雖有强壯跋扈之人不足謂之壯也必人君之勢有所不足然後

謂之治壯故治壯之道不可以剛也

●上六은羝羊이觸藩ᄒ야不能退며不能遂야无攸利니艱則吉ᄒ리라

●六上은羝羊이藩을觸ᄒ야能히退치못ᄒ며能히遂치못ᄒ야利ᄒ배업스니艱ᄒ

며吉ᄒ리라

○壯終動極故觸藩而不能退然其質本柔故又不能遂其進也其象如此其占可知然

猶幸其不剛故能艱以處則尙可以得吉也

●象애굴오디不能退不能遂는詳치아니홈이오艱則吉은咎ㅣ長치아니홈이라

象曰不能退不能遂는不詳也오艱則吉은咎不長也ㅣ릴새라

(傳)非其處而處故進退不能是其自處之不詳愼也艱則吉柔遇艱難又居壯終自當變

矣變則得其分過咎不長乃吉也

離上
坤下

晉은康侯를用錫馬蕃庶고晝日三接이로다

●晉은康侯를써馬를錫홈이蕃庶ᄒ고晝日에셰번接ᄒ놋다

○晉進也康侯安國之侯也錫馬蕃庶晝日三接言多受大賜而顯被親禮也蓋其爲卦

上離下坤有日出地上之象順而麗乎大明之德又其變自觀而來爲六四之柔進而上

行以至于五占者有是三者則亦當有是寵也

象曰晉은進也니

●象애굴오디晉은進홈이니

明出地上ᄒ야順而麗乎大明ᄒ고柔進而上行이라 是以康侯用錫

馬蕃庶晝日三接也니

● 明이地上의나順ᄒ야大明에麗ᄒ고柔ㅣ進ᄒ야上ᄒ야行ᄒᄂ지라일로써康侯

用錫馬蕃庶晝日三接也ㅣ라

○ 以卦象卦德卦變釋卦辭

象曰明出地上이晉니君子ㅣ以야自昭明德ᄒᄂ니라

● 象애글오디明이地上에出홈이晉이니君子ㅣ以ᄒ야스스로明ᄒ德을昭ᄒᄂ니

○ 昭明之也

라

初六은晉如摧如에貞면이吉고 罔孚도ㅣ라 裕면无咎라ㅣ「本義」晉如

摧如니

● 初六은晉커나摧커나홈에貞ᄒ면吉ᄒ고孚치아일지라도裕ᄒ면咎ㅣ업스리라

「本義」晉ᄒ다가摧홈이니

○ 以陰居下應不中正有欲進見摧之象占者如是而能守正則吉設不爲人所信亦當

處以寬裕則无咎也

象曰晉如摧如는 獨行正也ㅣ오 裕无咎는 未受命也ㅣ라[니서]

●象에글오디晉如摧如는홀로正을行홈이오裕无咎는命을受치못하얀실서라

○初居下位未有官守之命

六二는晉如ㅣ愁如ㅣ나貞[면아]吉[하리니] 受玆介福于其王母ㅣ라[리]

●六二는晉하요미愁하나貞하면吉하리니이介福을그王母[쎄]受하리라

○六二中正上无應援故欲進而愁占者如是而能守正則吉而受福于王母也王母指

六五蓋享先妣之吉占而凡以陰居尊者皆其類也

象曰受玆介福은以中正也ㅣ라[ㅣ]

●象애글오디受玆介福은中正으로쎄라

也(傳)受玆介福以中正之道也人能守中正之道久而必享况大明在上而同德必受大福

六三은衆允[이라]悔ㅣ亡[라하니]

●六三은衆이允하논지라悔亡하나니라

○三不中正宜有悔者以其與下二陰皆欲上進是以爲衆所信而悔亡也

象曰衆允之志는上行也ㅣ라

●象애골오디衆允의志는上호야行호미라

(傳)上行上順麗於大明也上從大明之君衆志之所同也

九四는晉如ㅣ鼫鼠ㅣ貞이면厲호리라「本義」貞이 （鼫音石）

●九四는晉호욤이鼫鼠ㅣ니貞호면厲호리라

○不中不正以竊高位貪而畏人蓋危道也故爲鼫鼠之象占者如是雖正亦危

象曰鼫鼠貞厲는位不當也

(傳)賢者以正德宜在高位不正而處高位則爲非據貪而懼失則畏人固處其地危可知

●象애골오디鼫鼠貞厲는位當치아닐식라
也

六五는悔ㅣ亡호란디失得을勿恤니往애吉호야无不利라「本義」悔亡니失得을勿恤면往吉호야

●六五는悔ㅣ亡호며得호욤을恤치마를디니往애吉호야利치아님이업스리라「本義」悔亡호니失호며得홈을恤치말면往에吉호야

○以陰居陽宜有悔矣以大明在上而下皆順從故占者得之則其悔亡又一切去其計功謀利之心則往吉而无不利也然亦必有其德乃應其占耳

象曰失得勿恤은徃有慶也ㅣ라

●象애글오ᄃᆡ失得勿恤은徃ᄒᆞ야慶이이시리라

(傳)以大明之德得下之附推誠委任則可以成天下之大功是徃而有福慶也

上九는晉其角이니維用伐邑면이厲나호吉코无咎니어와貞앤吝하리라「本義」貞도이라吝ᄒᆞ라

●上九는晉其角이니오즉써邑을伐호면厲호나吉호고咎ㅣ업스려니와貞앤吝호니라「本義」貞호야도吝호리라

○角剛而居上上九剛進之極有其象矣占者得之而以伐其私邑則雖危而吉且无咎然以極剛治小邑雖得其正亦可吝矣

象曰維用伐邑은道未光也ㅣ라

●象애글오ᄃᆡ維用伐邑은道ㅣ光치못ᄒᆞᆯ시라

(傳)維用伐邑既得吉而无咎復云貞吝者貞道未光大也以正理言之尤可吝也夫道既光大則无不中正安有過也今以過剛自治雖有功矣然其道未光大故亦可吝聖人言盡善之道

䷣ 坤上　離下

明夷ᄂᆞᆫ利艱貞ᄒᆞ니라

●明夷ᄂᆞᆫ艱홈제貞홈이利ᄒᆞ니라「本義」艱ᄒᆞ야貞홈이利ᄒᆞ니라
○夷傷也ㅣ爲卦下離上坤日入地中明而見傷之象故爲明夷又其上六爲暗之主六五
近之故占者利於艱難以守正而自晦其明也

象曰明入地中이明夷니
●象애ᄀᆞᆯ오ᄃᆡ明이地中애入홈이明夷니
○以卦象釋卦名

內文明而外柔順ᄒᆞ야以蒙大難이니文王이以ᄒᆞ니라　難乃旦　反下同
●內ᄂᆞᆫ文明ᄒᆞ고外ᄂᆞᆫ柔順ᄒᆞ야ᄡᅥ大難을蒙홈이니文王이以ᄒᆞ니라
○以卦德釋卦義蒙大難謂遭紂之亂而見囚也

利艱貞은晦其明也ㅣ라內難而能正其志니箕子ㅣ以ᄒᆞ니라
●利艱貞은그明을晦ᄒᆞ욤이라內ㅣ難호ᄃᆡ能히그志를正ᄒᆞ욤이니箕子ㅣ以ᄒᆞ니
○以六五一爻之義釋卦辭內難謂爲紂近親在其國內如六五之近於上六也

象曰明入地中이明夷니君子ㅣ以ᄒᆞ야莅衆에用晦而明ᄒᆞᄂᆞ니라

●象애굴오디明이地中에入홈이明夷나君子ㅣ以호야眾을莅호미晦를써明호나
니라

(傳) 明所以照君子无所不照然用明之過則傷於察太察則盡事而无含弘之度故君子
觀明入地中之象於莅眾也不極其明察而用晦然後能容物和眾親而安是用晦乃
所以爲明也若自任其明无所不察則己不勝其忿疾而无寬厚含容弘(一作)之德人情暌
疑而不安失莅眾之道適所以爲不明也古之聖人設前旒屛樹者不欲明之盡乎隱也

●初九는明夷于飛예垂其翼니君子于行애三日不食야有攸往
主人이有言다이로

●初九는明夷예飛호요미그翼을垂호욤이니君子ㅣ行호요미三日을食디몯호야
往호빼를두미主人이言을두리로다

○飛而垂翼見傷之象占者行而不食所如不合時義當然不得而避也

象曰君子于行은義不食也라니
●象애굴오디君子于行은義라食디아니홈이라
○唯義所在不食可也

六二는明夷예夷于左股니用拯馬ㅣ壯면吉리라
●六二는明夷예左股를夷홈이니써拯호는馬ㅣ壯호면吉호리라

○傷而未切救之速則免矣故其象占如此

象曰六二之吉은 順以則也라ㅣ니서

●象애굴오되六二의吉홈은順ㅎ고뻐則ㅎ심이라

(傳)六二之得吉者以其順處而有法則也則謂中正之道能順而得中正所以處明傷之時而能保其吉也

九三은明夷于南狩ㅎ야得其大首ㅣ니不可疾貞이라ㅣ니

●九三은明夷에南으로狩ㅎ야ㄱ大首를得ㅎ이니可히셜리貞티몯홀개시니라

○以剛居剛又在明體之上而屈於至暗之下正與上六闇主爲應故有向明除害得其首惡之象然不可以極也故有不可疾貞之戒成湯起於夏臺文王興於羑里正合此爻之義而小事亦有然者

象曰南狩之志를乃大得也ㅣ라

●象애굴오되南狩의志를이에크게得홈이로다

(傳)夫以下之明除上之暗其志在去害而已如商周之湯武豈有意於利天下乎得其大首是能去害而大得其志矣志苟不然乃悖亂之事也

六四는入于左腹ㅎ야獲明夷之心ㅎ야于出門庭ㅎ이로 [本義]入于

左腹이獲明夷之心을于出門庭이로다

●六四ᄂᆞᆫ 左腹애 入ᄒ야 明을 夷ᄒ야 心을 獲ᄒ야 門庭애 나미로다 「本義」 이니 明夷의 心을 獲홈을 門庭애 出홈애 ᄒ두다

○此爻之義未詳竊疑左腹者幽隱之處獲明夷之心于出門庭者得意於遠去之義言筮而得此者其自處當如是也蓋離體爲至明之德坤體爲至闇之地下三爻明在闇外故隨其遠近高下而處之不同六四以柔正居闇地而尙淺故猶可以得意於遠去五以柔中居闇地而已迫故爲內難正志以晦其明之象上則極乎闇矣故爲自傷其明以至於闇而又足以傷人之明蓋下五爻皆爲君子獨上一爻爲闇君也

象曰入于左腹은獲心意也라

●象애ᄀᆞ로ᄃᆡ入于左腹은心意를獲홈이라

(傳)入于左腹謂以邪僻之道入于君而得其心意也得其心所以終不悟也

六五ᄂᆞᆫ箕子之明夷니利貞ᄒ니라

●六五ᄂᆞᆫ箕子의明夷니貞홈이利ᄒ니라

○居至闇之地近至闇之君而能正其志箕子之象也貞之至也利貞以戒占者

象曰箕子之貞은明不可息也라

●象애글오디箕子의貞은明이可히息지못홀거시니라

(傳)箕子晦藏不失其貞固雖遭患難其明自存不可滅息也若逼禍患遂失其所守則是

亡其明乃滅息也古之人如揚雄者是也

上六은不明야ᄒ晦니初登于天고ᄒ後入于地다로

●上六은明치아니ᄒ야晦ᄒ음이니初에天에登ᄒ고後에地에入ᄒ놋다

○以陰居坤之極不用其德以至於晦始則處高位以傷人之明終必至於自傷而墜厥

命故其象如此而占亦在其中矣

象曰初登于天은照四國也오後入于地는失則也라

●象애글오디初登于天은四國에照홈이오後入于地ᄂ則을失홈이라

○照四國以位言

離 上
巽 下

家人은利女貞라ᄒ니

●家人은女ㅣ貞홈이利ᄒ니라

○家人者一家之人卦之九五六二內外各得其正故爲家人利女貞者欲先正乎內也

○內正則外无不正矣

彖曰家人은 女ㅣ 正位乎內ᄒᆞ고男이 正位乎外ᄒᆞ니男女正이 天地
之大義也ㅣ라
●彖애골오디家人은女ㅣ內에位를正ᄒᆞ고男이外에位를正ᄒᆞ니男女ㅣ正ᄒᆞ요미
天地의큰義라
○以卦體九五六二釋利女貞之義
家人이 有嚴君焉ᄒᆞ니 父母之謂也ㅣ라
●家人이嚴호君이이시니父母를닐음이라
(傳)家人一无之字之道ㅣ必有所尊嚴而君長者謂父母也雖一家之小无尊嚴則孝敬衰无君
長則法度廢有嚴君而後家道正家者國之則也○亦謂二五
父父子子兄兄弟弟夫夫婦婦而家道ㅣ正ᄒᆞ리 正家而天下
ㅣ定矣라
●父ㅣ父ㅣ며子ㅣ子ㅣ며兄이兄이며弟ㅣ弟ㅣ며夫ㅣ夫ㅣ며婦ㅣ婦호미家道ㅣ
正ᄒᆞ리니家를正ᄒᆞ요미天下ㅣ定ᄒᆞ리라
○上父初子五三夫四二婦五兄三弟以卦畫推之又有此象
象曰風自火出이家人이니君子ㅣ以야言有物而行有恒ᄒᆞᄂᆞ니라

●象애글오티風이火로부터出홈이家人이니君子ㅣ以ᄒᆞ야言이物이이시며行이恒이인ᄂᆞ니라

○身修則家治矣

初九ᄂᆞᆫ閑有家면悔ㅣ亡ᄒᆞ리라「本義」閑有家ㅣ니悔亡ᄒᆞ니라

●初九ᄂᆞᆫ有家에閑ᄒᆞ며悔ㅣ亡ᄒᆞ리라「本義」有家에閑홈이니悔ㅣ亡ᄒᆞ나라

○初九以剛陽處有家之始能防閑之其悔亡矣戒占者當如是也

象曰閑有家ᄂᆞᆫ志未變也라ㅣ

●象애글오티閑有家ᄂᆞᆫ志ㅣ變치안여신제라

○志未變而豫防之

六二ᄂᆞᆫ无攸遂오ㅣ在中饋면貞吉라ᄒᆞ리「本義」在中饋ᄂᆞ니

●六二ᄂᆞᆫ遂홀비업고中에이셔饋ᄒᆞ면貞ᄒᆞ야吉ᄒᆞ리라「本義」中에이셔饋ᄒᆞ면貞ᄒᆞ야吉ᄒᆞ리라「本義」貞이라吉ᄒᆞ리라

○六二柔順中正女之正位乎內者也故其象占如此

象曰六二之吉은順以巽也라ㅣᄅᆞᆯ서

●象애글오티六二의吉홈은順ᄒᆞ야써巽홀시라

嗃音 학

九三은 家人이 嗃嗃ᄒᆞ니 悔厲나 吉ᄒᆞ니 婦子ㅣ 嘻嘻면 終吝ᄒᆞ리라　嗃呼落反　嘻喜悲反　象同

(傳)二以陰柔居中正能順從而卑巽者也故爲婦人之貞吉也

●九三은 家人이 嗃嗃ᄒᆞ니 厲에 悔ᄒᆞ나 吉ᄒᆞ니 婦子ㅣ 嘻嘻ᄒᆞ면마ᄎᆞᆷ내 吝ᄒᆞ리라

○以剛居剛而不中過乎剛者也故有嗃嗃嚴厲之象如是則雖有悔厲而吉也 嘻嘻者

嗃嗃之反吝之道也占者各以其德爲應故兩言之

象曰家人嗃嗃은 未失也오 婦子ㅣ嘻嘻는 失家節也라

●象애ᄀᆞᆯ오ᄃᆡ 家人嗃嗃은 失홈이아니오 婦子嘻嘻는 家의節을 失홈이라

(傳)雖嗃嗃於治家之道未爲甚失若婦人嘻嘻是无禮法失家之節家必亂矣

六四는 富家ㅣ 大吉이라ᄒᆞ니 「本義」大吉이라

●六四는 家ㅣ富ᄒᆞ요미니 크게吉ᄒᆞ니라 「本義」家를富ᄒᆞ요미니 크게吉ᄒᆞ리라

○陽主義陰主利以陰居陰而在上位能富其家者也

象曰富家大吉은 順在位也라

●象애ᄀᆞᆯ오ᄃᆡ 富家大吉은 順ᄋᆞ로位에이실ᄉᆡ라

(傳)以巽順而居正正位正而巽順能保有 一无有字 其富者也富家之大吉也

九五는王假有家니勿恤야吉리라 假更白 反象同

●九五는王이家를둠에지극홈이니恤치아녀吉리라「本義」王이有家에假홈이

니

○假至也라如假于大廟之假有家猶言有國也九五剛健中正下應六二之柔順中正王

者以是至于其家則勿用憂恤而吉可必矣蓋聘納后妃之吉占而凡有是德者遇之皆

吉也

象曰王假有家는交相愛也ㅣ라

●象애글오디王假有家는서로愛홈이라

○程子曰夫愛其內助婦愛其刑家

上九는有孚코威如면終吉리라

●上九는孚를두고威로써마참애吉리라

○上九以剛居上在卦之終故言正家久遠之道占者必有誠信嚴威則終吉也

象曰威如之吉은反身之謂也ㅣ라

●象애글오디威如의吉은身애反홈을닐옴이라

○謂非作威也反身自治則人畏服之矣

卦象（兌下　離上）

睽는 小事는 吉하리라　睽若圭反

●睽는 小事는 吉하리라

○睽는 乖異也ᅵ라 爲卦上火下澤이 性相違異하며 中女少女ᅵ 志不同歸故로 爲睽然이나 以卦德言之內說
而外明以卦變言之則自離來者柔進居三自中孚來者柔進居五自家人來者兼之以
卦體言之則六五得中而下應九二之剛是以其占不可大事而小事尙有吉之道也

象曰睽는 火動而上고 澤動而下며 二女ᅵ同居나 其志ᅵ 不同
行하나니

●象애굴오ᄃᆡ睽는火는動하야上하고澤은動하야下하며二女ᅵ혼디居하나그志

○以卦象釋卦名義

說而麗乎明고 柔ᅵ 進而上行야 得中而應乎剛이라 是以小事
吉이니

●說코明에麗하고柔ᅵ進하야上하야行하야中을得하야剛을應하는지라이로ᄡᅥ

小事吉이니라

○以卦德卦變卦體釋卦辭

天地ㅣ睽而其事ㅣ同也ㅣ며男女ㅣ睽而其志ㅣ通也ㅣ며　萬物이睽

而其事ㅣ類也ㅣ니睽之時用이　大矣哉라

●天地ㅣ睽ᄒ요ᄃ 그事ㅣ同ᄒ며男女ㅣ睽ᄒ요ᄃ 그志ㅣ通ᄒ며萬物이睽ᄒ요ᄃ

그事ㅣ類ᄒ니睽의時와用이크다

○極言其理而贊之

象曰上火下澤이睽니君子ㅣ以ᄒ야同而異ᄒᄂ니라

●象애글오듸上은火ㅣ오下은澤이睽니君子ㅣ以ᄒ야同ᄒ듸異ᄒᄂ니라

○二卦合體而性不同

初九는悔ㅣ亡ᄒ니喪馬ᄒ고勿逐ᄒ야自復이니見惡人ᄒ면无咎ㅣ리「本義」

見惡人아이라　喪息　浪反

●初九는悔ㅣ亡ᄒ니馬를喪ᄒ고逐지아니ᄒ야도스스로復ᄒ이니惡人을見ᄒ면

咎ㅣ업스리라「本義」惡人을見ᄒ야아

○上无正應有悔也而居睽之時同德相應其悔亡矣故有喪馬勿逐而自復之象然亦

必見惡人然後可以辟咎如孔子之於陽貨也

象曰見惡人은 以辟咎也ㅣ라

●象애글오디見惡人은써咎를辟ᄒ옴이라

(傳)睽離之時人情乖違求和合之且病其不[未 一作]能得也若以惡人而拒絕之則將衆仇

於君子而禍咎至矣故必見之所以免辟怨咎也无怨咎則有可合之道

九二ᄂ는遇主于巷ᄒ면无咎ㅣ리라「本義」巷아[이라]

●九二ᄂ는主를巷애遇ᄒ면咎ㅣ업스리라「本義」主를港애遇ᄒ야아

○二五陰陽正應居睽之時乖戾不合必委曲相求而得會遇乃爲无咎故其象占如此

象曰遇主于巷이未失道也ㅣ라

●象애글오디遇主于巷이道를失홈이아니라

○本其正應非有邪也

六三은見輿曳코其牛ㅣ掣며其人이天且劓니无初코有終이리라

劓魚器反

掣昌逝反

●六三은輿ㅣ曳ᄒ고그人이天ᄒ고坼劓홈을見홈이니初ㅣ업고終

이이스리라

○六三은上九正應而三居二陽之間後爲四所掣而當睽之時上九猜狠方

深故人又有髡劓之傷然邪不勝正終必得合故其象占如此

象曰見輿曳는位不當也오无初有終은遇剛也라

●象애골오디見輿曳는位ㅣ當치아님이오无初有終은剛을遇ㅎ릴씨라

(傳)以六居三非正也非正則不安又在二陽之間所以有如是艱厄由位不當也无初

有終者終必與上九相遇而合乃遇剛也不正而不離者也合以正道自

无字而有終睽之理故賢者順理而安行智者知幾而固守

九四는睽孤ㅎ야遇元夫ㅎ야交孚ㅣ니厲ㅎ나无咎ㅣ라 「本義」厲ㅎ야

九四는睽에孤ㅎ야元夫를遇ㅎ야서르孚홈이니厲ㅎ나咎ㅣ업스리라

○睽孤謂无應遇元夫謂得初九交孚謂同德相信然當睽時故必危厲乃得无咎占者

亦如是也

象曰交孚无咎는志行也라

●象애골오디交孚无咎는志ㅣ行ㅎ리라

(傳)初四皆陽剛君子當睽乖之時上下以至誠相交協志同力則其志可以行不止无咎

而己掛辭但言无咎夫子又從而明之云可以行其志救時之睽也蓋以君子陽剛之才

而至誠相輔何所不能濟也唯有君子則能行其志矣

六五는 悔亡ᄒᆞ니 厥宗이 噬膚ㅣ往애 何咎ㅣ리오 「本義」噬膚ᄒᆞ니

●六五는 悔亡ᄒᆞ니 그 宗이 膚를 噬ᄒᆞ면 往 ᄒᆞ애ᄆ 合咎ㅣ리오 「本義」膚를 噬홈이

○以陰居陽悔也居中得應故能亡之厥宗指九二噬膚言易合六五有柔中之德故其

象占如是

●象애 골오디 厥宗噬膚는 往애 慶이이시리라

象曰厥宗噬膚는 往有慶也ㅣ라

(傳)爻辭但言厥宗噬膚則可以往而无咎象復推明其義言人君雖己才不足若能信任

賢輔使以其道深入於己則可以有爲是往而有福慶也

●上九는 睽애 孤ᄒᆞ야 豕의 塗를 負홈과 鬼ㅣ一車를 載홈을 보미라 몬져 弧를 張ᄒᆞ얏

上九는 睽孤ᄒᆞ야 見豕負塗와 載鬼一車ㅣ니 先張之弧ㅣ라가 後說之

다가 後에 弧를 說ᄒᆞ야 寇ㅣ아니라 婚媾ㅣ니 往ᄒᆞ야 雨를 遇ᄒᆞ면 吉ᄒᆞ리라

弧야ᄒᆞ고 匪寇ㅣ라 婚媾ㅣ니 往遇雨면 則吉ᄒᆞ리라 說吐活反

○睽孤謂六三爲二陽所制而已以剛處明極睽極之地又自猜狠而乖離也見豕負塗

見其汚也載鬼一車以无爲有也張弧欲射之也說弧疑稍釋也匪寇婚媾知其非寇而

象曰遇雨之吉은 群疑—亡也—라

實親也往遇雨則吉疑盡釋而暌合也上九之與六三先暌後合故其象占如此

●象애 글오되 遇雨의吉흠은 모든 疑—亡흠이라

(傳)雨者陰陽和也始暌而能終和故吉也所以能和者以群疑盡亡也其始暌也无所不疑故云群疑暌極而合則皆亡也

䷦
坎 上
艮 下

蹇은利西南코 不利東北며 利見大人니 貞면이吉흐리라

●蹇은西南이利흐고 東北이利치아니흐며 大人을보미利흐니 貞흐면吉흐리라

○蹇難也足不能進行之難也爲卦艮下坎上見險而止故爲蹇西南平易東北險阻又艮方也方在蹇中不宜走險又卦自小過而來陽進則往居五而得中退則入於艮而不進故其占曰利西南而不利東北當蹇之時必見大人然後可以濟難又必守正然後得吉而卦之九五剛健中正有大人之象自二以上五爻皆得正位則又貞之義也故其占又曰利見大人貞吉蓋見險而能止處險者貴於能止而又不可終於止處險者利於進而不可失其正也

彖曰蹇은難也니 險在前也니

●彖曰蹇은難也니 險在前也니

●象애골오디蹇은難이니險이前애이심이니

(傳)蹇難也蹇之爲難如乾之爲健若易之爲難則義有未足〔一作盡〕蹇有險阻之義屯亦難也困亦難也同爲難而義則異屯者始難而未得通困者力之窮蹇乃險阻艱難之義各不同也險在前也坎險在前下止而不得進故爲蹇

見險而能止니知矣哉라〔知音智〕

●險을보고能히止ᄒ니知ᄒ다

○以卦德釋卦名義而贊其美

蹇利西南은往得中也오不利東北은其道窮也오

●蹇利西南은往ᄒ야中을得홈이오不利東北은그道ㅣ窮홈이오

(傳)蹇之時利於處平易西南坤方爲順易東北艮方爲險阻九上居五而得中正之位是往而得平易之地故爲利也五居坎險之中而謂之平易者蓋卦本坤由五往而成坎故但取往而得中不取成坎之義也方蹇而又止危險之地則蹇益甚矣故不利東北其道窮也謂蹇之極也

利見大人은往有功也오當位貞吉은以正邦也니

●利見大人은往ᄒ야功이이ㅣ오位에當ᄒ야貞吉ᄒ요믄써邦을正홈이니

(傳)蹇難之時非聖賢不能濟天下之蹇故利於見大人也大人當位則成濟蹇之功矣往

而有功也能濟天下之蹇者唯大正之道夫子又取卦才而言蹇之諸爻除初外餘皆當正位故爲貞正而吉也初六雖以陰居陽而處下亦陰之正也以如〔如一作以〕此正道正其邦

可以濟於蹇矣

蹇之時用이大矣哉라

● 蹇의時와用이크다

○ 以卦變卦體로釋卦辭而贊其時用之大也

라　象애ᄀᆞᆯ오ᄃᆡ山上애水ㅣ이심이蹇이니君子ㅣ以ᄒᆞ야身애反ᄒᆞ야德을修ᄒᆞᄂᆞ니

● 象曰山上有水ㅣ蹇이니君子ㅣ以ᄒᆞ야反身脩德ᄒᆞᄂᆞ니라

(傳) 山之峻阻上復有水坎水爲險陷之象上下險阻故爲蹇也君子觀蹇難之象而以反身脩德君子之遇艱阻必反求諸己而益自脩孟子曰行有不得者皆反求諸己故遇艱蹇必自省於身有失而致之乎是反身也有所未善則改之无歉於心則加勉乃自脩其德也君子脩德以俟時而已

初六은往ᄒᆞ면蹇ᄒᆞ고來ᄒᆞ면譽ᄒᆞ리라

● 初六은往ᄒᆞ면蹇ᄒᆞ고來ᄒᆞ고來ᄒᆞ면譽ᄒᆞ리라

○往遇險來得譽

象曰往蹇來譽는宜待也ㅣ라니

●象애글오딕往蹇來譽는맛당히待홀지니라

(傳)方蹇之初進則益蹇時之未可進也故宜見幾而止以待時可行而後行也諸爻皆蹇往而善來然則无出蹇之義乎曰在蹇而往則蹇也蹇終則變矣故上己六一作有碩義

六二는王臣蹇蹇이匪躬之故ㅣ라

●六二는王臣이蹇호음이躬의故ㅣ아니라「本義」蹇호고蹇호움이

○柔順中正正應在上而在險中故蹇而又蹇以求濟之非以其身之故也不言吉

占者但當鞠躬盡力而己至於成敗利鈍則非所論也

象曰王臣蹇蹇은終无尤也ㅣ라리

●象애글오딕王臣蹇蹇은모춤닉尤ㅣ업스리라

○事雖不濟亦无可尤

九三은往ㅎ면蹇코來ㅎ면反호ㅣ라리

●九三은往호면蹇호고來호면反호리라

○反就二陰得其所安

象曰往蹇來反은 內ㅣ喜之也라ᄂᆞ니라

● 象애ᄀᆞᆯ오ᄃᆡ 往蹇來反은 內ㅣ喜ᄒᆞᆯ시라

(傳) 內在下之陰也ㅣ方蹇之時陰柔不能自立故皆附於九三之陽而喜愛之九之處三在蹇為得其所也處蹇而得下之心可以求安故以來為反猶春秋之言歸也

六四ᄂᆞᆫ 往ᄒᆞ면蹇ᄒᆞ코 來連ᄒᆞ면이리라

● 六四ᄂᆞᆫ 往ᄒᆞ면蹇ᄒᆞ고 來ᄒᆞ면連ᄒᆞ리라

○ 連於九三合力以濟

象曰往蹇來連은 當位ㅣ實也라ᄂᆞ니라

● 象애ᄀᆞᆯ오ᄃᆡ 往蹇來連은 當ᄒᆞᆫ位ㅣ實ᄒᆞᆯ시라

(傳) 四當蹇之時居上位不往而來與下同志固足以得衆矣又以陰居陰為得其實以誠實與下故能連合而下之二三亦各得其實初以陰居下亦其實也當同患之時相交以實其合可知故來而連者當位以實也處蹇難非誠實何以濟當位不曰正而曰實上下之交主於誠實用各有其所也

九五ᄂᆞᆫ 大蹇에朋來ᄃᆞᆯ [本義] 朋來라리

● 九五ᄂᆞᆫ 큰蹇이朋이來홈이로다 [本義] 朋이來ᄒᆞ리라

○大蹇者非常之蹇也九五居尊而有剛健中正之德必有朋來而助之者占者有是德

則有是助矣

象曰大蹇朋來는以中節也라

●象애曰오애大蹇朋來는中호節로써홈이라

(傳)朋者其朋類也라五有中正之德而二亦中正雖大蹇之時不失其守蹇於以相應助

是以其中正之節也上下中正而弗濟者는臣之才不足也自古守節秉義而才不足以濟

者豈少乎漢李固王允晉周顗王導之徒是也

○已在卦極往无所之益以蹇耳來就九五與之濟蹇則有碩大之功大人指九五曉占

者宜如是也

上六은往호면蹇코來호면碩이라吉호리니利見大人호니라

●上六은往호며蹇호고來호면碩호지라吉호리니大人을보미利호니라

象曰往蹇來碩은志在內也오利見大人은以從貴也라

●象애曰오디往蹇來碩은志ㅣ內에이숌이오利見大人은써貴를從홈이라

(傳)上六應三而從五志在內也蹇既極而有助是以碩而吉也六以陰柔當蹇之極密近

剛陽中正之君自然其志從附以求自濟故利見大人謂從九五之貴也所以云從貴恐

人不知大人爲指五也

解

坎上
震下

解는 利西南하니 无所往이라 其來復이 吉하니 有攸往이어든 夙이면 吉하리라 「本
義」无所往이어든 其來復이 吉하고 有攸往이어든 夙이 吉라 解音蟹彖傳大象並同

●解는 西南이 利하니 갈빅업슨지라 그 來復홈이 吉하고 往홀빅잇거든 夙홈이 吉하니라 「本義」往홀빅업거든 그 來復홈이 吉하고 往홀빅잇거든 夙홈이 吉하니라
○解難之散也니 居險能動則出於險之外矣解之旣解利於平易安靜不欲久
爲煩擾且其卦自升來三往居四入於坤體二居其所而又得中故利於西南平易之地
若无所往則宜來復其所而安靜若尙有所往則宜早往早復不可久煩擾也

彖曰解는 險以動이니 動而免乎險이 解라

●彖애굴오딕 解는 險하고 써 動홈이니 動하야 險에 免홈을이 解라
○以卦德釋卦名義

解利西南은 往得衆也오

●解利西南은 往하야 衆을 得홈이오
○解利西南은 往하면 衆을 得홈이오

其來復吉은 乃得中也오

(傳)解難之道利在廣大平易以寬易而往濟解則得衆心之歸也

●其來復吉은이에中을得홈이오

(傳)不云无所徃省文爾救亂除難一時之事未能成治道也必待難解兂所徃然後來復

先王之治乃得中道謂合宜也

有攸徃夙吉은往有功也라

●有攸徃夙吉은往ㅎ야功이이숌이라

○以卦變釋卦辭坤爲衆得衆謂九四入坤體得中有功皆指九二

天地ㅣ解而雷雨ㅣ作하며雷雨ㅣ作而百果草木이皆甲坼하나니解

之時ㅣ大矣哉라

●天地ㅣ解호매雷雨ㅣ作하며雷雨ㅣ作홈매百果草木이다甲이坼하나니解의時

ㅣ크다

○極言而贊其大也

象曰雷雨作이解니君子ㅣ以하야赦過宥罪하나니라

●象에글오딕雷와雨ㅣ作홈니解니君子ㅣ以하야過를赦하며罪를宥하나니라

(傳)天地解散而成雷雨故雷雨作而爲解也與明兩而作離語不同赦釋之宥寬之過失

則赦之可也罪惡而赦之則非義也故寬之而己君子觀雷雨作解之象體其發育則施

恩仁體其解散則行寬釋也

初六은无咎ᄒᆞ니라

●初六은 咎ㅣ 업스니라

○難旣解矣以柔在下上有正應何咎之有故其占如此

象曰剛柔之際라義无咎也라

(傳)初四相應是剛柔相際接也剛柔相際爲得其宜難旣解而處之剛柔得宜其義无咎也

●象애 굴오ᄃᆡ 剛과柔의 際라 義ㅣ 咎ㅣ 업스니라

九二는田獲三狐ᄒᆞ야得黃矢니貞ᄒᆞ야吉ᄒᆞ다로「本義」貞ᄒᆞ면吉ᄒᆞ리라

●九二는田에三狐를獲ᄒᆞ야黃矢를得ᄒᆞ니貞ᄒᆞ야吉ᄒᆞ도다「本義」貞ᄒᆞ면吉ᄒᆞ리라

○此爻取象之意未詳或曰卦凡四陰除六五君位餘三陰即三狐以象也大抵此爻爲卜田之吉占亦爲去邪媚而得中直之象能守其正則无不吉矣

象曰九二貞吉은得中道也라

●象애 굴오ᄃᆡ 九二貞吉은中道를得ᄒᆞᆯ시라

(傳)所謂貞吉者得其中道也除去邪惡使其一无其字中直之道得行乃正而吉也

六三은負且乘이라致寇至니貞이라도吝ᄒᆞ리라

●六三은負ᄒᆞ고ᄯᅩ乘ᄒᆞᆫ지라寇ㅣ至ᄒᆞᆯᄂᆞᆯ위니貞ᄒᆞ야도吝ᄒᆞ리라

○繫辭備矣貞吝言雖以正得之亦可羞也唯避而去之爲可免耳

象曰負且乘이亦可醜也ᅵ며自我致戎이어니又誰咎也ᅵ오（戎本作寇）

●象애글오ᄃᆡ負且乘이ᄯᅩ可히醜ᄒᆞ며我로브터戎을닐위어니ᄯᅩ誰를咎ᄒᆞ리오

(傳)負荷之人而且乘載爲可醜惡也處非其據德不稱（一作勝）其器則寇戎之致乃己招取將誰咎乎聖人又於繫辭明其致寇之道謂作易者其知盜乎盜者乘釁而至苟无釁隙則盜安能犯負者小人之事乘者君子之器以小人而乘君子之器非其所能堪也盜乘釁而奪之小人而居君子之位非其所能堪也其過惡而伐之矣慢藏誨盜冶容誨淫盜橫暴而至者盜財而輕慢其藏見教誨乎盜使取之也女子而夭冶其容是教誨淫者使暴之也小人而乘君子之器是招盜使奪之也皆自取之之謂也

九四는네拇를解ᄒᆞ면朋이至ᄒᆞ야斯孚ᄒᆞ리라（解佳買　反象同）

●九四는네拇를解ᄒᆞ면朋이至ᄒᆞ야이에孚ᄒᆞ리라

○拇指初初與四皆不得其位而相應應之不以正者也然四陽而初陰其類則不同矣若能解而去之則君子之朋至而相信也

象曰解而拇는未當位也ᅵ라

●象애글오ᄃᆡ解而拇는位에當치아닐ᄉᆡ라

(傳)四雖陽剛然居陰於正疑不足若復親比小人則其失正必矣故戒必解其拇然後能來君子以其處未當位也解者本合而離之也必解拇而後朋孚蓋君子之交而小人容

於其間是與君子之誠未至也

六五는君子ㅣ維有解면吉하야有孚于小人이리라

● 六五는君子ㅣ解홈이이시면吉호니小人에孚홈이이시리라

○ 卦凡四陰而六五當君位與三陰同類者必解而去之則吉也孚驗也君子有解以小人之退爲驗也

象曰君子有解는小人의退也ㅣ라

(傳) 君子之所解者謂退去小人也小人去則君子之道行是以吉也

● 象애굴오디君子有解는小人의退홈이라

○ 繫辭備矣

上六은公用射隼于高墉之上야하獲之니无不利라도

射食亦反　隼荀尹反

● 上六은公이써集을高호墉우희射호야獲홈이니利치아니미업도다

象曰公用射隼은以解悖也ㅣ라

解佳買反

● 象애굴오디公用射隼은써悖를解홈이라

(傳) 至解終而未解者悖亂之大者也射之所以解之也解則天下平矣

損　兌下　艮上

損은 有孚ㅣ면 元吉코 无咎ㅣ야ㅎ야 可貞이라 利有攸往ㅣ니ㅎ 「本義」无咎코　可

貞오이

●損은 孚를 두워ㅎ면 元ㅎ야 吉ㅎ고 咎ㅣ업셔 可히 貞홀지라 往홀바 미利ㅎ니

○「本義」咎ㅣ업고 可히 貞홀지오

○損減省也ㅣ라 爲卦損下卦上畫之陽益上卦上畫之陰損兌澤之深益艮山之高損下益

上損內益外剝民奉君之象所以爲損也損所當損而有孚信則其占當有此下四者之

應矣

曷之用이리오 二簋ㅣ可用享이라니

●어딘쓰리오 二簋ㅣ可히써享홀지니라

○言當損時則至薄无害

象曰損은 損下益上야ㅎ 其道ㅣ上行니이 上行之上 時掌反

●象애굴오디損은 下를損ㅎ야上을益ㅎ야 그道ㅣ上ㅎ야行홈이니

○以卦體釋卦名義

損而有孚면ㅣ이 元吉无咎可貞利有攸往ㅣ니

●損호디孚ㅣ이시면元吉无咎可貞利有攸往이니

易之用二簋可用享。二簋ㅣ應有時며損剛益柔ㅣ有時니

（傳）謂損而以至誠則有此元吉以下四者損道之盡善也

●易之用二簋可用享은二簋ㅣ應有時며損剛益柔ㅣ有時니

●易之用二簋可用享은二簋ㅣ맛당이時ㅣ이시며剛을損ㅎ야柔를益ㅎ야요미時ㅣ이시니

（傳）夫子特釋易之用二簋可用享卦辭簡直謂當損去浮飾曰何所用哉二簋可以享也厚本損末之謂也夫子恐後人不達遂以爲文飾當盡去故詳言之有本必有末有實必有文天下萬事无不然者无本不立无文不行父子主恩必有嚴順之體君臣主敬必有承接之儀禮讓存乎內待威儀而後行尊卑有其序非物采則无別文之與實相須而不可缺也及夫文之勝末之流遠本喪實乃當損之時也故云易所用哉二簋足以其誠矣謂當務實而損飾也夫子恐人之泥言也故復明之曰二簋之質用之當有時非其所用而用之不可也謂文飾未過而損之與損之至於過甚則非也損剛益柔有時剛爲過柔爲不足損益皆損剛益柔也必順時而行不當時而損益之則非也

損益盈虛를與時偕行이니

●損ㅎ며益ㅎ며盈ㅎ며虛홈믈時로더브러홈씌行홀지니라

○此釋卦辭時謂當損之時

象曰山下有澤이損이니君子ㅣ以야懲忿窒欲ㅎ나라

●象애 굴오딕 山下에 澤이이시미 損이니 君子ㅣ 以ㅎ야 忿을 懲ㅎ며 欲을 窒ㅎㄴ니

라

○君子脩身所當損者莫切於此

初九는 已事ㅣ어든 遄往아이라 无咎ㅣ리니 酌損之라 「本義」已事ㅣ오 [遄市專反]

●初九는 事를 已ㅎ거든 쌜리 往ㅎ야아 咎ㅣ업스리니 酌ㅎ야 損홀지니라「本義」事

를 已ㅎ고

○初九當損下益上之時上應六四之陰輟所爲之事而速往以益之无咎之道也故其

象占如此然居下而益上亦當斟酌其淺深也

象曰已事遄往은 尙合志也ㅣㄹ서라

●象애 굴오딕 已事遄往은 尙과 志合홀시라

○尙上通

九二는 利貞코 征면이 凶ㅎ니 弗損아이라 益之라리

●九二는 貞홈이 利ㅎ고 征ㅎ면 凶ㅎ니 損티아니ㅎ야아 益ㅎ리라

○九二剛中志在自守不肯妄進故占者利貞而征則凶也弗損益之言不變其所守乃

所以益上也

象曰九二利貞은 中以爲志也ㅣ라

●象애골오딕九二利貞은中으로써志를삼음이라

(傳)九居二非正也處說非剛也而得中爲善若守其中德何有不善豈有中而不正者豈有中而有過者二所謂利貞謂以中爲志也志存乎中則自正矣大率中重於正中則正矣正不必中也能守中則有益於上矣

●六三은三人行앤則損一人코一人行앤則得其友ㅣ로다

●六三은三人이行호요민一人을損호고一人이行호요민그友를得홈이로다

○下卦本乾而損上交以益坤三人行而損一人也一陽上而一陰下一人行而得其友也兩相與則專三則雜而亂卦有此象故戒占者當致一也

●象曰一人行은三이면則疑也ㅣ라

●象애골오딕一人이行은三이면疑호리라

(傳)一人行而得一人乃得友也若三人行則疑所與矣理當損去其一人損其餘也

●六四는損其疾호딕使遄이면有喜ㅎ야无咎ㅣ라

●六四는그疾을損호딕곰遄호여喜이서咎ㅣ업스리라

○以初九之陽剛益己而損其陰柔之疾唯速則善戒占者如是則无咎矣

●象曰損其疾ㅎ니亦可喜也ㅣ로

●象에글오디 其疾을損ᄒᆞ니 ᄯ可히喜홈도다
(傳)損其所疾固可喜也云亦發語辭
六五ᄂᆞᆫ 或益之면 十朋之龜도 弗克違ᄒᆞ니리 元吉이라ᄒᆞ니 「本義」或이 益之十朋之龜든 弗克違니
●六五ᄂᆞᆫ 或益호면 十이朋ᄒᆞ논지라 龜도能히違치못ᄒᆞ미니 能히違치못ᄒᆞ리니 元ᄒᆞ야吉ᄒᆞ니라 「本義」或이 十朋龜로益ᄒᆞ거든 能히違치못ᄒᆞ미니
○柔順虛中以居尊位當損之時受天下之益者也兩龜爲朋十朋之龜大寶也或以此益之而不能辭其吉可知占者有是德則獲其應也
象曰六五元吉은自上祐也라
(傳)所以得元吉者以其能盡衆人之見合天地之理故自上天降之福祐也
●象에글오디 六五元吉은 上으로브터祐홈이라
上九ᄂᆞᆫ 弗損코 益之면 无咎코 貞吉ᄒᆞ니 利有攸往이니 得臣이 无家ㅣ리라 「本義」弗損도이라 益之니어와 貞면이吉ᄒᆞ야
●上九ᄂᆞᆫ 損치말고益ᄒᆞ면 咎ㅣ업고貞ᄒᆞ고吉ᄒᆞ니 往홀바를두미利ᄒᆞ니臣을得홈이 家ㅣ업스리라 「本義」損치아녀도益홀지니咎ㅣ업스러니와貞ᄒᆞ면吉ᄒᆞ야

○上九當損下益上之時居卦之上受益之極而欲自損以益下有所
謂惠而不費者不待損已然後可以益人也能如是則无咎然亦必以正則吉而利有所
徃惠而不費其惠廣矣故又曰得臣无家

象曰弗損益之는大得志也라

●象에글오디弗損益之는크게志를得홈이라

(傳)居上不損下而反益之是君子大得行其志也君子之志唯在益於人而己

䷩　震上　巽下

益은利有攸徃호며利涉大川호니라

●益은徃홀바를두미利호며大川을涉홈이利호니라

○益增益也為卦損上卦初畫之陽益下卦初畫之陰自上卦而下於下卦故為益
卦之九五六二皆得中正下震上巽皆木之象故其占利有所徃而利涉大川也

象曰益은損上益下니民說无疆이오自上下下니其道ㅣ大光이라

●象애글오디益은上을損호야下를益호니民이說호요미疆이업고上으로브터下

下下上退嫁
及下如字

에下ᄒᆞ니그道ㅣ크게光ᄒᆞᆷ이라

○以卦體釋卦名義

利有攸往은中正ᄒᆞ야有慶이오

(傳)利有攸往은中ᄒᆞ고正ᄒᆞ야慶이이시미오

●五以剛陽中正居尊位二復以中正應之是以中正之道益天下天下受其福慶也

利涉大川은木道ㅣ乃行ᄒᆞᆷ이라 〔益誤作木〕

○以卦體卦象釋卦辭

●利涉大川은益ᄒᆞᆯ道ㅣ이에行ᄒᆞᆷ이라 〔「本義」木의道ㅣ〕

益은動而巽ᄒᆞ야日進无疆ᄒᆞ며 〔施始 鼓反〕

(傳)又以二體言卦才下動而上巽動而巽也爲益之道其動巽順於理則其益日進在日進下廣大无有疆限也動而不順於理豈能成大益也 〔益一字本〕

●益은動ᄒᆞ고巽ᄒᆞ야日로進ᄒᆞᆷ이疆이업스며

天施地生ᄒᆞ야其益이无方ᄒᆞᄂ니 〔施始〕

(傳)以天地之功言益道之大聖人體之以益天下也天道資始地道生物天施地生化育

●天이施ᄒᆞ며地ㅣ生ᄒᆞ야그益ᄒᆞ요미方이업스니

萬物各正性命其益可謂无方矣方所也有方所[一无所字]則有限量无方謂廣大无窮極也

天地之益萬物豈有窮際乎

凡益之道ㅣ與時偕行ᄒᆞᄂᆞ니라
● 믈론 益의道ㅣ時와더브러行ᄒᆞ시ᄂᆞ니라
○動巽二卦之德乾下施坤上生亦上文卦體之義又以此極言贊益之大

象曰風雷ㅣ益이니君子ㅣ以ᄒᆞ야見善則遷ᄒᆞ고有過則改ᄒᆞᄂᆞ니라
●象에글오디風과雷ㅣ益이니君子ㅣ以ᄒᆞ야善을보와든遷ᄒᆞ고過ㅣ잇거든改ᄒᆞᄂᆞ니라
○風雷之勢交相助益遷善改過益之大者而其相益亦猶是也

初九ᄂ利用爲大作이니元吉이라아无咎ㅣ라ㅣ리
●初九ᄂ써大作을ᄒᆞ요미利ᄒᆞ니元ᄒᆞ야吉ᄒᆞ야아无咎ㅣ업스리라
○初雖居下然當益下之時受上之益者也不可徒然无所報效故利用爲大作必元吉然後得无咎

象曰元吉无咎ᄂ下ㅣ不厚事也ㅣ라
●象에글오디元吉无咎ᄂ下ㅣ不厚ᄒᆞ事를못ᄒᆞᆯ거실시라

○下本不當任厚事故不如是不足以塞咎也

六二는 或益之면 十朋之龜도 弗克違나 永貞면 吉니 王用享于帝도 吉라ᄒᆞ리라 本義 或益之十朋之龜ᄃᆞᆫ

●六二는 或益ᄒᆞ면 十이朋ᄒᆞ는지라 龜도 능히 違치 못ᄒᆞ나 永ᄒᆞ고 貞ᄒᆞ면 吉ᄒᆞ니 王이ᄡᅥ 帝ᄭᅴ 享ᄒᆞ야도 吉ᄒᆞ리라 本義 或이益ᄒᆞ를 十朋龜로ᄒᆞ거든

○六二當益下之時虛中處下故其象占與損六五同然爻位皆陰故以永貞爲戒以其居下而受上之益故又爲卜郊之吉占

象曰 或益之는 自外來也라

●象에 글오디 或益之ᄂᆞᆫ 外로브터 來홈이라

○或者衆无定主之辭

六三은 益之用凶事앤 无咎어니와 有孚코 中行이라 告公用圭라ᅵ니 本義 益之用凶事라 无咎니 有孚ᄒᆞ야 中行이어ᅵ라 告公用圭라ᅵ니 本

●六三은 益홈믈 凶事에 ᄡᅳᆫ 咎ᅵ업스려니와 孚를두고 中行ᄒᆞ야아 公에 告호되 圭를 ᄡᅳ닷ᄒᆞ리라 本義 益호디 凶事로ᄡᅥ 홈이라 咎ᅵ업스니 孚를두고 中行으로ᄒᆞ야 公에 告호되 圭로ᄡᅥ 홀지니라

○六三陰柔不中不正不當得益者也然當益下之時居下之上故有益之以凶事者蓋
警戒震動乃所以益之也占者如此然後可以无咎又戒以有孚中行而告公用圭也用
圭所以通信

象曰益用凶事는固有之也라「本義」固有之也라
●象에글오디益用凶事는구지둘셔라「本義」구지둘지라
○益用凶事欲其困心衡慮而固有之也

六四는中行이면告公從호리니「本義」利用爲依며遷國이니「本義」利用爲
依遷國이니라
●六四는中行이면公에告호야從호리니써依를호며國을遷홈이利홍니라「本義」
써依를호야
○三四皆不得中故皆以中行爲戒此言以益下爲心而合於中行則告公而見從矣傳
曰周之東遷晉鄭依焉蓋古者遷國以益下必有所依然後能立此爻又爲遷國之吉占
也

象曰告公從은以益志也라
●象에글오디告公從은益호志로써홈이라

(傳)爻辭但云得中行則告公而獲從象復明之曰告公而獲從者告之以益天下之志也

志苟在於益天下上必信而從之事君者不患上之不從患其志之不誠也

九五ᄂᆞᆫ 有孚惠心이라 勿問ᄒᆞ야도 元吉ᄒᆞ니 有孚ᄒᆞ야 惠我德ᄒᆞ리라

●九五ᄂᆞᆫ 惠心에 孚를 두어ᄒᆞᄂᆞᆫ지라 問치 아니ᄒᆞ야도 元코 吉ᄒᆞ니 孚를 두어 내의 德을 惠ᄒᆞ리라

○上有信以惠于上則下亦有信以惠於上矣不問而元吉可知

象曰有孚惠心이라 勿問之矣며 惠我德이 大得志也라

●象에ᄀᆞᆯ오ᄃᆡ 有孚惠心이라 뭇지 아니ᄒᆞ며 惠我德이 크게 志를 得홈이라

(傳)人君有至誠惠益天下之心其元吉不假言也故云勿問之矣天下至誠懷吾德以爲惠是其道大行人君之志得矣

上九ᄂᆞᆫ 莫益之라 或擊之立心勿恒ᄒᆞ니 凶ᄒᆞ니라

●上九ᄂᆞᆫ 益ᄒᆞ리 엽슨지라 或이 擊ᄒᆞ리니 心을 立호ᄃᆡ 恒치 마를지니 凶ᄒᆞ니라

○以陽居益之極求益不已故莫益而或擊之立心勿恒戒之也

象曰莫益之는 偏辭也오 或擊之는 自外來也라

●象에ᄀᆞᆯ오ᄃᆡ 莫益之는 偏타ᄒᆞᄂᆞᆫ 辭ㅣ오 或擊之는 外로브터 來홈이라 「本義」偏ᄒᆞ

○莫益之者猶從其求益之偏辭而言也若究而言之則又有擊之者矣

兌上　乾下

夬는 揚于王庭니이 孚號有厲라ㅣ니 「本義」揚于王庭야 孚號ㅣ야 有

厲며ㅣ 夬古快反號傳去聲九二爻 同本義戶羔反爻內並同

●夬는 王庭에 揚홈이니 孚로號호야 厲홈을 잇게흘지니라「本義」王庭에 揚호야 孚

로號호나 厲호미이시

(傳)小人方盛之時君子之道未勝安能顯然以正道決去之故含晦俟時漸圖消之之道

今旣小人衰微君子道盛當顯行之於公朝使人明知善惡故云揚于王庭孚信之在中

誠意也號者命衆之辭君子之道雖長盛而不敢忘戒備故至誠以命衆使知尚有危道

雖以此之甚盛決彼之甚衰若易而无備則有不虞之悔是尚有危理必有戒懼之心則

无患也聖人設戒之意深矣

告自邑오이 不利卽戎며이 利有攸往라니「本義」不利卽戎면이 利有

攸往라니

●邑으로브터告ᄒ고戎에即홈이利치아니ᄒ며往홀바를두미利ᄒ니라「本義」戎
에即호믈利치아니ᄒ면往홀바를두미利ᄒ리라
○決也陽決陰也三月之卦也以五陽去一陰決之而己然其決之也必正其罪而
盡誠以呼號其衆相與合力然亦尙有危厲不可安肆又當先治其私而不可專尙威武
則利有所往也皆戒之之辭

象曰夬는決也니剛決柔也니健而說ᄒ고決而和ᄒ니라（說音悅）
○釋卦名義而贊其德
●象애굴오듸夬는決홈이니剛이柔를決홈이니健코說ᄒ고決코和ᄒ니라

揚于王庭은柔ㅣ乘五剛也ㅣ오
●揚于王庭은柔ㅣ五剛을乘홈이오
（傳）柔雖消矣然居五剛之上猶爲乘陳之象陰而乘陽非理之甚君子勢旣足以去之當
顯揚其罪於王朝大庭使衆和善惡也

孚號有厲는其危ㅣ乃光也ㅣ오
●孚號有厲는그危ㅣ이에光홈이오
（傳）盡誠信以命其衆而知有危懼則君子之道乃无虞而光大也

告自邑不利卽戎은 所尙이 乃窮也오ㅣ

(傳)●告自邑不利卽戎은 尙호는바이에窮홈이오
當先自治不宜專尙剛武卽戎則所尙乃至窮極矣夬之時所尙謂剛武也

利有攸往은 剛長이 乃終也라 〔長丁丈反〕

●利有攸往은 剛의長호요미이에終호리라

○此釋卦辭柔乘五剛以卦體言謂以一小人加于衆君子之上是其非也剛長乃終謂
一變則爲純乾也

象曰澤上於天이夬니君子ㅣ以호야施祿及下호며居德호야則忌호나니라

●象애굴오디澤이天의上홈이夬니君子ㅣ以호야祿을施호야下에미치며德에居
호야셔忌홈을則호나니라

○澤上於天潰決之勢也施祿及下潰決之意也居德則忌未詳

初九는 壯于前趾니 往호야不勝이면爲咎ㅣ라 〔「本義」往호야不勝〕

●初九는前趾에壯홈이니往호야勝치못호면咎ㅣ되리라「本義」往호야勝치못호
야

○前猶進也當決之時居下任壯不勝宜矣故其象占如此

象曰不勝而往이咎也ㅣㄴ

● 象애골오디勝치못ᄒᆞᆯ거슬往홈이咎ㅣ라

(傳)人之行必度其事可爲然後決之則无過矣理不能勝而且往其咎可知凡行而有咎

者皆決之過也

九二는惕號ㅣ莫夜에有戎이라 勿恤 莫音暮

● 九二는惕ᄒᆞ야號홈이니莫夜에戎이이실지라도恤티마를지로다

○九二當決之時剛而居柔又得中道故能憂惕號呼以自戒備而莫夜有戎亦可无患

也

象曰有戎勿恤은得中道也ㅣ라

● 象애골오디有戎勿恤은中道를得홈이라

(傳)莫夜有兵戎可懼之甚也然可勿恤者以自處之善也即得中道又知惕懼且有戒備

何事之足恤也九居二雖得中然非正其爲至善何也曰陽決陰君子決小人而得中豈

有不正也知時識勢學易之大方也

九三은壯于頄ᄒᆞ야有凶코獨行遇雨ㅣ니君子ᄂᆞᆫ夬夬라若濡有慍면이

无咎ㅣ리라 「本義」壯于頄니有凶이어ᄂᆞ君子ㅣ夬夬면獨行遇雨ᄒᆞ야若

濡有慍이나无咎라리 順求 龜反

●九三은頄에壯ᄒ야凶이잇고홀로行ᄒ야미君子ᄂ夬를夬ᄒ논지라
濡롯ᄒ야慍을두면咎ㅣ업스리라「本義」頄에壯홈이니凶이이시나君子ㅣ夬를夬
ᄒ면홀로行호매雨를맛나濡롯ᄒ야慍이이시나咎ㅣ업스리라
○頄顴也ㅣ라九三當決之時以剛而過乎中是欲決小人而剛壯見于面目也如是則有凶
道矣然在衆陽之中獨與上六爲應若能果決其決不係私愛則雖合於上六如獨行遇
雨至於若濡而爲君子所慍然終必能決去小人而无所咎也溫嶠之於王敦其事類此

象曰君子ᄂ夬夬라終无咎也ㅣ니라
●象애길오ᄃ君子ᄂ夬를夬ᄒ논지라ㅁᄎ에咎ㅣ업스니라
(傳)牽梏於私好由无決也君子義之與比決於當決故終不至於有咎也

九四ᄂ臀无膚며其行次且ᄒ니牽羊ᄒ면悔ㅣ亡ᄒ련마ᄂ聞言ᄒ야도不信ᄒ리로다
臀徒敦反次七私反
且七餘反姤卦同
●九四ᄂ臀에膚ㅣ업스며그行홈이次且ᄒ니羊을牽ᄃ시ᄒ면悔ㅣ亡ᄒ련마ᄂ言을
聞ᄒ야도信치아니ᄒ리로다
○以陽居陰不中不正居則不安行則不進若不與衆陽竸進而安出其後則可以亡其

悔然當決之時志在上進必不能也占者聞其言而信則轉凶而吉矣牽羊者當其前則

不進縱之使前而隨其後則可以行矣

象曰其行次且ㄴ位不當也오聞言不信은聰不明也ㅣ라

● 象에골오디其行次且ㄴ位當치아님이오聞言不信은聰이明치아님이라

(傳)九處陰位不當也以陽居柔失其剛決故不能強進其行次且剛然後能明處柔則遷

失其正性豈復有明也故聞言而不能信者蓋其聰聽之不明也

九五ㄴ莧陸夬夬면中行애无咎ㅣ리라 莧閑辨反 又胡練反 「本義」莧陸이니夬夬ᄒ디中行이면

● 九五ㄴ莧陸이夬夬ᄒ면中行애咎ㅣ업스리라「本義」莧陸이니夬ᄒ고夬ᄒ디中行애ᄒ면咎ㅣ업스리라

○莧陸今馬齒莧感陰氣之多者九五當決之時爲決之主而切近上六之陰如莧陸然

若決而決之而又不爲過暴合於中行則无咎矣戒占者當如是也

象曰中行无咎ㅣ나中未光也ㅣ라

● 象에골오디中行无咎ㅣ나中이光치못홈이라

○程傳備矣○(傳)卦辭言夬夬則於中行爲无咎矣象復盡其義云中未光也夫人心正

意誠乃能極中正之道而充實光輝五心有所比以義之不可而決之雖行於外不失中
正之義可以无咎然於中道未得爲光大也蓋人心一有所欲則離道矣夫子於此示人
之意深矣

上六은 无號니 終有凶이라 하니 [本義] 終有凶하리라

● 上六은 號치마를지니 므춤내凶이인느니라 [本義] 號홈이업스니므춤내凶이잇
시리라

○ 陰柔小人居窮極之時黨類己盡无所號呼終必有凶也占者有君子之德則其敵當
之不然反是

象曰无號之凶은 終不可長也라니

● 象에 올오디无號의凶흠은 므춤내可히長치못흘지니라

(傳) 陽剛君子之道進而益盛小人之道既己窮極自然消亡豈復能長久乎雖號咷无以
爲也故云終不可長也先儒以卦中有孚號惕號欲以无號爲無號作去聲謂无用更加
號令非也一卦中適有兩去聲字一平聲字何害而讀易者率皆疑之或曰聖人之於天
下雖大惡未嘗必絕之也今直使之无號謂必有凶可乎曰夬者小人之道消亡之時也
決去小人之道豈必盡誅之乎使之變革乃小人之道亡也道亡乃其凶也

䷫ 巽下
乾上

姤는 女壯이 勿用取女라니 「本義」女ㅣ壯ᄒ니 （姤古豆反 取七喻反）

●姤는 女ㅣ壯홈이니 써 女를 取치마를지니라

○姤遇也ㅣ라 決盡則爲純乾四月之卦至姤然後一陰可見而爲五月之卦以其本非所望而卒然値之如不期而遇者故爲遇遇己非正又一陰而遇五陽則女德不貞而壯之甚也取以自配必害乎陽故其象占如此

象曰姤는 遇也ㅣ니 柔遇剛也ㅣ라

○釋卦名

●象애 글오디 姤는 姤홈이니 柔ㅣ剛을 遇홈이라

勿用取女는 不可與長也ㅣ라

●勿用取女는 可히 더브러 長치못ᄒᆞᆯ시라

○釋卦辭

天地相遇니 品物이 咸章也ㅣ오

●天地ㅣ서ᄅ 遇ᄒᆞ니 品物이다 章ᄒᆞ고

○以卦體言

剛遇中正ᄒ니天下애 大行也니

●剛이 中正을 遇ᄒ니 天下에 크게 行홈이니

○指九五

○幾微之際聖人所謹

●姤의 時와 義ㅣ크다

姤之時義ㅣ大矣哉라

●象에 글오디 天下에 風이이사 미 姤ㅣ니 后ㅣ以ᄒ야 命을 施ᄒ야 四方에 誥ᄒᄂ니라

象曰天下有風이 姤니后ㅣ以야施命誥四方ᄒᄂ니라

(傳)風行天下无所不周爲君后者觀其周徧之象以施其命令周誥四方也風行地上與天下有風皆爲周徧庶物之象而行於地上徧觸萬物則爲觀經歷觀省之象也行於天下周徧四方則爲姤施發命令之象也諸象或稱先王或稱君子大人稱先王者先王所以立法制建國作樂省方勅法閉關育物享帝皆是也稱后者后王之所爲也財成天地之道施令誥四方是也君子則天下之通稱大人者王公之通稱

初六은繫于金柅면貞吉코有攸往이면見凶ᄒᆞ리니羸豕ㅣ孚蹢躅ᄒᆞ니

라「本義」繫于金柅ᄒᆞ니貞이면

●初六은金柅에繫ᄒᆞ면貞이吉ᄒᆞ고往ᄒᆞᆯ배이시면凶을보리니羸ᄒᆞᆫ豕ㅣ蹢躅ᄒᆞ매

孚ᄒᆞ니라「本義」金柅로擊홈이貞ᄒᆞ면

○柅所以止車以金爲之其剛可知一陰始生靜正則吉往進則凶故以二義戒小人使

不害於君子則有吉而无凶然其勢不可止也故以羸豕蹢躅曉君子使深爲之備云

○牽進也以其進故止之

象曰繫于金柅는柔道ㅣ牽也ㅣ라

●象에ᄀᆞᆯ오ᄃᆡ繫于金柅는柔道ㅣ牽홀ᄉᆡ라

九二는包有魚면无咎ᄒᆞ리니不利賓이라「本義」包有魚ㅣ无咎ᄒᆞ니와

●九二는包에魚ㅣ잇듯ᄒᆞ면咎ㅣ업스리니賓에利치아니ᄒᆞ니라「本義」包에魚ㅣ

○魚陰物二與初遇爲包有魚之象然制之在己故猶可以无咎若不制而使遇於衆則

其爲害廣矣故其象占如此

象曰包有魚는義不及賓也ㅣ라

●象애글오디包有魚는義ㅣ寶애밋지못흠이라

(傳)二之遇初不可使有二於外當如包苴之有魚包苴之魚義不及於賓客也

九三은臀无膚ㅣ其行은次且ㅣ屬면无大咎라ㅣ리「本義」臀无膚며ㅣ

●九三은臀에膚ㅣ업스나ㅣ屬ㅎ나

○九三過剛不中下不遇於初上无應於上居則不安行則不進故其象占如此然旣无

所遇則无陰邪之傷故雖危屬而无大咎也

象曰其行次且는行未牽也ㅣ라ㅣ

(傳)其始志在求遇於初故其行遲遲未牽不促其行也旣知危而改之故未至於大咎也

●象애글오디其行次且는行을牽치아니홈이라

九四는包无魚ㅣ起凶이라ㅎ리

●九四는包에魚ㅣ업스니凶이起ㅎ리라

○初六正應已遇於二而不及於己故其象占如此

象曰无魚之凶은遠民也ㅣ라ㄹ시　遼袁　萬反

●象애글오디无魚의凶홈은民을멀리홀시라

○民之去己猶己遠之

九五는 以杞包瓜니 含章이면 有隕自天이리라

●九五는 杞로써 瓜를 包호요 미니 章을 含호면 天으로브터 隕홈이 이시리라

○瓜陰物之在下者甘美而善潰杞高大堅實之木也五以陽剛中正主卦於上而下防
始生必潰之陰其象如此然陰陽迭勝時運之常若能含晦章美靜以制之則可以回造
化矣有隕自天本先而條有之象也

象曰九五含章은 中正也오

●象애 글오디 九五의 含章은 中正홈이오

(傳)所謂含章謂其含蘊　蘊字一无　中正之德也德充實則成章而有輝光

有隕自天은 志不舍命也라　舍音捨

●有隕自天은 志ㅣ 命을 舍치아닐시라

(傳)命天理也舍違也至誠中正屈己求賢存志合於天理所以有隕自天必得之矣

上九는 姤其角이라 吝호나 无咎라니

●上九는 姤에 그 角이라 吝호니 「本義」姤其角이니 吝호나 无咎라

●上九는 姤에 그 角이라 吝호을디 업스니라 「本義」姤에 그 角이니 吝호나 咎ㅣ
업스리라

○角剛乎上者也上九以剛居上而无位不得其遇故其象占與九三類

象曰姤其角은上窮하야吝也ㅣ라

●象애골오디姤其角은上애窮하야吝홈이라

(傳)旣處窮上剛亦極矣是上窮而致吝也以剛極居高而求遇不亦難乎

䷬ 兌上
　　坤下

萃는亨王假有廟ㅣ니
亨字衍文
假更白反
豐渙卦辭並同

●萃는王이廟를둠에지극홈이니「本義」有廟애假홈이니
極字一无

(傳)王者萃聚天下之道至於有廟極也羣生至眾也而可一其歸仰人心莫知其鄉也而能致其誠敬鬼神之不可度也而能致其來格天下萃合人心總攝眾志之道非一其至大莫過於宗廟故王者萃天下之道至於有廟則萃道之至也祭祀之報本於人心聖人制禮以成其德耳故豺獺能祭其性然也萃下有亨字羨文也享字自在下與渙不同渙則先言卦才萃乃先言卦義彖辭甚明

利見大人하니亨하니利貞하니라「本義」亨코利貞하니

●大人을見홈이利하니亨하니貞홈이利하니라「本義」亨하고貞홈이利하니

(傳)天下之聚必得大人以治之人聚則亂物聚則爭事聚則紊非大人治之則萃所以致

爭亂也ㅣ라萃以不正則人聚爲苟合財聚爲悖入安得享乎故利貞

用大牲이吉ᄒ니利有攸往이라ᄒ니「本義」吉코

●大牲을用홈이吉ᄒ니往홈이바ᄅ미利ᄒ니라「本義」吉ᄒ고

○萃聚也坤順兌說九五剛中而二應之又爲澤上於地萬物萃聚之象故爲萃亨

文王假有廟言王者可以至乎宗廟之中王者卜祭之吉占也祭義曰公假于太廟

廟所以聚祖考之精神又人必能聚己之精神則可以至于廟而承祖考也物既萃

見大人而後可以得亨然又必利於正所聚不正則亦不能亨也大牲必聚而後有

可以有所往皆占吉而有戒之辭

象曰萃는聚也ㅣ니順以說ᄒ고剛中而應이라故로聚也ㅣ라ᄂ니 說音悅

●象애굴오ᄃㅣ萃는聚홈이니順코ᄡᅥ說ᄒ고剛이中ᄒ고應ᄒ지라故로聚ㅣᄒ

○以卦德卦體釋卦名義

王假有廟는致孝享也ㅣ오

●王假有廟ᄂ孝享을致홈이오

(傳)王者萃人心之道至於建立宗廟所以致其孝享之誠也祭祀人心之所自盡也故萃

天下之心者无如孝享王者萃天下之道至於有廟則其極也

利見大人亨은聚以正也ㅣ오ᄒᆞᆯ서

● 利見大人亨은聚호ᄃᆡ正으로써호시오

(傳) 萃之時見大人亨則能亨蓋聚以正道也見大人則其聚以正道得其正則亨矣萃不以正其能亨乎

用大牲吉利有攸往은順天命也ㅣ니

● 用大牲吉利有攸往은天命을順홈이니

○ 釋卦辭

觀其所聚而天地萬物之情을可見矣리라

● 그聚혼바를보면天地와萬物의情을可히보리라

○ 極言其理而贊之

象曰澤上於地ㅣ萃니君子ㅣ以야除戎器ᄒᆞ야戒不虞ᄒᆞᄂᆞ니라　上時掌反

● 象애글오ᄃᆡ澤이地에上홈이萃니君子ㅣ以ᄒᆞ야戎器를除ᄒᆞ야不虞를戒ᄒᆞᄂᆞ니

○ 除者修而聚之之謂라

初六은有孚ㅣ나不終이면乃亂乃萃ᄒᆞᆯ서若號ᄒᆞ면一握爲笑ᄒᆞ리니勿恤코

往면호 无咎ㅣ리「本義」有孚ㅣ 不終이라 乃亂乃萃니 若號ㅣ면 一握爲笑니어　號戶羔反　握烏學反

●初六은 孚ㅣ이시나 終치아니ᄒᆞᄂᆞᆫᄃᆡ 乃亂ᄒᆞ며 乃萃ᄒᆞᆯᄉᆡ 만일에 號ᄒᆞ면 一握이 笑를삼ᄋᆞ리라「本義」孚ㅣ이쇼ᄃᆡ 終치아니ᄒᆞᄂᆞᆫ지라 이에亂ᄒᆞ야 이에萃ᄒᆞ니 만일에號ᄒᆞ면 一握이笑를삼ᄋᆞ려니와

○初六上應九四而隔於二陰當萃之時不能自守是有孚而不終志亂而妄聚也若呼號正應則衆以爲笑但勿恤而往從正應則无咎矣戒占者當如是也

象曰乃亂乃萃ᄂᆞᆫ其志亂也ㅣ라

●象애글오ᄃᆡ 乃亂乃萃ᄂᆞᆫ 其志ㅣ亂ᄒᆞᆯᄉᆡ라

(傳)其心志爲同類所惑亂故乃萃於羣陰也不能固其守則爲小人所感亂而失其正矣

六二ᄂᆞᆫ 引면호 吉야 无咎ㅣ니「리」 孚乃利用禴이라　禴略反　禴羊略反

●六二ᄂᆞᆫ 引ᄒᆞ면 吉ᄒᆞ야 无咎ㅣ리니 孚ㅣ이에 禴을ᄡᅳ미 利ᄒᆞ리라

○二應五而雜於二陰之間必率引以萃乃吉而无咎又二中正柔順虛中以上應九五剛健中正誠實而下交故卜祭者有其孚誠則雖薄物亦可以祭矣

象曰引吉无咎ᄂᆞᆫ中이야未變也ㅣ라

●象애골오디引吉无咎는中ᄒᆞ야變치아닐시라

(傳)萃之時以得聚爲吉故九四爲得上下之萃二與五雖正應然異處有間乃當萃而未合者也故能相引而萃則吉而无咎以其有中正之德未遽至改變也則不相引矣或間能自守不變遠須正應剛立者能之二陰柔之才以其有中正之德可覩其未至於變日二既有中正之德而象云未變辭若不足何也曰羣陰比處乃其類聚方萃之時居其耳故象含其意以存戒也

六三은 萃如嗟如라 无攸利니 往ᄒᆞ면 无咎니어 小吝ᄒᆞ니

●六三은 萃ᄒᆞ다가 嗟홈이라 利홀ᄇᆡ업스니 往ᄒᆞ면 咎ㅣ업스려니와 저기吝ᄒᆞ니라

○六三陰柔不中不正上无應與欲求萃於近而不得故嗟如而无所利唯往從於上可以无咎然不得其萃困然後往復得陰極无位之爻亦可小羞矣戒占者當近捨不正之強援而遠結正應之窮交則无咎也

象曰往无咎는上이巽也ㄹ서라

●象애골오디往无咎는上이巽홀시라

(傳)上居柔說之極三往而无咎者上六巽順而受之也

九四는大吉아이라无咎ㅣ리라

●九四는크게吉ᄒᆞ야아咎ㅣ업스리라

○上比九五下比衆陰得其萃矣然以陽居陰不正故戒占者必大吉然後得无咎也

●象애글오딕大吉无咎는位ㅣ當치아닐식라

(傳)以其位之不當疑其所爲未能盡善故云必得大吉然後爲能 一作 无咎 也非盡善安得

爲大吉乎

象曰大吉无咎는位不當也ㅣㄹ식

九五는萃有位코无咎나匪孚ㅣ어든元永貞이면悔ㅣ亡호리「本義」萃

有位라无咎니

●九五는萃에位를두고咎ㅣ업스나孚치아니커든元호고永호고貞호면悔亡호리
라「本義」萃에位를두는지라咎ㅣ업스니

○九五剛陽中正當萃之時而居尊固无咎矣若有未信則亦脩其元永貞之德而悔亡

矣戒占者當如是也

象曰萃有位는志未光也ㅣ라식

●象에글오딕萃有位는志ㅣ光치못홀식라

○未光謂匪孚

上六은齎咨涕洟니无咎ㅣ라니「本義」齎咨涕洟아라无咎ㅣ리

齎音咨又將
啼反洟音夷

●上六은 齎咨涕洟ᄒᆞ며 涕洟홈이니 쏨홀디업스니라「本義」齎咨ᄒᆞ며 涕洟ᄒᆞ야 쏨ㅣ 업스리라

○處萃之終陰柔先位求萃不得故戒占者必如此而後可以无咎也

象曰齎咨涕洟ᄂᆞᆫ 未安上也ㅣ라

●象애글오디 齎咨涕洟ᄂᆞᆫ 上에 安처못홈이라

(傳) 小人所處常失其宜既貪而從欲不能自擇安地至於困窮則顛沛不知所爲六之涕洟蓋不安於處上也君子愼其所處非義不居不幸而有危困則泰然自安不以累其心小人居不擇安常履非據及其窮迫則隕穫躁擾甚至涕洟爲可羞也未者非遽之辭猶俗云未便也未便能安於上也陰而居上孤處无與既非其據豈能安乎

升 ䷭ 坤上 巽下

升ᄋᆞᆫ 元亨ᄒᆞ니 用見大人호ᄃᆡ 勿恤코 南征ᄒᆞ면 吉ᄒᆞ리라

●升ᄋᆞᆫ 元코亨ᄒᆞ니 써大人을見호ᄃᆡ恤치말고南으로征ᄒᆞ면吉ᄒᆞ리라「本義」크게亨ᄒᆞ니

○升進而上也卦自解來柔上居四內巽外順九二剛中而五應之是以其占如此南征

前進也

象曰柔ㅣ以時升야호
●象애글오듸柔ㅣ時로써升호야
○以卦變釋卦名

巽而順고剛中而應이라是以大亨라호니
●巽코順호고剛中으로應호지라일로써大亨호니라「本義」剛中을應호지라
○以卦德卦體釋卦辭

用見大人勿恤은有慶也오ㅣ
●用見大人勿恤은慶이이심이오
(傳)凡升之道必由大人升於位則由王公升於道則由聖賢用巽順剛中之道以見大人必遂其升勿恤不憂其不遂也遂其升則己之有〔一作福慶〕而福慶及物也

南征吉은志行也라ㅣ
●南征吉은志ㅣ行홈이라
(傳)南人之所向南征謂前進也前進則遂其升而得行其志是以吉也

象曰地中生木이升니이君子ㅣ以야호順德야호積小以高大니ᄒᆞ나라「本

象曰九二之孚는有喜也ㅣ라

○義見萃卦

●九二는孚흐야아이에禴을씀이利흐나咎ㅣ업스리라

九二는孚乃利用禴이니无咎ㅣ리라

(傳)與在上者合志同升也上謂九二從二而升乃與二同志也能信從剛中之賢道一作所

以大吉

●象애글오딕允升大吉은上괘志ㅣ合흠이라

象曰允升大吉은上合志也ㅣ라

○初以柔順居下巽之主也當升之時巽於二陽占者如之則信能升而大吉矣

●初六은允흐야升흠이니크게吉흐리라「本義」크게吉흐리라

初六은允升이니大吉흐니라「本義」大吉흐리라

○王肅本順作愼今按他書引此亦多作愼意尤明白蓋古字通用也說見上篇蒙卦

高大케흐느니라「本義」德을愼흐야

●象애글오딕地中에木이生흠이升이니君子ㅣ以흐야德을順흐야小을積흐야써

●象에골오디九二의孚는喜ㅣ이시미라

(傳)二能以孚誠事上則不唯爲臣之道无咎而己可以行剛中之道澤及天下是有喜也

凡象言有慶者如是則有福慶及於物也言有喜者事旣善而又[一无又字]有可[一无可字]喜也如

大畜童牛之牿元吉象云有喜蓋牿於童則易又免強制之難是有可喜也

九三은升虛邑이로다

●九三은虛邑에升홈이로다

○陽實陰虛而坤有國邑之象九三以陽剛當升時而進臨於坤故其象占如此

象曰升虛邑은无所疑也ㅣ라

●象에골오디升虛邑은疑홈배업스미라

(傳)入无人之邑其進无疑阻也

六四는王用亨于岐山이면吉코无咎라ㅎ리「本義」王用亨于岐山이니

●六四는王이써岐山에亨듯ㅎ면吉ㅎ고咎ㅣ업스리라「本義」王이써岐山에亨홈이니

○義見隨卦

象曰王用亨于岐山은順事也ㅣ라

●象에 글오디 王用亨于岐山은 順혼 事ㅣ라

○以順而升登祭于山之象

六五는 貞아이라 吉니호리 升階다로「本義」貞면호 吉야호 升階리라

●六五는 貞이라 아 吉호리니 階에 升듯호리로다「本義」貞호면 吉호야 階에 升호리

라

○以陰居陽當升而居尊位必能正固則可以得吉而升階矣階升之易者

象曰貞吉升階는 大得志也라리

●象에 글오디 貞吉升階는 크게 志를 得호리라

(傳)倚任賢才而能貞固如是而升可以致天下之大治其志可大得也君道之升（興一作患）

无賢才之助爾有助則猶自階而升也

上六은 冥升니 利于不息之貞라호니

●上六은 升애 冥홈이니 息디아닐 貞애 利호니라

○以陰居升極昏冥不已者也占者遇此无適而利但可反其不已於外之心施之於不

息之正而已

象曰冥升在上니호 消不富也로

●象에골오디升에冥ㅎ야上에이시니消ㅎ야富치못ㅎ리로다

(傳)昏冥於升極上而不知己唯有消亡豈復有加益也不富无復增益也升旣極則有退而无進也

兌上　坎下

困은亨코貞ㅎ니大人이라吉코无咎나有言이면不信ㅎ리라 「本義」貞코大人이라吉호고咎ㅣ업스니言을두면信치아니ㅎ리라

○困者窮而不能自振之義坎剛爲兌柔所揜九二爲二陰所揜四五爲上六所揜所以爲困坎險兌說處險而說是身雖困而道則亨也二五剛中又有大人之象占者處困能亨則得其正矣非大人其孰能之故曰貞又曰大人者明不正之小人不能當也有言不信又戒以當務晦默不可尙口益取困窮

彖曰困은剛揜也ㅣ니 揜本又作掩 於揜反　剛이揜히임이니

○以卦體釋卦名

●彖에골오디困은剛이揜히임이니

險以說야ㅎ困而不失其所亨ㅎ니其唯君子乎뎌ㄴ 說音悅

●險호디써說ᄒ야困호디그亨ᄒ바를失치아니ᄒ니그오즉君子ㄴ뎌

(傳)以卦才言處困之道也下險而上說爲處險而能說雖在困窮艱險之中樂天守義自

得其說樂也時雖困也處不失義則其道自亨困而不失其所亨也能如是者其唯君子

乎若時當困而反亨身雖亨乃其道之困也君子大人通稱

貞大人吉은以剛中也ㅣ오

●貞大人吉은剛中으로써오

(傳)困而能貞大人吉은其所以吉也蓋其以剛中之道也五與二是也非剛中則遇困而失其正

矣

有言不信은尚口ㅣ乃窮也ㅣ라

●有言不信은口를尚홈이이에窮홈이라

○以卦德卦體釋卦辭

象曰澤无水ㅣ困이어君子ㅣ以ᄒ야致命遂志ᄒᄂ니라

●象애ᄀᆯ오澤에水ㅣ업스미困이니君子ㅣ以ᄒ야命을致ᄒ야志를遂ᄒᄂ니라

○水下漏則澤上枯故曰澤无水致命猶言授命言持以與人而不之有也能如是則雖

困而亨矣

初六은臀困于株木라이入于幽谷ᄒ야三歲도라不覿다이로

臀徒敦反

●初六은臀이株木애困ᄒᆞ지라幽谷에入ᄒᆞ야三歲라도覿치못ᄒᆞ리로다

○臀物之底也困于株木傷而不能安也初六以陰柔處困之底居暗之甚故其象占如

此

象曰入于幽谷은幽不明也ᅵ라

●象애ᄀᆞᆯ오ᄃᆡ入于幽谷은幽ᄒᆞ야明치아니ᄒᆞᆷ이라

(傳)幽不明也ᅵᆫ謂益入昏暗自陷於深困也明則不至於陷矣

九二는困于酒食이朱紱이方來ᄂᆞ니利用亨祀ᅵᆫ니征이면凶ᄒᆞ니无咎ᅵ니라

「本義」朱紱이方來ᄂᆞ니利用亨祀ᅵ오征면凶코无咎라

●九二는酒食에困ᄒᆞ나朱紱이보야ᄒᆞ로來ᄒᆞ리니ᄡᅥ亨祀ᅵ홈이利ᄒᆞ니征ᄒᆞ면凶ᄒᆞ
니와咎업스니라「本義」朱紱이보야ᄒᆞ로來ᄒᆞ니ᄡᅥ亨祀ᅵ홈이利ᄒᆞ고征ᄒᆞ면凶ᄒᆞ
니咎업스니라

紱音弗亨讀作享

○困于酒食厭飫苦惱之意酒食人之所欲然醉飽過宜則是反爲所困矣朱紱方來上
應之也九二有剛中之德以處困時雖无凶害以反困於得其所欲之多故其象如此而
其占利以亨祀若征行則非其時故凶而於義爲无咎也

象曰困于酒食은中이라有慶也ᅵ리라

●象애굴오디困于酒食은中이라慶이이시리라

(傳)雖困于所欲未能施惠於人然守其剛中之德必能致亨而有福慶也雖使時未亨通守其中德亦君子之道亨乃有慶也

六三은困于石며據于蒺藜라入于其宮도不見其妻니凶토다

●六三은石애困ᄒ며蒺藜애據ᄒ논디라그宮애入ᄒ야도그妻를見티몯홈이니凶로다

○陰柔而不中正故有此象而其占則凶石指四蒺藜指二宮謂三而妻則六也其義則繫辭備矣

象曰據于蒺藜는乘剛也오入于其宮不見其妻는不祥也라

●象애굴오디據于蒺藜는剛을乘홈이오入于其宮不見其妻는不祥티아니미라

(傳)據于蒺藜謂乘九二之剛不安猶藉刺也不祥者不善之徵失其所安者不善之効故云不見其妻不祥也

九四는來徐徐는困于金車니吝나有終이라

●九四는來홈이徐徐호믄金車에애ᄒᆯ시니吝ᄒ나終이이시리라

○初六九四之正應九四處位不當不能濟物而初六方困於下又爲九二所隔故其象如此然邪不勝正故其占雖爲可吝而必有終也金車爲九二象未詳疑坎有輪象也

象曰來徐徐는 志在下也ㅣ니 雖不當位ㄴ 有與也ㅣ니라

● 象애 글오ㄷ 來徐徐는 志ㅣ 下애 이심이니 비록 位ㅣ 當티 아니ㅎ나 與ㅎ리인ㄴㄴㅣ

(傳)四應於初而隔於二志在下求 故徐徐而來雖居不當位爲未善然其正應相與故有終也

九五는 劓刖이 困于赤紱이니 乃徐有說ㅎ리니 利用祭祀ㅣ라 （說音悅）

● 九五는 劓刖코 困于赤紱ㅎ나 이예 徐히 說이 이시리니 ㅼ 祭祀홈이 利ㅎ니라

○ 劓刖者傷於上下旣傷則赤紱无所用而反爲困矣九五當困之時上爲陰揜下則乘剛故有此象然剛中而說體故能遲久而有說也占具象中又利用祭祀久當獲福

象曰劓刖은 志未得也ㅣ오 乃徐有說은 以中直也ㅣ오 利用祭祀는 受福也ㅣ라

● 象애 글오ㄷ 劓刖은 志를 得디 몯홈이오 乃徐有說은 中直으로ㅻ오 利用祭祀는 福을 受ㅎ리라

(傳)始爲陰揜无上下之與方困未得志之時也徐而有說以中直之道得在下之賢共濟

於困也不曰中正與二合者云直乃宜也直比正意差緩盡其誠意如祭祀然以求天下

之賢則能　能字　一无　享天下之困而享受其福慶也

上六은 困于葛藟와 于臲卼니이 曰動悔야ㅎ 有悔면 征야ㅎ 吉ㅎ리 「本

義」于臲卼야ㅎ 曰動悔니

● 上六은 葛藟와 臲卼애 困홈이니 굴오디 動호다마다 悔ㅎ리라ㅎ야 悔를 두워ㅎ면
征ㅎ야 吉ㅎ리라 「本義」臲卼애 困ㅎ야 굴오디 動호미니

　　　鬱方軌反藟五
　　　結反臲五骨反

○ 以陰柔處困極故有困于葛藟于臲卼曰動悔之象然物窮則變故其占曰若能有悔
則可以征而吉矣

象曰困于葛藟ㄴ 未當也오 動悔有悔ㄴ 吉行也ㅣ

● 象애 굴오디 困于葛藟ㄴ 當ㅣ아니오 動悔有悔ㄴ 行홈애 吉홈이라
(傳)爲困所纏而不能變未得其道也是處之未當也知動則得悔遂有悔而去之可出於
困是其行而吉也

坎上
巽下

井은 改邑디호 不改井니이 无喪无得며 往來-井井니ᄂ 「本義」不改

井无喪无得ᄒᆞ야　喪息浪反

● 井은邑은改호ᄃᆡ井을改치못ᄒᆞᄂᆞ니喪도업스며得도업스며往ᄒᆞ리來ᄒᆞ리井을

井ᄒᆞᄂᆞ니「本義」井을改치아닌ᄂᆞᆫ다라喪도업스며得도업셔

(傳)井之爲物常而不可改也他井不可遷也无喪无得其德也常往來井井其

存之而不盈无喪无得也至者皆得其用往來井井也无喪无得故曰改邑不改井汲之而不渴

用也常也周也井之道也

汔至ᄒᆞ亦未繘井니이羸其瓶면이凶ᄒᆞ니라「本義」汔至도라亦未繘井ᄒᆞᆬ야

汔許訖反繘音
橘羸律悲反

● 거의至ᄒᆞ요미ᄯᅩ井에繘치못ᄒᆞᆷᄋᆞ로그瓶을羸ᄒᆞ면凶ᄒᆞ니라「本義」거의至ᄒᆞ야

도ᄯᅩ井에繘치못ᄒᆞ야셔

○井者穴地出水之處以巽木入乎坎水之下而上出其水故爲井改邑不改井故无喪

无得而往者來者皆井其井也汔幾也繘綆也羸敗也汲幾至未盡綆而敗其瓶則凶

也其占爲事仍舊无得喪而又當戮勉而不可幾成而敗也

象曰巽乎水而上水ᅵ井니이井은養ᅵ而不窮也ᄒᆞ니라　上時掌反

● 象에ᄀᆞᆯ오ᄃᆡ水에巽ᄒᆞ야水를上ᄒᆞᆷᄋᆡ井이니井은養ᄒᆞ야窮치아니ᄒᆞᄂᆞ니라

○以卦象釋卦名義

改邑不改井은乃以剛中也ㅣ오

●改邑不改井은이에剛中으로써오

(傳)巽入於水下而上其水者井也井之養於物不有窮已[一作无]有常也

邑可改井不可遷亦其德之常也二五之爻剛中之德其常乃如是卦之才與義合也

汔至亦未繘井은未有功也ㅣ오羸其瓶이라是以凶也ㅣ라

●汔至亦未繘井은功이잇디못홈이오羸其瓶이라일로써凶호니라

○以卦體釋卦辭无喪无得徃來井井兩句意與不改井同故不復出剛中以二五而言

未有功而敗其瓶所以凶也

象曰木上有水ㅣ井이니君子ㅣ以호야勞民勸相호나니라　　上如字又時掌反　勞力報反　相息亮反

●象애굴오디水上에水ㅣ이시미井이니君子ㅣ以호야民을勞호야相을勸호나니라

○水上有水津潤上行井之象也勞民者以君養民勸相者使民相養皆取井養之義

初六은井泥不食이라舊井에无禽이로다　泥乃計反

●初六은이井泥호야食지못호눈지라녯井에禽이업도다

○井以陽剛爲泉上出爲功初六以陰居下故爲此象蓋不泉而泥則人所不食而禽鳥
亦莫之顧也

象曰井泥不食은下也오舊井无禽은時舍也라 〔舍音捨〕
●象애글오디井泥不食은下ᄒᆞ시오舊井无禽은時의舍흠이라
○言爲時所棄

九二는井谷射鮒오甕敝漏다 〔射食亦反　鮒音附〕
●九二는井이谷이라鮒에射흠이오甕이敝ᄒᆞ야漏흠이로다
○九二剛中有泉之象然上无正應下比初六功不上行故其象如此

象曰井谷射鮒는无與也라
●象애글오디井谷射鮒는與ᄒᆞ리업슬시라
(傳)井以上出爲功二陽剛之才可濟用以在下而上无應援是以下比而射鮒若上有與
之者則當汲引而上成井之功矣

九三은井渫不食야ᄒᆞ爲我心惻야ᄒᆞ可用汲니이王明면ᄒᆞ並受其福라리 〔渫息列反〕
「本義」爲我心惻可用汲王明並受其福
●九三은井이渫호디食지못ᄒᆞ야내의心애惻흠이되야可히써汲흠이니王이

明호면 그 福을 굴와 受호리라「本義」나를 爲호야 心에 惻호니 可히 써 汲홀지라

○渫不停汚也井渫不食而使人心惻可用汲矣王明則汲井以及物而施者受者並受

其福也九三以陽居陽在下之上而未爲時用故其象占如此

象曰井渫不食은 行을 惻也오ㅣ求王明은 受福也라「本義」行이오

惻홈이오

●象애 굴오디 井渫不食은 行을 惻홈이오 王明을 求홈은 福을 受홈이라「本義」

○行惻者行道之人皆以爲惻也

六四는 井甃면 无咎ㅣ라「本義」井甃니 〔甃 側救反〕

六四는 井을 甃호면 咎ㅣ 엄스리라「本義」井을 甃홈이니

●以六居四雖得其正然陰柔不泉則但能修治而无及物之功故其象爲井甃而占則

无咎占者能自修治則雖无及物之功而亦可以无咎矣

象曰井甃无咎는 脩井也라

●象애 굴오디 井甃无咎는 井을 脩홈이라

(傳)甃者修治於井也雖不能大其濟物之功亦 〔若 一作 能〕〔修治亦字 一有〕 不廢也故 无咎僅能免

咎而己若在剛陽自不至如是則可咎矣

九五는井冽寒泉食이로 〔冽音 列〕

● 九五ᄂᆞᆫ 井이 冽ᄒᆞ야 寒ᄒᆞᆫ 泉을 食ᄒᆞᆺ다

○ 冽潔也陽剛中正功及於物故爲此象占者有其德則契其象也

象曰寒泉之食은中正也라〔ᆯ셔〕

● 象애 골오ᄃᆡ 寒ᄒᆞᆫ 泉의 食홈은 中ᄒᆞ고 正ᄒᆞᆯ시라

(傳) 寒泉而可食井道之至善者也九五中正之德爲至善之義

上六은井收勿幕고有孚ᅵ라元吉라이니〔本義〕井收勿幕니이 〔收詩救反 又如字〕

● 上六은 井을 收ᄒᆞ야 幕디아니코 孚ᅵ인ᄂᆞᆫ다라 元ᄒᆞᆫ 吉이니라〔本義〕井을 收ᄒᆞ야

○ 收汲取也鼂氏云收鹿盧收繘者也亦通幕蔽覆也有孚謂其出有源而不窮也井以
上出爲功而坎口不揜故上六雖非陽剛而其象如此然占者應之必有孚乃元吉也

象曰元吉在上이大成也라ᅵ

● 象애 골오ᄃᆡ 元吉로 上에이 홈이 크게 成홈이라

(傳) 以大善之吉在卦之上井道之大成也井以上爲成功

革은己日이라아 乃孚니흐리 元亨코 利貞야흐 悔 亡흐니라

● 革은 己日이야아이예 孚흐리니 크게 亨흐고 貞흠이 利흐야 悔ㅣ亡이라

○ 革變革也니 兌澤在上흐고 離火在下흐야 火然則水乾흐고 水決則火滅흐며 中少二女ㅣ合爲一卦而少上中下흐야 志不相得故로 其卦爲革也ㅣ라 變革之初에 人未之信故로 必己日而後信흐며 又以其內有文明之德而外有和說之氣故로 其占爲有所更革흐며 皆大亨而得其正흐야 所革이 皆當而所革之悔亡也ㅣ라 一有不正則所革이 不信不通而反有悔矣리라

象曰革은 水火ㅣ相息이며 二女ㅣ同居호ㅣ 其志不相得이 曰革이라

● 象애 굴오ㅣ 水火ㅣ셔ㅣ 息흐면 二女ㅣ居호ㅣ 그 志ㅣ셔ㅣ 得디아니홈이 굴온 革이라

○ 以卦象으로 釋卦名義호ㅣ 大略與暌相似然흐니 以相違而爲暌흐고 相息而爲革也ㅣ라 息은 滅息也ㅣ오 又爲生息之義흐니 滅息而後生息也ㅣ라

己日乃孚는 革而信之라

● 己日乃孚는 革흐야 信케 홈이라

(傳)事之變革에 人心豈能便信이리오 必終日而後孚흐나니 在上者ㅣ 於改爲之際에 當詳告申令흐야 至於己日

使人信之人心不信雖强之行不能成也先王政令人心始以爲疑者有矣然其久也必

信終不孚而成善治者未之有也

○以卦德釋卦辭

文明以說ᄒ야 大亨以正ᄒ니 革而當ᄒᆯᄉᆡ 其悔ᅵ乃亡ᄒ니라　說音悅　當去聲

●文明ᄒ고 ᄡ州 說ᄒ야 크게 亨ᄒ고 ᄡ州 正ᄒ니 革ᄒ야 當ᄒᆯᄉᆡ 그 悔ᅵ이에 亡ᄒᄂ니라

天地ᅵ革而四時ᅵ成ᄒ며 湯武ᅵ革命ᄒ야 順乎天而應乎人ᄒᄂ니 革

之時ᅵ大矣哉라

●天地ᅵ革ᄒ홈에 四時ᅵ成ᄒ며 湯武ᅵ命을 革ᄒ야 天을 順ᄒ고 人을 應ᄒᄂ니 革의 時

ᅵ크다

○極言而贊其大也

象曰澤中有火ᅵ革이니 君子ᅵ以ᄒ야 治歷明時ᄒᄂ니라

●象애글오ᄃᆡ 澤中에 火ᅵ이솜이 革이니 君子ᅵ以ᄒ야 歷을 治ᄒ야 時을 明ᄒᄂ니라

○四時之變革之大者

初九ᄂ鞏用黃牛之革이니　革九勇反

●初九는 鞏호디 黃牛의 革으로 用홀지니라

○雖當革時야 居初无應야 未可有爲故로 爲此象이니 鞏固也며 黃中色이오 牛順物이라 革之所以固니 物을 亦取卦名而義不同也라 其占이 爲當堅確固守而不可以有爲니 聖人之於變革에 其謹如此

●象애 曰 鞏用黃牛는 可히 以야 有爲티 몯홀시라

●象曰 鞏用黃牛는 不可以有爲也라

(傳)以初九時位才皆不可以有爲故로 當以中順自固也

六二는 己日이어 乃革之니 征면 吉야 无咎라호리 [本義]己日이에 乃革之 征吉야

●六二는 日이 己호게아이에 革홀지니 征호면 吉호야 咎ㅣ업스리라 [本義]日이 己

○六二柔順中正而爲文明之主有應於上於是可以革矣然必己日然後革之則征吉而无咎戒占者猶未可遽變也 ○(傳)以六居二柔順而得中正又文明之主上有剛陽之君同德相應中正則无偏蔽文明則盡事理應上則得權勢體順則无違悖時可矣位得矣才足矣處革之至善者也然臣道不當爲革之先又必待上下之信故己日乃革之也如二之才德所居之地所進之時足以革天下之弊新天下之治當進而上輔於君以行

其道則吉而无咎也不進則失可爲之時爲有咎也以二體柔而處當位體柔則其進緩

當位則其處固變革者事之大故有此戒二得中而應剛未至失於柔也聖人因其有可

戒之疑而明其義耳使賢才不失可爲之時也

●象曰己日革之는行有嘉也ㅣ라

●象애골오디己日革之는行호매嘉ㅣ이숌이라

(傳)己日而革之之征則吉而无咎者行則有嘉慶也謂可以

不行是无救弊濟世之心失時而有咎也

九三은征면이凶ᄒ니貞厲니홀디　革言이　三就면有孚

貞厲니ᄒ

●九三은征ᄒ면凶ᄒ니貞ᄒ고厲홀지니　革ᄒ얄言이셰번就

○過剛不中居離之極躁動於革者也故其占有

革言三就則亦有孚而可革也

象曰革言三就어니又何之矣리오

●象애골오디革言이三就어니또어디가리오

○言己審○(傳)稽之衆論至於三就事至當也

九四는 悔亡ᄒᆞ야 有孚ᅵ면 改命ᄒᆞ야 吉ᄒ리라

●九四는 悔亡ᄒᆞ니 孚를 두면 命을 改ᄒᆞ야 吉ᄒ리라

○以陽居陰故有悔然卦已過中水火之際乃革之時而剛柔不偏又革之用也是以悔亡然又必有孚然後革乃可獲吉明占者有其德而當其時又必有信乃悔亡而得吉也

象曰改命之吉은 信志也ᅵ라

●象애ᄀᆞᆯ오ᄃᆡ 改命의 吉은 志를 信ᄒ실시라

(傳)改命而吉以上下信其志也誠既至則上下信矣作一革之道以上下之信爲本不當

九五는 大人이 虎變ᄂᆞ니 未占애 有孚ᅵ니라

●九五는 大人이 虎變홈이니 占치아녀심에 孚ᅵ인ᄂᆞ니라 「本義」占치아녀신제

○虎大人之象變謂希革而毛毨也在大人則自新新民之極順天應人之時也九五以陽剛中正爲革之主故有此象占而得此則有此應然亦必自其未占之時人已信其如此乃足以當之耳○(傳)九五以陽剛之才中正之德居尊位大人也以大人之道革天下之事无不當也无不時也所過變化事理炳著如虎之文采故云虎變龍虎大人之象也變者事物之變曰虎何也曰大人變之乃大人之變也以大人中正之道德

之也

然昭著不待占決知其至當而天下必信也天下蒙大人之革不待占決知其至當而信

象曰大人虎變은 其文이 炳也라

●象에글오디大人虎變은그文이炳홈이라

(傳)事理明著若虎文之炳煥明盛也天下有不孚乎

●上六은君子는豹變오이小人은革面니이征면이凶코居貞면이吉
흐리라

●上六은君子는豹ㅣ變홈이오小人은面을革홈이니征ᄒ면凶ᄒ고貞에居ᄒ면吉

○革道已成君子如豹之變小人亦革面以聽從矣不可以往而居正則吉變革之事非
得己者不可以過而上六之才亦不可以有行也故占者如之

象曰君子豹變은 其文이蔚也오 小人革面은順以從君也라

●象에글오디君子豹變은그文이蔚홈이오小人革面은順ᄒ야써君을從홈이라

(傳)君子從化遷善成文彬蔚章見於外也中人以上莫不變革雖 唯一作 不移之小人則亦
不敢肆其惡革易其外以順從君上之教令是革面也至此革道成矣小人勉而假善君
子所容也更徍而治之則凶矣

離巽 上下

傳烹飪可以成物形制如是則可用此非人爲自然也在井亦然器雖在卦先而所取者乃卦之象卦復用器以爲義也

鼎은元吉亨

●鼎은元코亨ᄒ니라「本義」코게亨ᄒ니라〔吉字衍文〕

○鼎烹飪之器爲卦下陰爲足二三四陽爲腹五陰爲耳上陽爲鉉有鼎之象又以巽木入離火而致烹飪鼎之用也故其卦爲鼎下巽巽也上離爲目而五爲耳有內巽順而外聰明之象卦自巽來陰進居五而下應九二之陽故其占曰元亨吉衍文也

彖曰鼎은象也ᅵ니

●彖에글오ᄃᆡ鼎은象이니

(傳)卦之爲鼎取鼎之象也鼎之爲器法卦之象也〔一作法象〕之器也有象而後有器卦復用器而爲義也鼎大器也重寶也故其制作形模法象尤嚴鼎之名正也古人訓方方實正也以形言則耳對植於上足分峙於下周圓內外高卑厚薄莫不有法而至正至正然後成安重之象故鼎者法象之器卦之爲鼎以其象也

以木巽火ᅵ亨飪也ᅵᅵ聖人이亨ᄒ야以享上帝고以大亨ᄒ야以養

聖賢ᄒᆞ니 亨普庚反 飪入甚反

●木으로ᄡᅥ火를巽ᄒᆞᆷ이亨飪ᄒᆞᆷ이니聖人이亨ᄒᆞ야ᄡᅥ上帝ᄭᅴ亨ᄒᆞ고大亨ᄒᆞ야ᄡᅥ聖賢을養ᄒᆞ니라

○以卦體二象釋卦名義因極其大而言之亨帝貴誠用犢而已養賢則饔飧牢禮當極其盛故曰大亨

巽而耳目이聰明ᄒᆞ며 柔進而上行ᄒᆞ고 得中而應乎剛이라 是以元亨ᄒᆞ니라 上時掌反

●巽ᄒᆞ고耳目이聰明ᄒᆞ며柔ㅣ進ᄒᆞ야上行ᄒᆞ고中을得ᄒᆞ야剛을應ᄒᆞ디라일로ᄡᅥ元亨ᄒᆞ니라

○以卦象卦變卦體釋卦辭

象曰木上有火ㅣ鼎이니君子ㅣ以ᄒᆞ야正位ᄒᆞ야凝命ᄒᆞᄂ니라

●象애ᄀᆞᆯ오ᄃᆡ木上애火ㅣ이솜이鼎이니君子ㅣ以ᄒᆞ야位를正ᄒᆞ야命을凝ᄒᆞᄂ니라

○鼎重器也故有正位凝命之意凝猶至道不凝之凝傳所謂協于上下以承天休者也

初六은鼎이顚趾나 利出否ᄒᆞᄂ니 得妾ᄒᆞ면ᄡᅥ以其子无咎ㅣ라 [本義]利

出否오 得妾야ᄒ야 以其子니 无咎ᅵ라리 (出尺遂反又 如字否音鄙)

● 初六은 鼎에 趾ᅵ 顚ᄒ나 否를 出홈이 利ᄒ고 妾을 得ᄒ야 써 그 子를 홈이니 咎ᅵ 업스리라

○ 居鼎之下鼎趾之象也上應九四則顚矣然當卦初鼎未有實而舊有否惡之積焉因

라「本義」否를 出홈이 利ᄒ고 妾을 得ᄒ면 그 子로써 咎ᅵ 업게 ᄒ리

其顚而出之則爲利矣得妾而因得其子亦由是也此爻之象如此而其占无咎盖因敗

以爲功因賤以致貴也

象曰鼎顚趾나 未悖也오

● 象애 굴오디 鼎顚趾나 悖티 아니ᄒ고

(傳) 鼎覆而趾顚悖道也然非必爲悖者盖有傾出否惡之時也

利出否는 以從貴也라ᅵ

● 利出否는 써 貴를 從홈이라

鼎而顚趾悖道也而因可出否以從貴則未爲悖也從貴謂應四亦爲取新之意

九二는 鼎有實나 我仇ᅵ 有疾ᄒ니 不我能即면이라「本義」鼎有

實라이 我仇ᅵ 有疾ᄒ니 不我能即니

● 九二는 鼎애 實이 이시나 내 仇ᅵ 疾이 이시니 내게 能히 即디 몯ᄒ게 ᄒ면 吉ᄒ리

라「本義」鼎에實이잇는디라내仇ㅣ疾이이시니내게能히卽디몯홈이니

○以剛居中鼎有實之象也我仇謂初陰陽相求而非正則相陷於惡而爲仇矣二能以剛中自守則初雖近不能以就之矣是以其象如此而其占爲如是則吉也

象曰鼎有實나이慎所之也니

●象에글오디鼎有實이나갈빠를慎홀지니

(傳)鼎之有實乃人之有才業也當慎所趨向不慎所往則亦陷於非義二能不曬於上從五六之正應乃是慎所之也

我仇有疾은終无尤也ㅣ리

●我仇有疾은마춤늬尤ㅣ엽스리라

○有實而不愼所往則爲仇所卽而陷於惡矣

九三은鼎耳ㅣ革야ㅎ其行이塞야ㅎ雉膏를不食나ㅎ方雨야ㅎ虧悔ㅣ終

「本義」鼎耳ㅣ革라이其行이塞야ㅎ雉膏ㅣ不食나이方雨虧悔니　反則　衍下孟　反塞悉

●九三은鼎의耳ㅣ革ㅎ야그行이塞ㅎ야雉膏를食디몯ㅎ나보야흐로雨ㅎ야虧ㅎ悔ㅣ마춤매吉ㅎ리라「本義」鼎의耳ㅣ革혼디라그行이塞ㅎ야雉膏ㅣ食ㅎ이디몯

나 보야호로雨ㅎ야悔ㅣ虧흠이니

○以陽居鼎腹之中本有美實者也然以過剛失中越五應上又居下之極爲變革之時
故爲鼎耳方革而不可擧移雖承上卦文明之腴有雉膏之美而不得以爲人之食然以
陽居陽爲得其正苟能自守則陰陽將和而失其悔矣占者如是則初雖不利而終得吉
也

象曰鼎耳革은失其義也ㅣ라

● 象애글오ᄃᆡ鼎耳革은그義를失ᄒᆞᆯ시라

(傳)始與鼎耳革異者失其相求之義也與五非應失求合之道也不中非同志之象也是
以其行塞而不通然上明而下才終必和合故方雨而吉也

九四는鼎이折足ᄒᆞ야覆公餗ᄒᆞ니其形이渥이라凶ᄒᆞ도다 「本義」

渥一作
劇音屋
이라

形渥作　折之舌反　餗速
形劇　　鹿反形一作刑

● 九四는鼎이足을折ᄒᆞ야公의餗을覆ᄒᆞ니그形이渥ᄒᆞ지라凶ᄒᆞ도다(本義)刑이劇

○晁氏曰形渥諸本作刑剭謂重刑也今從之九四居上任重者也而下應初六之陰則
不勝其任矣故其象如此而其占凶也

象曰覆公餗하니信如何也오

● 象에글오디覆公餗하니信이엇더하요

○ 言失信也

六五는鼎黃耳金鉉이니利貞하니라 _{鉉玄反}

● 六五는鼎이黃한耳오金으로한鉉이니貞홈이利하니라

○ 五於象爲耳而有中德故云黃耳金堅剛之物鉉貫耳以舉鼎者也五虛中以應九二之堅剛故其象如此而其占則利在貞固而已或曰金鉉以上九而言更詳之

象曰鼎黃耳는中以爲實也라

● 象애글오디鼎黃耳는中으로써實사므미라

(傳)六五以得中爲善是以中爲實德也五之所以聰明應剛爲鼎之主得鼎之道皆由得中也

上九는鼎玉鉉이니大吉야无不利라

● 上九는鼎이玉으로한鉉이니크게吉야利치아니미업스니라

○ 上於象爲鉉而以陽居陰剛而能溫故有玉鉉之象而其占爲大吉无不利蓋有是德則如其占也

象曰玉鉉在上은剛柔—節也—라ᄒᆞ서

●象에글오ᄃᆡ玉鉉이上에이쇼믄剛柔—節호ᄆᆞ서라

(傳)剛而温乃有節也上居成功致用之地而剛柔中節所以大吉无不利也井鼎皆以上

出爲成功而鼎不云元吉何也曰井之功用皆在上井又有博施有常之德是以元吉鼎

以烹飪爲功居上爲成德與井異以剛柔節故得大吉也

䷲ 震上
震下

震은亨ᄒᆞ니

●震은亨ᄒᆞ니

(傳)陽生於下而上進有亨之義又震爲動爲恐懼爲有主震而奮發動而進懼而脩有主

而保大皆可以致亨故震則有亨

震來에虩虩이라야笑言이啞啞니이리 〔虩許逆反 啞烏客反〕

●震이來ᄒᆞ욤에虩虩ᄒᆞ야면笑言이啞啞ᄒᆞ리니 〔一作周旋顧慮 虩虩然也 虩虩顧慮不安之貌 蠅虎〕

(傳)當震動之來則恐懼不敢自寧旋顧周慮不敢自寧也處震如是則能保其安裕故笑言啞啞言笑和

謂之虩者以其周環顧慮不自寧也處震如是則能保其安裕故笑言啞啞言笑和

適之貌

震驚百里에 不喪匕鬯니라ᄂ 喪息浪反 卦內並同

● 震이 百里를 驚ᄒ욤에 匕鬯을 喪치아니ᄒᄂ니라
○ 震動也ㅣ라 一陽이 始生於二陰之下ᄒ야 震而動也ㅣ其象爲雷其屬爲長子震有亨道震來當震之來時也虩虩恐懼驚顧之貌震驚百里以雷言匕所擧擧鼎實匕以秬黍酒和鬱金所以灌地降神者也不喪匕鬯以長子言也此卦之占爲能恐懼則致福而不失其所主之

重

象曰震은 亨ᄒ니ᄂ

● 象에골오ᄃᆡ 震은 亨ᄒ니
○ 震有亨道不待言也

震來虩虩은 恐致福也오 笑言啞啞은 後有則也ㅣ라

● 震來虩虩은 恐ᄒ야福을 致홈이오 笑言啞啞은 後에아 則이이심이라
○ 恐致福恐懼以致福也則法也

震驚百里는 驚遠而懼邇也ㅣ니

● 震驚百里는 遠을 驚ᄒ고 邇를 懼ᄒ욤이니
○ 震驚百里는 遠者驚邇者懼言其威遠大也

出可以守宗廟社稷ᄒ야 以爲祭主也ㅣ라ㅣ리

(傳) 雷之震及於百里遠者驚邇者懼言其威遠大也

●出홈에可히以써宗廟와社稷을守하야써祭에主ㅣ되리라「本義」出하야

○程子ㅣ以爲邇也ㅣ니下脫匕鬯四字今從之出謂繼世而主祭也或云出卽匕字之誤

●象曰洊雷ㅣ震이니君子ㅣ以하야恐懼脩省하나니라 洊在薦反

●象애골오디洊혼雷ㅣ震이니君子ㅣ以하야恐懼脩省하나니라

(傳)洊重襲也ㅣ라上下皆震故爲洊雷雷重仍則威益盛君子觀洊雷威震之象以恐懼自脩飾循省也君子畏天之威則脩正其身思省其過咎而改之不唯雷震凡遇驚懼之事皆當如是

初九는震來虩虩이라後에笑言啞啞니이리라吉하니

●初九는震이來홈애虩虩하야後에笑言이啞啞하리니吉하니라

○成震之主處震之初故其占如此○(傳)初九成震之主致震者也在卦之下處震之初也知震之來當震之始若能以爲恐懼而周旋顧慮虩虩然不敢寧止則終必保其故一作後笑言啞啞也

●象曰震來虩虩은恐致福也ㅣ오笑言啞啞은後有則也ㅣ라

●象애골오디震來虩虩은恐하야福을致홈이오笑言啞啞은後에則이이시미라

(傳)震來而能恐懼周顧則无患矣是能因恐懼而反致福也因恐懼而自脩省不敢違於法度是由震而後有法則故能保其安吉而笑言啞啞也

六二는 震來厲라 億喪貝야 躋于九陵이니 勿逐이라도 七日得하리라 (本義)震來애 厲야 億喪貝고 躋于九陵이니 勿逐이라도 七日애 得하리라

●六二는 震이 來홈이 厲혼디라 貝를 喪홀주를 億하야 九陵에 躋하욤이니 逐디말며 七日애 得하리라 (本義)震이 來홈에 厲하야 貝를 喪하고 九陵에 躋하욤이니 逐디마라도

○六二乘初九之剛故當震之來而危厲也億字未詳又當喪其貝而升於九陵之上然柔順中正足以自守故不求而自獲也此爻占貝象中但九陵七日之象則未詳耳

象曰震來厲는 乘剛也ㅣ라

●象애 글오디 震來厲는 剛을 乘홀시라 (傳)當震而乘剛是以彼厲而己危震剛之來其可禦乎

六三은 震蘇蘇니 震行면 无眚리라

●六三은 震하야 蘇蘇홈이니 震하야 行하면 眚이업스리라

○蘇蘇緩散自失之狀以陰居陽當震時而居不正是以如此占者若因懼而能行以去其不正則可以无眚矣

象曰震蘇蘇는 位不當也ㅣ라

●象에 글오딕 震蘇蘇는 位當치아니홀시라
(傳)其恐懼自失蘇蘇然由其所處不當故也不中不正其能安乎

九四는 震이 遂泥라　泥乃 計反
●九四는 震이드딕여泥홈이라
○以剛處柔不中不正陷於二陰之間不能自震也遂者无反之意泥滯溺也

象曰震遂泥는 未光也ㅣ라
●象에 글오딕 震遂泥는 光치못호리로다
(傳)陽者剛物震者動義以剛處動本有光享之道乃失其剛正而陷於重陰以致遂泥豈
能光也云未光見陽剛本能震也以失德故泥耳

六五는 震이 往來ㅣ 厲ㅎ나億ㅎ야无喪有事ㅣ라니 「本義」震에 往來ㅣ 厲ㅎ나
億无喪ㅎ고有事ㅣ로
●六五는 震이 往來ㅎ며 來홈이厲ㅎ니億ㅎ야인눈事를喪홈이업게홀지니라「本義」
震에 往來ㅣ 厲ㅎ나 喪홈이업고事ㅣ잇도다
○以六居五而處震時无時而不危也以其得中故无所喪而能有事也占者不失其中
則雖危无喪矣

象曰震往來厲ᄂᆞᆫ 危行也오 其事ㅣ在中ᄒᆞᄂᆞᆫ 大无喪也ㅣ라ᄂᆡ

(傳)往來皆厲行則有危也오 動皆有危唯在无喪其事而已 其事謂中也ㅣ니 能不失其中則可自守也ㅣ니 大无喪以无喪爲大也ㅣ라

●象애ᄀᆞᆯ오ᄃᆡ 震往來厲ᄂᆞᆫ 行호미危ᄒᆞ고 그事ㅣ中에이시니 크게喪이업ᄉᆞ니라

上六은 震索索야ᄒᆞᆫ 視ㅣ矍矍이니 征ᄒᆞ면凶ᄒᆞ니 震不于其躬오 于其隣이면 无咎ㅣ리니 婚媾ᄂᆞᆫ 有言이리라 「本義」无咎ㅣ니와
　索桑落反　矍俱縛反

○以陰柔處震極故爲索索矍矍之象以是而行其凶必矣然能及其震未及其身之時恐懼脩省則可以无咎而亦不能免於婚媾之有言戒占者當如是也

●上六은 震이索索ᄒᆞ야 視ㅣ矍矍ᄒᆞ니 征ᄒᆞ면凶ᄒᆞ니 震을그躬에아제ᄒᆞ면咎ㅣ업스리니 婚媾ᄂᆞᆫ 言을두리라 「本義」咎ㅣ업스려니와

象曰震索索ᄋᆞᆫ 中未得也오 雖凶无咎ᄂᆞᆫ 畏鄰戒也ㅣ라

○中謂中心

●象애ᄀᆞᆯ오ᄃᆡ 震索索ᄋᆞᆫ 中을得디몯ᄒᆞᆯ시오 비록凶이나 咎ㅣ업ᄉᆞᆷ은 隣에戒ᄅᆞᆯ畏ᄒᆞᆯ시라 「本義」中이

☶☶

艮下　艮上

艮其背ᄒ면 不獲其身ᄒ며 行其庭ᄒ야도 不見其人ᄒ야 无咎ᄒ리라

● 그 背에 艮ᄒ면 그 身을 獲지못ᄒ며 그 庭에 行ᄒ야도 그 人을 보지못ᄒ야 咎ㅣ업스리라

○ 艮止也ㅣ니 一陽이 止於二陰之上ᄒ니 陽自下升極上而止也ㅣ니 其象이 爲山取坤地而隆其上之狀이라 亦止於極而不進之意也ㅣ니 其占則必能止于背而不有其身ᄒ며 行其庭而不見其人이라야 乃无咎也ㅣ라 蓋身은 動物也ㅣ니 唯背爲止ㅣ라 艮其背則止於所當止也ㅣ라 止於所當止則不隨身而動矣니 是不有其身也ㅣ라 如是則雖行於庭除有人之地而亦不見其人矣리니 蓋艮其背而不獲其身者는 止而止也ㅣ오 行其庭而不見其人者는 行而止也ㅣ니 動靜이 各止其所而皆主夫靜焉이라 所以得无咎也ㅣ라

象曰 艮은 止也ㅣ니 時止則止ᄒ고 時行則行ᄒ야 動靜不失其時ㅣ 其道ㅣ光明이니

● 象에 ᄀᆞᆯ오ᄃᆡ 艮은 止홈이니 時ㅣ止ᄒ거든 止ᄒ고 時ㅣ行ᄒ거든 行ᄒ야 動ᄒ며 靜홈에 그 時를 失치아니ᄒ욤이 그 道ㅣ光明ᄒ니

○ 此釋卦名艮之義則止也ㅣ라 然이나 行止各有其時故로 時止而止ᄒ고 時行而行亦止也ㅣ니 艮體篤實故로 又有光明之義ᄒ니 大畜於艮에 亦以輝光言之ᄒ니라

艮其止ᄂᆞᆫ 止其所也ㅣᆯ셔

●그 止에 艮ᄒᆞ욤은 그 所애 止ᄒᆞᆯ시라

(傳)艮其止謂止之而止也止之而能止者由止得其所也止而不得其所則无可止之理
夫子曰於止知其所止謂當止之所也夫有物必有則父止於慈子止於孝君止於仁臣
止於敬萬物庶事莫不各有其所得其所則安失其所則悖聖人所以能使天下順治非
能爲物作則也唯止之各於其所而己

●上下-敵應ᄒᆞ야 不相與也-ㅣㅅ다

上괘下-ㅣ敵으로應ᄒᆞ야서로與치아닐시

(傳)以卦才言也上下二體以敵相應无相與之義陰陽相應則情通而相與乃以其敵故
不相與也不相與則相背爲（一有與）（一作） 艮其背止之義（一有也）同字也

是以不獲其身行其庭不見其人无咎也-ㅣ라

일로써 不獲其身行其庭不見其人无咎ᄒᆞ니라

○此釋卦辭易背爲止以明背卽止之所也以卦體言內外之卦陰陽敵應而
不相與也不相與則內不見己外不見人而无咎矣晁氏云艮其止當依卦辭作背

●象曰兼山이 艮이니 君子-ㅣ 以ᄒᆞ야 思不出其位ᄒᆞᄂᆞ니라

●象에 글오ᄃᆡ 兼ᄒᆞᆫ 山이 艮이니 君子-ㅣ 以ᄒᆞ야 思를 그 位에 出지아니ᄒᆞᄂᆞ니라

(傳)上下皆山故爲兼重此而彼爲兼謂重復[一作]也重艮之象也君子觀艮止之象而
思安所止不出其位也位者所處之分也萬事各有其所得其所則止而安若當行而止
當速而久或過或不及皆出其位也況踰分非據乎

初六는 艮其趾라 无咎니 利永貞하니라

初六은그趾예艮홈이라咎ㅣ업스니永호고貞홈이利호니라

○以陰柔居艮初爲艮趾之象占者如之則无咎而又以其陰柔故又戒其利永貞也

象曰艮其趾는 未失正也ㅣ라

●象애굴오디艮其趾는正을失티아님이라

(傳)當止而行非正也止之於初故未至失正事止於始則易而未至於失也

六二는 艮其腓니 不拯其隨라 其心不快로다

●六二는그腓예艮홈이니拯티몯호고그隨호는지라그心이快티아니호도다「本
義」그隨를拯티몯홈이니라

○六二居中得正既止其腓矣三爲限則腓所隨也而過剛不中以止乎上二雖中正而

象曰不拯其隨는 未退聽也ㅣ라

●象애굴오디不拯其隨는未退聽也라서

體柔弱不能往而拯之是以其心不快也此爻占在象中下爻放此

●象애글오딕 不拯其隨는 退ㅎ야 聽티아니ㅎ시라

○三止乎上亦不肯退而聽乎二也

●九三은 艮其限이라 列其夤이 厲ㅣ薰心다이로 〔夤 引眞反〕

●九三은 그 限애 艮ㅎ디라 그 夤을 列홈이니 厲ㅣ心애 薰ㅎ옷다

○限身上下之際即腰胯也夤膂也止于胖則不進而己九三以過剛不中當限之處而艮其限則不得屈伸而上下判隔如列其夤矣危厲薰心不安之甚也

●象曰 艮其限이라 危ㅣ薰心也라

●象애글오딕 艮其限이라 危ㅣ心에 薰홈이라

(傳)謂其固止不能進退危懼之慮常薰爍其中心也

●六四는 艮其身이니 无咎라ㅣ니

●六四는 그 身에 艮홈이니 咎ㅣ업스니라

○以陰居陰時止而止故爲艮其身之象而占得无咎也

●象曰 艮其身은 止諸躬也라ㅣ

●象애글오딕 艮其身은 躬에 止홈이라

(傳)不能爲天下之止能止於其身而己豈足稱大臣之位也

六五는 艮其輔라 言有序니 悔亡라호리

● 六五는 그 輔애 艮홈이라 言이 序ㅣ이심이니 悔ㅣ亡ㅎ리라

○ 六五當輔之處故其象如此而其占悔亡也悔謂以陰居陽

象曰艮其輔는 以中으로 正也ㅣ라

● 象애 글오디 艮其輔는 中으로써 正홈이라

○ 正字羨文叶韻可見

上九는 敦艮이니 吉ㅎ니

● 上九는 艮애 敦ㅎ욤이니 吉ㅎ니라

○ 以陽剛居止之極敦厚於止者也

象曰敦艮之吉은 以厚終也ㅣ라

● 象애 글오디 敦艮의 吉홈은 終에 厚ㅎ실라

(傳)天下之事唯終守之爲難能敦於止有終者也上之吉以其能厚於終也

艮下
巽上

䷴

漸은 女歸ㅣ 吉니 利貞이니

●漸은 女의 歸ㅣㅎ욤이吉ㅎ니 利ㅎ욤이貞이니라「本義」貞홈이利ㅎ니라

○漸은漸進也ㅣ爲掛止於下而巽於上爲不遽進之義有女歸之象焉又自二至五位皆得正故其占爲女歸吉而又戒以利貞也

象曰漸之進也ㅣ女歸의吉也ㅣ라

●象애글오디漸의進ㅎ욤이女ㅣ歸ㅎ욤이吉홈이라

○之字疑衍或是漸字

進得位니往有功也오

●進ㅎ야位를得ㅎ니往ㅎ야功이이홈이오

(傳)漸進之時而陰陽各得正位進而有功也四復由上進而得正位三離下而爲上遂得正位亦爲進得位之義

進以正니可以正邦也ㅣ니

●進ㅎ욤에正ㅎ니可히써邦을正홀지니

○以卦變釋利貞之意盖此卦之變自渙而來九進居三自旅而來九進居五皆爲得位之正

其位는剛得中也ㅣ라

● 그位ᄂᆞᆫ 剛이 中을 得홈이라

○ 以卦體言謂九五也

止而巽호ᄃᆡ 動不窮也ㅣ라

● 止ᄒᆞ고 巽ᄒᆞ야 動홈이 窮치 아니ᄒᆞᄂᆞ니라

○ 以卦德言漸進之義

象曰 山上有木이 漸이니 君子ㅣ 以ᄒᆞ야 居賢德ᄒᆞ야 善俗ᄒᆞᄂᆞ니라 「本義」居賢德ᄒᆞ며 善俗ᄒᆞᄂᆞ니라

● 象애 ᄀᆞᆯ오ᄃᆡ 山上에 木이 이숌이 漸이니 君子ㅣ 以ᄒᆞ야 賢德에 居ᄒᆞ며 俗을 善ᄒᆞᄂᆞ니라 「本義」賢德에 居ᄒᆞ며 俗을 善ᄒᆞᄂᆞ니라

○ 二者皆當以漸而進疑賢字衍或善下有脫字

初六ᄋᆞᆫ 鴻漸于干이니 小子ㅣ 厲ᄒᆞ야 有言이나 无咎ㅣ라ᄂᆞ니

● 初六은 鴻이 干에 漸홈이니 小子ㅣ 厲ᄒᆞ야 言을 두ᄂᆞ 咎ㅣ 업스니라

○ 鴻之行有序而進有漸干水涯也始進於下未得所安而上復无應故其象如此而其占則爲小子屬雖有言而於義則无咎也

象曰 小子之厲나 義无咎也ㅣ라ᄂᆞ니

●象애굴오디小子의屬홈이나義에咎ㅣ업스니라

(傳)雖小子以爲危厲나在義理實无咎也

六二는鴻漸于磐이라飮食이衎衎호니吉호니라

●六二는鴻이磐애漸홈이라飮食홈이衎衎호니吉호니라

○磐大石也鴻漸遠於水進於干而益安矣衎衎和樂意六二柔順中正進以其漸而上有

九五之應故其象如此而占則吉也

象曰飮食衎衎은不素飽也ㅣ라

●象애굴오디飮食衎衎은累히飽치아니홈이라

○素飽如詩言素飡得之以道則不爲徒飽而處之安矣

九三은鴻漸于陸이니夫ㅣ征면不復고婦孕도이라不育야凶호니 利禦寇호니라 [本義]婦孕면이

●九三은鴻이陸에漸홈이니夫ㅣ征호면復지못호고婦ㅣ孕호야도育지못호야凶호니 利禦寇호니라 [本義]婦ㅣ孕호면

○鴻水鳥陸非所安也九三過剛不中而无應故其象如此而其占夫征則不復婦孕則

不育凶莫甚焉然以其過剛也故利禦寇

象曰夫征不復은 離羣ᄒᆞ야 醜也오ー婦孕不育은 失其道也ー오 利用

禦寇ᄂᆞᆫ 順相保也ー라

●象에굴오ᄃᆡ 夫征不復은 羣에 離ᄒᆞ야 醜홈이오 婦孕不育은 그道를 失홈이오 利用

(傳)夫征不復則失漸之正從欲而失正離叛其羣類爲可醜也卦之諸爻皆无不善若獨

失正是離其羣類婦孕不由其道所以不育也所利在禦寇謂以順道相保君子之與小

人比也自守以正豈唯君子自完其已而已乎亦使小人後不陷於非義是以順道相保

禦寇止其惡故曰禦寇

六四ᄂᆞᆫ 鴻漸于木이니 或得其桶면이 无咎ー리라

●六四ᄂᆞᆫ 鴻이木에 漸홈이니 或그桶을 得ᄒᆞ면 咎ー업스리라

○鴻不木棲桶平柯也或得平柯則可以安矣六四乘剛而順巽故其象如此占者如之

則无咎也

象曰或得其桶은 順以巽也ー랄시

●象에굴오ᄃᆡ 或得其桶은 順ᄒᆞ고 써巽홈ᄉᆞ라

(傳)桶者平安之處求安之道唯順與巽若其義順正其處卑巽何處而不安如四之順正

而巽乃得桷也

九五는鴻漸于陵이니婦ㅣ三歲를不孕나終莫之勝이라吉하리라

●九五는鴻이陵애漸홈이니婦ㅣ三歲를孕치못하나마춤내勝치못홀지라吉하리라

○陵高阜也九五居尊六二正應在下而爲三四所隔然終不能奪其正也故其象如此而占者如是則吉也

象曰終莫之勝吉은得所願也라

(傳)君臣以中正相交其道當行雖有間其間者終豈能勝哉徐必得其所願乃漸之吉也

●象에글오디終莫之勝吉은願홈을得홈이라

上九는鴻漸于陸이니其羽ㅣ可用爲儀니吉하니라　陸當作逵

●上九는鴻이陸에漸홈이니그羽ㅣ可히써儀를삼음이니吉하니라

○胡氏程氏皆云陸當作逵謂雲路也今以韻讀之良是儀羽旄旌纛之飾也上九至高出乎人位之外而其羽毛可用以爲儀飾位雖極高而不爲无用之象故其占爲如是則吉也

象曰其羽可用爲儀吉은不可亂也라

●象에 굴오디 其羽可用為儀吉은 可히 亂치 못흘릴시라

○漸進愈高而不為无用其志卓然豈可得而亂哉

婦妹는征호면凶호니无攸利라

●歸妹는征호면凶호니利혼배업스니라

○婦人謂嫁曰歸妹少女也兌以少女而從震之長男而其情又為以說而動皆非正也

故卦為歸妹而卦之諸爻自二至五皆不得正三五又皆以柔乘剛故其占征凶而无所利也

象曰婦妹는天地之大義也니

●象에 굴오디 歸妹는 天地에 큰 義ㅣ니

(傳)一陰一陽之謂道陰陽交感男女配合天地之常理也歸妹女歸於男也故云天地之大義也男在女上陰從陽動故為女歸之象

天地不交而萬物이不興호니歸妹는人之終始也라

●天地交지아니호면萬物이興치못호느니歸妹는人의終이며始ㅣ라

○釋卦名義也歸者女之終生育者人之始

說以動야호所歸ㅣ妹也ㅣ니
●說로써動호야歸호는배妹니
○又以卦德言之

征凶은位不當也ㅣ오
●征凶은位ㅣ當치아니흠이오
(傳)以二體釋歸妹之義男女相感說而動者少女之事故以說而動所歸者妹也所以征
則凶者以諸爻皆不當位也所處皆不正何動而不凶大率以說而動安有不失正者

无攸利는柔乘剛也ㅣㄹ서
●无攸利는柔ㅣ剛을乘흠이라
○又以卦體釋卦辭男女之交本皆正理唯若此卦則不得其正也

象曰澤上有雷ㅣ婦妹니君子ㅣ以야호永終야호知敝니라
●象에골오디澤上에雷ㅣ이숌이歸妹니君子ㅣ以호야終을永호야敝를知호ㄴ니

初九는歸妹以娣니跛能履라能履征면이吉라호리라
○雷動澤隨歸妹之象君子觀其合之不正知其終之有敝也推之事物莫不皆然

●初九는 妹를歸호욤애 娣로써호요미니 跛ㅣ能히履홈이라 征호면吉호리라

○初九居下而无正應故爲娣象然陽剛在女子爲賢正之德但爲娣之賤僅能承助其

君而己故又爲跛能履之象而其占則征吉也

●象曰歸妹以娣는 以恒也오 跛能履吉은 相承也ㅣ라ㅣ셔

●象애굴오디歸妹以娣나恒으로써홈이오跛能履吉은서르承홈이셔라

○恒謂有常久之德

九二는 眇能視니 利幽人之貞이라ㅎ니

●九二는 眇ㅣ能히보미니 幽人이貞이利ㅎ니라

○眇能視承上爻而言九二陽剛得中女之賢也上有正應而反陰柔不正乃女賢而配

不良不能大成內助之功故爲眇能視之象而其占則利幽人之貞也幽人亦抱道守正

而不偶者也

●象曰利幽人之貞은 未變常也ㅣ라

●象애굴오디利幽人之貞은常을變치아니홈이라

(傳)守其幽貞未失夫婦常正之道也世人以媟狎爲常故以貞靜爲變常不知乃常久之

道也

六三은 歸妹以須니 反歸以娣라니

● 六三은 妹를 歸홈애 써 須홈이니도로혀 歸호야 娣로써 홈이니라

○ 六三陰柔而不中正又爲說之主女之不正人莫之取者也故爲未得所適而反歸爲娣之象或曰須女之賤者

象曰歸妹以須는 未當也라ㅣ새

● 象애글오디 歸妹以須는 常치못홀시라

(傳)未當者其處其德其求歸之道皆不當故无取之者所以須也

九四는 歸妹愆期니 遲歸ㅣ有時라니

● 九四는 妹를 歸홈애 期ㅣ愆홈이니 遲호야 歸호욤이니時ㅣ인느니라 「本義」歸호디를 遲호미

○ 九四以陽居上體而无正應賢女不輕從人而愆期以待所歸之象正與六三相反

象曰愆期之志는 有待而行也ㅣ라

● 象애글오디 愆期호는志는 기드림이여 行홈이라

(傳)所以愆期者由己而不由彼賢女人所願娶所以愆期乃其志欲有所待待得佳配而後行也

六五는帝乙歸妹니 其君之袂―不如其娣之袂―良니호 月幾望이면吉라호리 [本義]帝乙歸妹애 其君之袂― 不如其娣之袂― 良오이 月幾望이니

●六五는帝乙의妹를歸홈이니 그君의袂―그娣의袂―良홈만곧디아니호니 거의望호면吉호리라[本義]帝乙의妹를歸홈애 그君의袂―그娣의袂―良홈만곧디몯호고月이거의望이니

○六五柔中居尊下應九二尙德而不貴飾故爲帝女下嫁而服不盛之象然女德之盛无以加此故又爲月幾望之象而占者如之則吉也

象曰帝乙歸妹不如其娣之袂良也는 其位在中야호 以貴行也라

●象애굴오듸帝乙歸妹不如其娣之袂良也는그位―中애이셔貴로써行홈이라

○以其有中德之貴而行故不尙飾

上六은女―承筐无實라이士―刲羊无血니이无攸利라 [本義]女―承筐无實며호士―刲羊无血니이无攸利라호니 [刲苦圭反]

●上六은女ㅣ筐을承홈애實이업슨디라士ㅣ羊을刲홈애血이업슴이니利홀배업스니라「本義」女ㅣ筐을承홈애實이업스며士ㅣ羊을刲홈애血이업슴이니利홀배업스리라

○上六以陰柔居歸妹之終而无應約婚而不終者也故其象如此而於占爲无所利也

(傳)筐无實是空筐也空筐可以祭乎言不可以奉祭祀也女不可以承祭祀則離絶而己是女歸之无終者也

象曰上六无實은承虛筐也ㅣ라

○象애굴오디上六의无實은虛혼筐을承홈이라

䷶ 離下　震上

豐은亨ᄒ니王이假之ᄒᄂ니勿憂호던宜日中이라이니「本義」王이假之야호勿憂

오ㅣ　假庚白反

●豐은亨ᄒ니王이야憂티말고王이假ᄒ야니王이아닐위나니憂를말오려홀던맛당히日이中듯홀디니라「本義」

○豐大也以明而動盛大之勢也故其占有亨道焉然王者至此盛極當衰則又有憂道焉聖人以爲徒憂无益但能守常不至於過盛則可矣故戒以勿憂宜日中也

象曰豐은 大也니 明以動故로 豐이니

●象에글오디豐은大홈이니明호고써動호는지라故로豐이니

○以卦德釋卦名義

王假之는 尙大也니

●王假之는尙이大홈이오

(傳)王者有四海之廣兆民之衆極天下之大也故豐大之道唯王者能致之所有旣大其

保之治之之道亦當大也故王者之所尙至大也

○釋卦辭

勿憂宜日中은 宜照天下也니라

●勿憂宜日中이맛당히天下에照홈이라

日中則昃며月盈則食니는 天地盈虛도 與時消息온이而況於人

乎며況於鬼神乎여

●日이中호면昃호며月이盈호면食호느니天地에盈호며虛호욤도時로더부러消

호며息호곰호물며사람이며호물며鬼神이싯녀

○此又發明卦辭外意言不可過中也

象曰雷電皆至ㅣ豐이니君子ㅣ以ᄒᆞ야折獄致刑ᄒᆞᄂᆞ니라　[獄之　舌反]

○取其威照並行之象

●象에ᄀᆞᆯ오ᄃᆡ雷電이다ᄂᆞ름이豐이니君子ㅣ以ᄒᆞ야獄을折ᄒᆞ며刑을致ᄒᆞᄂᆞ니라

初九ᄂᆞᆫ遇其配主雖旬无咎ㅣ니往ᄒᆞ면有尙ᄒᆞ리라

●初九ᄂᆞᆫ그配主를遇호ᄃᆡ비록旬ᄒᆞ나咎ㅣ업스니往ᄒᆞ면尙이이시리라

○配主謂四旬均也謂皆陽也當豐之時明動相資故初九之遇九四雖皆陽剛而其占如此也

○戒占者不可求勝其配亦爻辭外意

象曰雖旬无咎ㅣ니過旬이면災也ㅣ라

●象에ᄀᆞᆯ오ᄃᆡ雖旬无咎ㅣ니旬에過ᄒᆞ면災ᄒᆞ리라

六二ᄂᆞᆫ豐其蔀ㅣ라日中見斗ㅣ니往ᄒᆞ면得疑疾ᄒᆞ리니有孚發若ᄒᆞ면吉ᄒᆞ리라

●六二ᄂᆞᆫ그蔀ㅣ豐ᄒᆞᆫ지라日中에斗를봄이니往ᄒᆞ면疑疾을得ᄒᆞ리니孚를두어發ᄒᆞ면吉ᄒᆞ리라

○六二居豐之時爲離之主至明者也而上應六五之柔暗故爲豐蔀見斗之象蔀障蔽也大其障蔽故日中而昏也往而從之則昏暗之主必反見疑唯在積其誠意以感發之

象曰有孚發若은 信以發志也ㅣ라

●象애굴오디有孚發若은信으로志를發흠이라

(傳)有孚發若謂以己之孚信感發上之心志也苟能發則其吉可知雖柔昏一作暗有可發

之道也

九三은豐其沛라日中見沬오折其右肱이니 无咎ㅣ라니「本義」折其

右肱너이 沬作昧 亡大反

●九三은그沛ㅣ豐혼지라日中에沬를보고그右肱을折흠이니咎ㅣ아니니라

○沛一作旆謂幡幔也其蔽甚於蔀矣沬小星也三處明極而應上六雖不可用而非咎

「本義」그右肱을折흠이나咎ㅣ아니니라

也故其象占如此

象曰豐其沛라不可大事也오折其右肱이라終不可用也ㅣ라

●象애굴오디豐其沛라大事에可치아니흥고折其右肱이라므춤내可히쓰지못흥

리라

(傳)三應於上上應而无位陰柔无勢力而處旣終其可共濟大事乎旣无所賴如右肱之

折終不可用矣

九四는 豐其蔀라 日中見斗니 遇其夷主면 吉ᄒ리라

●九四는 그蔀ㅣ豐ᄒᆫ지라 日中애斗를봄이니 그夷主를遇ᄒ면吉ᄒ리라

○象與六二同夷等夷也謂初九也其占爲當豐而遇暗主下就同德則吉也

象曰豐其蔀는 位不當也ㅣᆯ새

(傳)位不當謂以不中正居高位所非一作以闇而不能致豐乎　一有字

●象에ᄀᆞᆯ오ᄃᆡ豐其蔀는位ㅣ當치못ᄒᆞᆯ세오

日中見斗는 幽不明也ㅣ오

(傳)謂幽暗不能光明君陰柔而臣不中正故也

●日中見斗는幽ᄒ야明치못ᄒᆞᆯ세오

遇其夷主는 吉行也ㅣ라

(傳)陽剛相遇吉之行也下就於初故云行下求則爲吉也

●遇其夷主는吉ᄒᆫ行이라

六五는 來章면 有慶譽ᄒ야 吉ᄒ리라

●六五는章을來케ᄒ면慶과譽ㅣ이셔吉ᄒ리라

○質雖柔暗若能來致天下之明則有慶譽而吉矣蓋因其柔暗而設此以開之占者能

如是則如其占矣

象曰六五之吉은 有慶也ㅣ라

●象애굴오딕 六五의吉흉은 慶이이심이라

(傳)其所謂吉者可以有慶福及于天下也人君雖柔暗若能用賢才則可以爲天下之福
唯患不能耳

上六은 豐其屋ㅎ고 蔀其家ㅣ라 闚其戶ㅣ흔 闃其无人이야ㅎ야 三歲도라 不覿이로 凶라ㅎ니

闚苦 鵙反

●上六은 그屋을豐ㅎ고 그家를蔀ㅎ논지라 그戶를闚ㅎ니 闃히 그人이업셔 三歲라
도 覿치못ㅎ리로소니 凶ㅎ니라

○以陰柔居豐極處動終明極而反暗者也故爲豐大其屋而反以自蔽之象无人不覿
亦言障蔽之深其凶甚矣

象曰豐其屋은 天際翔也ㅣ오 闚其戶閴其无人은 自藏也ㅣ라

●象애굴오딕 豐其屋은 天際에 翔듯홈이오 闚其戶閴其无人은 스스로藏홈이라

○藏謂障蔽

離上 艮下 旅

旅는 小亨코 旅貞야吉라호니 「本義」小亨니호 旅貞면호

●旅는져 기亨코 旅ㅣ貞야吉호니라 「本義」져 기亨호니 旅ㅣ貞호면

○旅는驪旅也ㅣ山止於下火炎於上爲去其所止而不處之象故爲旅以六五得中於外而順乎上下之二陽艮止而離麗於明故其占可以小亨而能守其旅之貞則吉旅非常居若可苟者然道无不在故自有其正不可須臾離也

彖曰旅小亨은柔ㅣ得中乎外而順乎剛고호 止而麗乎明이라 是以小亨旅貞吉也니

●象에글오듸旅小亨은柔ㅣ外애中을得야호剛의順야호고止고明에麗지라일노州小亨旅貞吉니호

旅之時義ㅣ大矣哉라

○以卦體卦德釋卦辭

●旅의時와義ㅣ크다

○旅之時爲難處

象曰山上有火ㅣ旅니君子ㅣ以야호明愼用刑며而不留獄니호

●象에글오듸山上의火ㅣ이솜이旅ㅣ니君子ㅣ以야호刑씀을明고호愼며獄을

留디아니ᄒᆞᄂᆞ니라

○愼刑如山不留如火

初六ᄋᆞᆫ 旅瑣瑣ᅵ니 斯其所取災라니

●初六은 旅ᅵ瑣瑣ᄒᆞ용이니이 그 災를 取홀배니라

○當旅之時以陰柔居下位故其象占如此

(傳)志意窮迫益自取災也災眚對言則有分獨言則謂災患耳

象曰旅瑣瑣는 志窮ᄒᆞ야 災也ᅵ라

●象에ᄀᆞᆯ오ᄃᆡ 旅瑣瑣는 志ᅵ窮ᄒᆞ야 災홈이니라

六二는 旅即次ᄒᆞ야 懷其資고 得童僕貞다이로

●六二는 旅ᅵ次에 나아가 그 資를 懷ᄒᆞ고 童僕의 貞을 得홈이로다

○即次則安懷資則裕得其童僕之貞信則无欺而有賴旅之最吉者也二有柔順中正
之德故其象占如此

象曰得童僕貞은 終无尤也ᅵ라

●象애ᄀᆞᆯ오ᄃᆡ 得童僕貞은 ᄆᆞᄎᆞ니 尤ᅵ업스리라

(傳)羇旅之人所賴者童僕也既得童僕之忠貞終无尤悔矣

九三은 旅焚其次ᄒᆞ고 喪其童僕貞이니 厲라ᄒᆞ니 「本義」喪其童僕ᄒᆞ니 貞

도이라 厲라ᄒᆞ니　喪焉浪　反象同

●九三은 旅ㅣ 그 次를 焚ᄒᆞ고 그 童僕의 貞을 喪ᄒᆞ니 厲ᄒᆞ니라 「本義」그 童僕을 喪ᄒᆞ、

니 貞이라도 厲ᄒᆞ니라

○過剛不中居下之上故其象占如此喪其童僕則不止於失其心矣故貞字連下句爲

義

象曰旅焚其次ᄒᆞ니 亦以傷矣오 以旅與下ᄒᆞ니 其義ㅣ喪也ㅣ라

●象에글오ᄃᆡ 旅焚其次ᄒᆞ니 ᄯᅩ써傷ᄒᆞ고 旅로써下를與ᄒᆞ니 그 義ㅣ喪홈이라

○以旅之時而與下之道如此義當喪也

九四는 旅于處ᄒᆞ고 得其資斧ᄒᆞ나 我心은 不快ᄒᆞ도다

●九四는 旅ㅣ處ᄒᆞ고 그 資와 斧를 得ᄒᆞ나 我心은 快치아니ᄒᆞ도다

○以陽居陰處上之下用柔能下故其象占如此然非其正位又上无剛陽之與下唯陰

象曰旅于處는 未得位也ㅣ니 得其資斧ᄒᆞ나 心未快也ㅣ라

●象에글오ᄃᆡ 旅于處는 位를得지못홈이니 그 資斧를得ᄒᆞ나 心이快치아니ᄒᆞ니라

柔之應故其心有所不快也

(傳)四以近君爲當位在旅五不取君義故四爲未得位也曰然則以九居四不正爲有咎
矣曰以剛居柔旅之宜也九以剛明之才欲得時而行其志故雖得資斧於旅爲善其心
志未快也

六五는 射雉一矢亡이라 終以譽命이리라「本義」射雉니 一矢ㅣ亡도이라

射食亦反

●六五는雉를射호디一矢에亡호지라□참에譽과命으로써호리라「本義」雉를射

○雉文明之物離之象也六五柔順文明又得中道爲離之主故得此爻者爲射雉之象

雖不无亡矢之費而所喪不多終有譽命也

象曰終以譽命은上逮也ㅣ러서

●象에골오디終以譽命은上으로逮홀서라「本義」上에逮홀서라

○上逮言其譽命聞於上也

上九는鳥焚其巢니旅人이先笑後號咷라喪牛于易니凶라호니

●上九는鳥ㅣ그巢를焚호흠이니旅人이몬져笑호고後에號咷홈이라牛를易에喪홈

이니凶호니라

○上九過剛處旅之上離之極驕而不順凶之道也故其象占如此

象曰以旅在上니ᄒᆞᆫ**其義焚也**오**喪牛于易**ᄒᆞ니**終莫之聞也**니라

●象애ᄀᆞᆯ오ᄃᆡ旅로써上에이시니그義ㅣ焚흠이오喪牛于易ᄒᆞ니ᄆᆞᄎᆞᆷ내聞치못ᄒᆞ리로다

（傳）以旅在上而以尊高自處豈能保其居其義當有焚巢之事方以極剛自高爲得志而笑不知喪其順德於躁易是終莫之聞謂終不自聞知也使自覺知則不至於極而號咷矣陽剛不中而處極固有高亢躁動之象而火復炎上則又甚焉

<pre>
三二
巽上
巽下
</pre>

巽은**小亨**ᄒᆞ니**利有攸往**ᄒᆞ며**利見大人**ᄒᆞ니라

●巽은져기亨ᄒᆞ니往홀바를두미利ᄒᆞ며大人을봄이利ᄒᆞ니라

○巽入也니一陰伏於二陽之下其性能巽以入也其象爲風亦取入義陰爲主故其占爲小亨以陰從陽故又利有所往然必知所從乃得其正故又曰利見大人也

象曰重巽으로**以申命**ᄒᆞᄂᆞ니

●象애ᄀᆞᆯ오ᄃᆡ重흔巽으로써命을申ᄒᆞᄂᆞ니

○釋卦義也巽順而入必究乎下命令之象重巽故爲申命也

剛이巽乎中正而志行ᄒᆞ며 柔ㅣ皆順乎剛이라 是以小亨ᄒᆞ니

●剛이中正에巽ᄒᆞ야志ㅣ行ᄒᆞ며柔ㅣ剛에다順ᄒᆞ지라일로써小亨ᄒᆞ니

(傳)以卦才言也陽剛居巽而得中正巽順於中正之道也陽性上其志在以中正之道上行也又上下之柔皆巽順於剛其才如是雖內柔可以小亨也

○以卦體釋卦辭剛巽乎中正而志行指九五柔謂初四

利有攸往ᄒᆞ며利見大人ᄒᆞ니라

●利有攸往ᄒᆞ며利見大人ᄒᆞ니라

象日隨風이巽이니君子ㅣ以ᄒᆞ야申命行事ᄒᆞ니라

●象애글오디隨호風이巽이니君子ㅣ巽이니君子ㅣ以ᄒᆞ야命을申ᄒᆞ야事를行ᄒᆞᄂᆞ니라

○隨相繼之義

初六은進退니利武人之貞이니

●初六은進退ᄒᆞ며退ᄒᆞ욤이니武人의貞이利ᄒᆞ니라

○初以陰居下爲巽之主卑巽之過故爲進退不果之象若以武人之貞處之則有以濟其所不及而得所宜矣

象日進退는志疑也ㅣ오利武人之貞은志治也ㅣ라

象애글오ᄃᆡ進退는志ㅣ疑홈이오利武人之貞은志ㅣ治홈이라

(傳)進退不知所安者其志疑懼也利用武人之剛貞以立其志則其志治也治謂修立也

●九二는巽在牀下ㅣ니用史巫紛若ᄒ면吉코无咎ㅣ리라

●九二는巽이牀아래이솜이니史와巫를ᄡᅳ미紛케ᄒ면吉ᄒ고咎ㅣ업스리라

○二以陽處陰而居下有不安之意然當巽之時不厭其卑而二又居中不至己甚故其占為能過於巽而丁寧煩悉其辭以自道達則可以吉而无咎亦竭誠意以祭祀之吉占也

象曰紛若之吉은得中也ㅣ라ᄒ니라

●象애글오ᄃᆡ紛若의吉홈은中을得홈이라

(傳)二以居柔在下爲過巽之象而能使通其誠意者衆多紛然由得中也陽居中爲中實之象中既誠實則 則字一无 人自當信之以誠意則非詔畏也所以吉而无咎

九三은頻巽이니吝ᄒ니라

●九三은頻ᄒᆞᆫ巽이니吝ᄒᆞ니라

○過剛不中居下之上非能巽者勉爲屢失吝之道也故其象占如此

象曰頻巽之吝은志窮也ㅣ라

●象에ᄀᆞᆯ오ᄃᆡ頻巽의吝흠은志ㅣ窮흠이라

(傳)三之才質本非能巽而上臨之以巽承重剛而履剛勢不得行其志故頻失而頻巽是
其志窮困可吝之甚也

六四ᄂᆞᆫ悔ㅣ亡ᄒᆞ니田獲三品이로다

●六四ᄂᆞᆫ悔ㅣ亡ᄒᆞ니田에三品을獲흠이로다

○陰柔无應承乘皆剛宜有悔也而以陰居陰處上之下故得悔亡而又爲卜田之吉占
也三品者一爲乾豆一爲賓客一以充庖

象曰田獲三品은有功也ㅣ라

●象에ᄀᆞᆯ오ᄃᆡ田獲三品은功이이숌이라

(傳)巽於上下如田之獲三品而遍及上下成巽之功也

九五ᄂᆞᆫ貞이면吉ᄒᆞ야悔ㅣ亡ᄒᆞ야无不利니无初有終이라先庚三日ᄒᆞ며後
庚三日이면吉ᄒᆞ리라「本義」貞이라ᄒᆞ야悔ㅣ亡ᄒᆞ니　先西薦反　後胡豆反

●九五ᄂᆞᆫ貞ᄒᆞ야면吉ᄒᆞ야悔ㅣ亡ᄒᆞ야利치아니미업스니初ㅣ업고終이이실지라庚
으로몬져三日을ᄒᆞ며庚으로後ㅅ三日을ᄒᆞ면吉ᄒᆞ리라

○九五剛健中正而居巽體故有悔以有貞而吉也故得亡其悔而无不利有悔是无初

也亡之是有終也庚更也事之變也先庚三日丁也後庚三日癸也丁所以丁寧於其變

之前癸所以揆度於其變之後有所變更而得此占者如是則吉也

象曰九五之吉은 位正中也ㅣ라ㅣ새

●象에골오디 九五의 吉홈은 位ㅣ 正히 中홀시라

(傳)九五之吉以處正中也得正中之道則吉而其悔亡也正中謂不過无不及〔无不及一作過不及〕正

得其中也處柔巽與出命令唯得中爲善失中則悔也

上九는 巽在牀下야 喪其資斧니 貞에 凶ᄒᆞ니라 「本義」貞도ㅣ라 凶ᄒᆞ니라

●上九는 巽이 牀아리이셔 그 資ᄒᆞᆯ 斧를 喪ᄒᆞ니 貞에 凶ᄒᆞ니라

○巽在牀下過於巽者也喪其資斧失所以斷也如是則雖貞亦凶矣居巽之極失其陽

剛之德故其象占如此

象曰巽在牀下는 上窮也ㅣ오 喪其資斧는 正乎아 凶也ㅣ라 「本義」

正乎凶也ㅣ라

●象에골오디 巽在牀下는 上ᄒᆞ야 窮ᄒᆞ고 喪其資斧는 正ᄒᆞ랴 凶ᄒᆞ니라 「本義」正히

凶홈이라

○正乎凶言必凶

兌上　兌下

兌는亨ᄒ니利貞ᄒ니라

●兌는亨ᄒ니貞홈이利ᄒ니라

○兌는說也ㅣ니一陰이進乎二陽之上ᄒ야喜之見乎外也니其象이爲澤取其說萬物ᄒ고又取坎水而塞其下流之象이라卦體剛中而柔外ᄒ니剛中故說而亨ᄒ고柔外故利於貞ᄒ니蓋說有亨道而其妄說不可以不戒故其占如此라又柔外故爲說亨剛中故利於貞亦一義也라

象日兌는說也ㅣ니　說音悅　下同

●象에ᄀᆯ오듸兌는說홈이니

○釋卦名義

剛中而柔外ᄒ야說以利貞이라是以順乎天而應乎人ᄒ야說以先民ᄒ면民忘其勞ᄒ고說以犯難ᐟᒧ면民忘其死ᐟᒧ니說之大ㅣ民勸矣哉라

先西薦反又如　字難乃旦反

●剛이中ᄒ고柔ㅣ外ᄒ야說ᄒ고써貞홈이利ᄒ지라일로써天을順ᄒ고人을應ᐟᒧ야說로써民에先ᄒ면民이그勞를忘ᐟᒧ고說로써難을犯ᐟᒧ면民이그死를忘ᐟᒧᄂ니

說의 大ㅣ民이 勸ㅎㄴ니라

○以卦體釋卦辭而極言之

象曰麗澤이兌君子ㅣ以야ㅎ朋友講習ㅎㄴ니라

○象에굴오디麗ㅎㄴ澤이兌君子ㅣ以ㅎ야朋友로講習ㅎㄴ니라

○雨澤相麗互相滋益朋友講習其象如此

初九는和兌니吉ㅎ니라

○初九는和ㅎ야兌홈이니吉ㅎ니라

○以陽爻居說體而處最下又无係應故其象占如此

象曰和兌之吉은行未疑也ㅣ라

○象에굴오디和兌의吉홈은行이疑치아니홀시라

○居卦之初其說也正未有所疑也

九二는孚兌니吉코悔ㅣ亡ㅎ니라

○九二는孚ㅎ야兌홈이니吉ㅎ고悔ㅣ亡ㅎ니라

○剛中爲孚居陰爲悔占者以孚而說則吉而悔亡矣

象曰孚兌之吉은信志也ㅣ라

●象애 글오되 孚兌의 吉홈은 志ㅣ信홀서라

(傳)心之所存爲志二剛實居中孚信存於中也志存誠信豈至說小人而自失乎是以吉也

六三은 來兌니 凶하니라

●六三은 來하야 兌홈이니 凶하니라

○陰柔不中正爲兌之主上无所應而反來就二陽以求說凶之道也

●象애 글오되 來兌之凶은 位不當也ㅣᆯ서라

(傳)自處不中正无與而妄求說所以凶也

九四는 商兌未寧이니 介疾면 有喜라리「本義」商兌라 未寧이나 介疾니이

●九四는 兌를 商하야 寧치못하니 介하야 疾홈이니

○四上承九五之中正而下比六三之柔邪故不能決而商度所說未能有定然質本陽

●象애 글오되 九四之喜는 有慶也ㅣ라

剛故能介然守正而疾惡柔邪也如此則有喜矣象占如此爲戒深矣

四上承九五之中正而下比六三之柔邪故不能決而商度所說未能有定然質本陽

라 寧치못하니 介하야 疾홈이니

九四는 兌를 商하야 寧하니 介하야 疾하면 喜이시리라」本義」兌를 商하는지

「本義」商兌라 未寧나이 介疾니이

○陰柔不中正爲兌之主上无所應而反來就二陽以求說凶之道也

●象애 골오디 九四의 喜홈은 慶이이심이라

(傳)所謂喜者若守正而君說之則得行其剛陽之道而福慶及物也

九五는 孚于剝이면 有厲ㅣ리라

●九五는 剝애 孚ㅎ면 厲ㅣ이시리라

○剝謂陰能剝陽者也九五陽剛中正然當說之時而居尊位密近上六上六陰柔爲說之主處說以剝陽者也故其占但戒以信于上六則有危也

象曰孚于剝은 位正當也ㅣ릴시라

●象애 골오디 孚于剝은 位ㅣ 正히 當홀시라

○與履九五同

上六은 引兌라

●上六은 引ㅎ야 兌홈이라

○上六成說之主以陰居說之極引下二陽相與爲說而不能必其從也故九五當戒而此爻不言其吉凶

象曰上六引兌ㅣ 未光也ㅣ라

●象애 골오디 上六引兌ㅣ 光치못홈이라

(傳)說旣極矣又引而長之雖說之之心不已而事理已過實无所說事之盛則有光輝旣

坎上
巽下

渙은亨ᄒ니王假有廟며利涉大川ᄒ니利貞ᄒ니라

● 渙은亨ᄒ니王이有廟에假ᄒ며大川을涉홈이利ᄒ니貞홈이利ᄒ니라

○ 渙散也ㅣ爲卦下坎上巽風行水上離披解散之象故爲渙其變則本自漸卦九來居二而得中六往居三得九之位而上同於四故其占可亨又以祖考之精神既散故王者當至於廟以聚之又以巽木坎水舟楫之象故利涉大川其曰利貞則占者之深戒也

象曰渙亨은剛이來而不窮ᄒ고柔ㅣ得位乎外而上同ᄒ니라 上如字又 時掌反

● 象에글오ᄃ渙亨은剛이來ᄒ야窮치아니ᄒ고柔ㅣ外에位를得ᄒ야上으로同ᄒ홈이라

○ 以卦變釋卦辭시라

王假有廟는王乃在中也ㅣ오

● 王假有廟는王이乃에中에在홈이오

○ 中謂廟中

利涉大川은乘木ᄒ야有功也ㅣ라

●利涉大川은木을乘ᄒ야功이이솜이라

(傳)治渙之道當濟於險難而卦有乘木濟川之象上巽木也下坎水大川也利涉險以濟渙也木在水上乘木之象乘木所以涉川也涉則有濟渙之功卦有是義有是象也

○皆所以合其散

象曰風行水上에渙이니先王이以ᄒ야享于帝ᄒ며立廟ᄒ니라

●象에글오ᄃᆡ風이水上에行홈이渙이니先王이以ᄒ야帝ᄭᅴ享ᄒ며廟를立ᄒ니라

初六은用拯馬ㅣ壯니吉니라

●初六은써拯호ᄃᆡ馬ㅣ壯ᄒ니吉ᄒ니라

○居卦之初渙之始也始渙而拯之爲力旣易又有壯馬其吉可知初六非有濟渙之才

象曰初六之吉은順也ㅣ라

●象에글오ᄃᆡ初六의吉홈은順홀ᄉᆡ라

但能順乎九二故其象占如此

九二는渙에奔其机면悔ㅣ亡ᄒ리라 「本義」渙에奔其机니

(傳)初之所以吉者以其能順從剛中之才也治渙而用拯能順乎時也

机音几

●九二는渙에 그 机에 奔ㅎ면 悔ㅣ亡ㅎ리라「本義」渙이 그 机에 奔홈이라

○九而居二宜有悔也然當渙之時來而不窮能亡其悔者也故其象占如此蓋九奔而

二机也

象曰渙奔其机는得願也ㅣ라

●象애글오디渙奔其机는願을得홈이라

(傳)渙散之時以合爲安二居險中急就於初求安也賴之如机而亡其悔乃得所願也

六三은渙에 그 躬이 无悔라니「本義」渙其躬이 无悔라

●六三은渙에 그 躬을 渙홈이니 悔업스리라「本義」그 躬을 渙홈이니 悔업스리라

○陰柔而不中正有私於己之象也然居得陽位志在時濟能散其私以得无悔故其占

无悔

象曰渙其躬은志在外也ㅣ라

●象애글오디渙其躬은志ㅣ外에이실시라

(傳)志應於上在外也與上相應故其身得免於渙而无悔悔亡者本有而得亡无悔者本

无也

六四는渙에 其羣이라 元吉니이 渙에 有丘ㅣ 匪夷所思ㅣ라니「本義」渙其

羣이라

●六四는渙에그羣홈이라元亨이니渙에丘ㅣ이솜미夷에思홀배아니니라「本
義」그群을渙홈이라元亨이니

○居陰得正上承九五當濟渙之任者也下无應與爲能散其朋黨之象占者如是則大
善而吉又言能散其小羣以成大羣使所散者聚而若丘則非常人思慮之所及也

象曰渙其羣元吉은光大也ㅣ라

●象애ᄀᆞᆯ오ᄃᆡ渙其羣元吉은光大홈이라

(傳)稱元吉者謂其功德光大也元吉光大不在五而在四者二爻之義通言也於四言其
施用於五言其成功君臣之分也

九五는渙에汗其大號ㅣ면渙에 王居ㅣ니无咎ㅣ리라「本義」汗其大號ᄒᆞ며
渙王居면

●九五는渙에그大號를汗듯ᄒᆞ면渙에王의居ㅣ니咎ㅣ업스리라「本義」大號를汗
ᄒᆞ며王의居를渙ᄒᆞ면

○陽剛中正以居尊位當渙之時能散其號令與其居積則可以濟渙而无咎矣故其象
占如此九五巽體有號令之象汗謂如汗之出而不反也渙王居如陸贄所謂散小儲而

成大儲之意

象曰王居无咎는正位也라ㅣ

●象애글오ㅣ디王居无咎는正ㅎ位ㅣ라

(傳)王居는謂正位人君之尊位也能如五之爲則居尊位爲稱而无咎也

上九ㄴ渙애其血이去ㅎ면逖에出ㅎ며无咎ㅣ리라「本義」渙其血去ㅎ며逖

出니이　去起　呂反

●上九ㄴ渙애그血이去ㅎ며逖에出ㅎ면咎ㅣ업스리라「本義」그血을渙ㅎ야去ㅎ

며逖에出홈이니

○上九以陽居渙極能出乎渙故其象占如此血謂傷害逖當作惕與小畜六四同言渙

其血則去渙其惕則出也

象曰渙其血은遠害也라ㅣ　遠袁　萬反

●象애글오ㅣ디渙其血은害를멀리홈이라

(傳)若如象文爲渙其血乃與屯其膏同也義則不然蓋血字下脫去字血去惕出謂能遠

害則无咎也

渙　節

坎　兌
上　下

節은亨ᄒᆞ니苦節은不可貞이니

● 節은亨ᄒᆞ니苦ᄒᆞᆫ節은可히貞치못ᄒᆞ거시니라

○ 節有限而止也ᆯᄉᆡ爲卦下兌上坎澤上有水其容有限故爲節節固自有亨道矣又其體陰陽各半而二五皆陽故其占得亨然至於太甚則苦矣故又戒以不可守以爲貞也

象曰節亨은剛柔ㅣ分而剛得中일ᄉᆡ오

● 象에글오ᄃᆡ節亨은剛과柔ㅣ分ᄒᆞ고剛이中을得ᄒᆞᆯᄉᆡ오

○ 以卦體釋卦辭

苦節不可貞은其道ㅣ窮也ㅣ라

● 苦節不可貞은그道ㅣ窮ᄒᆞᆯᄉᆡ라

○ 又以理言

說以行險ᄒᆞ고當位以節ᄒᆞ고中正以通이라ᄒᆞ니

● 說ᄒᆞ야ᄡᅥ險에行ᄒᆞ고位에當ᄒᆞ야ᄡᅥ節ᄒᆞ고中正ᄒᆞ야ᄡᅥ通ᄒᆞ니라

○ 又以卦德卦體言之當位中正指五又坎爲通

天地節而四時成ᄒᆞᄂᆞ니節以制度ᄒᆞ야不傷財ᄒᆞ며不害民ᄒᆞᄂᆞ니라

● 天地ㅣ節ᄒᆞᆷ에四時ㅣ成ᄒᆞᄂᆞ니制度로ᄡᅥ節ᄒᆞ야財를傷치아니ᄒᆞ며民을害치아

니ᄒᆞᄂᆞ니라
○極言節道ㅣ라

象曰澤上有水ㅣ節이니君子ㅣ以야制數度며議德行ᄒᆞᄂᆞ니라 行下孟反

●象애ᄀᆞᆯ오ᄃᆡ澤上의水ㅣ이솜이節이니君子ㅣ以ᄒᆞ야數度ᄅᆞᆯ制ᄒᆞ며德行을議ᄒᆞ
ᄂᆞ니라

(傳)澤之容水有限過則盈溢是有節故爲節也君子觀節之象以制立數度凡物之大小
輕重高下文質所以爲節也數多寡度法制議德行者存諸中爲德發於外爲
行人之德行當義則中節議謂商度求中節也

初九ᄂᆞᆫ不出戶庭이면无咎ㅣ리라 本義 不出戶庭이니无咎ㅣ라

●初九ᄂᆞᆫ戶庭에出치아니ᄒᆞ면咎ㅣ업스리라 本義 戶庭에出치아니ᄒᆞ미니咎ㅣ업
스니라

○戶庭外之庭也陽剛得正居節之初未可以行能節而止者也故其象占如此

象曰不出戶庭이나知通塞也ㅣ라

●象애ᄀᆞᆯ오ᄃᆡ不出戶庭ᄒᆞ나通과塞을知홀지니라 塞悉則反

(傳)又辭於節之初戒之謹守故云不出戶庭則无咎也象恐人之泥於言也故復明之云
雖當謹守不出戶庭又必知時之通塞也通則行塞則止義當出則出矣尾生之信 信字一无
水至不去不知通塞也故君子貞而不諒繫辭所解獨以言者在人所節唯言與行節於

言則行可知言當在先也

九二는不出門庭ㅣ라凶하니
●九二는門庭에出치아니홈이라凶하니라
○門庭內之庭也九二當可行之時而失剛不正上无應與知節而不知通故其象占如此
象曰不出門庭凶은失時ㅣ極也ㅣ라
●象애골오디不出門庭凶은時를失호욤이極홀시라
(傳)不能上從九五剛中正之道成節之功乃係於私暱之陰柔是失時之至極所以凶也失時失其所宜也
六三은不節若면則嗟若니无咎ㅣ라니「本義」不節若이라則嗟若니이
●六三은節티아니호면嗟호리니咎홀디업스니라「本義」節치못하는지라嗟홈이니
象曰不節之嗟를又誰咎也ㅣ오
●象에골오디不節의嗟홈을쏘누를咎호리오
○陰柔而不中正以當節時非能節者故其象占如此
六四는安節이니亨하니라
●此无咎與諸爻異言无所歸咎也

●六四는節에安홈이니亨ᄒᆞ니라「本義」安혼節이니

○柔順得正上承九五自然有節者也故其象占如此

象曰安節之亨은承上道也라ㅣ

●象애글오딕安節의亨홈은上의道를承홈이라

(傳)四能安節之義非一象獨擧其重者上承九五剛中正之道以爲節足以亨矣(一作是以亨也)餘善亦不出於中正也

九五는甘節이吉니徃有尙이라호리「本義」徃有尙이라호리

●九五는甘혼節이라吉ᄒᆞ니徃ᄒᆞ면尙이이시리라「本義」徃홈에尙이이시리라

○所謂當位以節中正以通者也故其象占如此

象曰甘節之吉은居位中也라ᄒᆞᆯ서

●象애글오딕甘節의吉홈은居혼位ㅣ中홀시라

(傳)既居尊位又得中道所以吉而有功節以中爲貴得中則正矣正不能盡中也

上六은苦節이니貞면凶코悔면亡라호리「本義」貞이라凶니悔ㅣ亡라호리

●上六은苦혼節이니貞ᄒᆞ면凶ᄒᆞ고悔ᄒᆞ면亡ᄒᆞ리라

○居節之極故爲苦節既處過極故雖得正而不免於凶然禮奢寧儉故雖有悔而終得

亡之也

象曰苦節貞凶은 其道ㅣ窮也ㅣ라

●象에글오디 苦節貞凶은 그道ㅣ窮홀시라

(傳) 節旣苦而貞固守之則凶蓋節之道至於窮極矣

中孚 ䷼ 兌下 巽上

中孚는 豚魚ㅣ면 吉ㅎ니 利涉大川ㅎ고 利貞ㅎ니라

●中孚는 豚과 魚ㅣ면 吉ㅎ니 大川을 涉홈이 利ㅎ고 貞홈이 利ㅎ니라

○孚信也爲卦二陰在內四陽在外而二五之陽皆得其中以一卦言之爲中實皆孚信之象也又以二體言之爲中虛皆孚信之象也又下說以應上上巽以順下亦爲孚義豚魚无知之物又木在澤上外實內虛皆舟楫之象至信可感豚魚涉險難而不可以失其貞故占者能致豚魚之應則吉而利涉大川又必利於貞也

象曰中孚는 柔在內而剛得中ㅎ니

●象에글오디 中孚는 柔ㅣ內에잇고 剛이中을得홀시니

(傳) 二柔在內中虛爲誠之象二剛得上下體之中中實爲孚之象卦所以爲中孚也

說而巽호ㅣ서孚ㅣ乃化邦也ㅣ니

●說호고巽호서孚ㅣ이에邦을化홈이니라

○以卦體卦德釋卦名義

豚魚吉은信及豚魚也ㅣ오

●豚魚吉은信이豚魚에미춤이오

(傳)信能及於豚魚信道至矣所以吉也

利涉大川은乘木고舟虛也ㅣ오

●利涉大川은木을乘호고舟ㅣ虛홈이오

○以卦象言

中孚코以利貞면이乃應乎天也ㅣ라리

●中이孚호고써利貞호면이에天을應호리라

○信而正則應乎天矣

象曰澤上有風이中孚ㅣ니君子ㅣ以야호議獄며호緩死ㅣㄴ나라

●象에글오디澤上의風이이솜이中孚ㅣ니君子ㅣ以호야獄을議호며死를緩호ㄴ
니라

○風感水受中孚之象議獄緩死中孚之意

初九ᄂᆞᆫ虞ᄒ면吉ᄒ니ᄂᆡ有他ᅵ면不燕ᄒ리라

●初九ᄂᆞᆫ虞ᄒᆞ면吉ᄒᆞ니他ᄅᆞᆯ두면燕치못ᄒᆞ리라

○當中孚之初上應六四能度其可信而信之則吉復有他焉則失其所以度之之正而

不得其所安矣戒占者之辭也

象曰初九虞吉ᄋᆞᆫ志未變也ᅵ라ᄂᆞ셔

●象에글오디初九虞吉ᄋᆞᆫ志ᅵ變치아니ᄒᆞ여실ᄉᆡ라

(傳)當信之始志〔志字一无〕未有所存而虞度所信則得其正是以吉也蓋其志未有

所從則是變動虞之不得其正在矣初言求所信之道也

九二ᄂᆞᆫ鳴鶴이在陰늘이어其子ᅵ和之ᄃᆞ로　我有好爵ᄒᆞ야吾與爾靡之

和胡臥反　靡亡池反

●九二ᄂᆞᆫ鳴ᄒᆞᄂᆞᆫ鶴이陰애잇거늘그子ᅵ和ᄒ엿다我ᅵ好ᄒ爵을두어吾ᅵ爾로더브러靡ᄒ노라

○九二中孚之實而九五亦以中孚之實應之故有鶴鳴子和我爵爾靡之象鶴在陰謂

九居二好爵謂得中靡與縻同言懿德人之所好故好爵雖我之所獨有而彼亦繫戀之也

象曰其子和之는 中心願也ㅣ라
●象애글오ㄷㅣ其子和之는 中心에 願홈이라
(傳)中心願謂誠意所願也故通而相應

六三은 得敵ㅎ야 或鼓或罷或泣或歌ㅣ로다
●六三은 敵을 得ㅎ야 或鼓ㅎ야 或罷ㅎ며 或泣ㅎ며 或歌ㅎ놋다
○敵謂上九信之窮者六三陰柔不中正以居說極而與之爲應故不能自主而其象如此

象曰或鼓或罷는 位不當也ㅣㄹ시
●象애글오ㄷㅣ或鼓或罷는 位ㅣ當치아니홀시라
(傳)居不當位故无所主唯所信是從所處得正則所信有方矣

六四는 月幾望이니 馬匹이 亡ㅎ면 无咎ㅣ리라 [本義]月幾望오 馬匹이 亡
(幾音機니이)
●六四는 月이거의 望ㅎ니 馬匹이 亡ㅎ면 咎ㅣ업스리라[本義]月이거의 望ㅎ고 馬匹이 亡이니
○六四居陰得正位近於君爲月幾望之象馬匹謂初與已爲匹四乃絕之而上以信於

五故爲馬四亡之象占者如是則无咎也

象曰馬匹亡은絕類ㅎ야上也ㅣ라 〔上時掌反〕

●象애 글오되 馬四亡은 類를 絕ㅎ야 上ㅎ이라

(傳)絕其類而上從五也類謂相應也 〔相一作應〕

九五는有孚ㅣ攣如ㅣ면无咎라 「本義」有孚ㅣ攣如ㅣ니无咎ㅣ라

●九五는 孚ㅣ이솜이 攣탓ㅎ면 咎ㅣ업스리라 「本義」孚ㅣ이솜이 攣홈이니 咎ㅣ업

○九五剛健中正中孚之實而居尊位爲孚之主者也下應九二與之同德故其象占如此

象曰有孚攣如는位正當也ㅣ라 〔러셔〕

●象에 글오되 有孚攣如는 位ㅣ正當홀시라

(傳)五居君位之尊由中正之道能使天下信之拘如攣之固乃稱其位人君之道當如是

上九는翰音이登于天이니貞야ㅎ凶다로 「本義」貞도이라凶ㅎ니라

●上九는 翰音이 天에 登홈이니 貞ㅎ야 凶토다

象曰翰音登于天이니何可長也오리

●象에글오디翰音登于天하니엇지可히長하리오

(傳)守字至於窮極而不知變豈可長久也固守而（而字一无）不通如是則凶也

○居信之極而不知變雖得其貞亦凶道也故其象占如此雖曰翰音乃巽之象居巽之極爲登于天雖非登天之物而欲登天信非所信而不知變亦猶是也

䷽艮下
震上

小過는亨하니利貞하니

●小過는亨하니貞홈이利하니

(傳)過者過其常也若矯枉而過正過所以就正也事有時而當然有待過而後能亨者故小過自有亨義利貞者過之道利於貞也不失時宜之謂正

可小事오不可大事니飛鳥遺之音에不宜上이오宜下ㅣ면大吉하리라

●小事에可하고大事에可치아니하니飛鳥ㅣ音을遺홈에上홈은宜치아니하고下홈은宜닷하면크게吉하리라

○小謂陰也爲卦四陰在外二陽在內陰多於陽小者過也既過於陽可以亨矣然必利於守貞則又不可不戒也卦之二五皆以柔而得中故可小事三四皆以剛失位而不

中故不可大事卦體內實外虛如鳥之飛其聲下
而大吉亦不可大事之類也

象曰小過는 小者ㅣ過而亨也ㅣㄴ

●象에 골오디 小過는 小者ㅣ過호야亨홈이니

○以卦體釋卦名義與其辭

過以利貞은 與時行也ㅣ라니

過호디 써 貞이 利홈은 時로더부러 行홈이라

(傳)過而利於貞謂與時行也時當過而過乃非過也時之宜也乃所謂正也

柔得中이라是以小事ㅣ吉也ㅣ오

●柔ㅣ中을得혼디라이써 小事ㅣ吉호고

○以二五言

剛失位而不中이라이是以不可大事也ㅣ라니

●剛이位를失호야中치아니혼디라이써 大事에 可치아니호니라

○以三四言

有飛鳥之象焉이라호니

●飛鳥의象이잇느니라

(傳)小過之道於小事有過則吉者而象以卦才言吉義柔得中二五居中也陰柔得位能

致小事吉耳不能濟大事也剛失位而不中是以不可大事大事非剛陽之才不能濟三

不中四失位是以不可大事小過之時自不可大事而卦才又不堪大事與時合也有飛

鳥之象焉此一句不類象體蓋解者之辭誤入象中中剛〔一作實〕外柔飛鳥之象卦有此象

故就飛鳥爲義

飛鳥遺之音不宜上宜下大吉은 上逆而下順也ㅣ라

●飛鳥遺之音不宜上宜下大吉은上홈은逆고下홈은順홀시라

○以卦體言

象曰山上有雷ㅣ 小過ㅣ니 君子ㅣ 以야 行過乎恭며 喪過乎哀며 用過乎儉느니라 〔行下孟反〕

●象에글오디山上에雷ㅣ잇슴이小過ㅣ니君子ㅣ以야行이恭에過며喪이哀에過며用이險에過느니라

○山上有雷其聲小過三者之過皆小者之過可過於小而不可過於大可以小過而不

可甚過象所謂可小事而宜下者也

初六은 飛鳥ㅣ以凶이니

●初六은 飛ㅎ는鳥ㅣ라써凶ㅎ나라

○初六陰柔上應九四又居過時上而不下者也飛鳥遺音不宜上宜下故其象占如此

郭璞洞林占得此者或致羽蟲之孼

●象曰飛鳥以凶은不可如何也ㅣ라

●象에골오디飛鳥以凶은可히엇뎨려뇨ㅎ지못홀지라

(傳)其過之疾如飛鳥之迅豈容救止也凶其宜矣不可如何无所用其力也

六二는 過其祖야 遇其妣니 不及其君이오遇其臣이면无咎리라[本

義]遇其臣이라无咎ㅣ니

●六二는그祖를過ㅎ야그姚를遇홈이니그君애及지아니코그臣에遇ㅎ면咎ㅣ업스리라[本義]그臣을遇홈이라咎ㅣ업스니라

○六二柔順中正進則過三四而遇六五是過陽而反遇陰也如此則不及六五而自得其分是不及君而適遇其臣也皆過而不過守正得中之意无咎之道也故其象占如此

●象曰不及其君은臣不可過也ㅣ라

●象에골오디不及其君은臣이可히過치못홈이라

○所以不及君而還遇臣者以臣不可過故也

九三은 弗過防之면 從或戕之라 凶ᄒᆞ리라 「本義」弗過防之라 從或戕之ㄴ니 凶라ᄒᆞ니

●九三은 너무 防치 아니ᄒᆞ면 조초 或戕ᄒᆞ자라 凶ᄒᆞ리라 「本義」너무 防치 아니ᄒᆞ지라 조초 或戕ᄒᆞ리니 凶ᄒᆞ니라

○小過之時事每當過然後得中九三以剛居正衆陰所欲害者也而自恃其剛不肯過爲之備故其象占如此若占者能過防之則可以免矣

象曰 從或戕之凶을 如何也오

●象에 ᄀᆞᆯ오ᄃᆡ 從或戕之ㅣ 凶이엇더ᄒᆞ뇨

(傳)陰過之時必害於陽小人道盛必害君子當過爲之防防之不至則爲其所戕矣故曰凶如何也言其甚也

九四는 无咎ᄒᆞ니 弗過遇之니 往이면 厲라 必戒며 勿用永貞이니

●九四는 咎ㅣ 업스니 過치 아니ᄒᆞ야 遇홈이니 往ᄒᆞ면 厲ᄒᆞ지라 반다시 戒ᄒᆞ며 써기리 貞치 말을디니라

○當過之時以剛處柔過乎恭矣无咎之道也弗過遇之言弗過於剛而適合其宜也往

則過矣故有屬而當戒陽性堅剛故又戒以勿用永貞言當隨時之宜不可固守也或曰

弗過遇之若以六二爻例則當如此說若依九三爻例則過遇當如過防之義未詳孰是

當關以俟知者

象曰弗過遇之는位不當也오往厲必戒는終不可長也라

●象에 골오디 弗過遇之는位ㅣ當치아니미오往厲必戒는ᄆ춤ᄂᆡ可히長치못ᄒᆞᆯ시

○爻義未明此亦當關

라

六五는密雲不雨는自我西郊니公이弋取彼在穴다

●六五는雲이密호디雨치못흠은우리西郊로브터흠이니公이며穴에인ᄂᆞ거슬弋ᄒ야取홈이로다

○以陰居尊又當陰過之時不能有爲而弋取六二以爲助故有此象在穴陰物也兩陰相得其不能濟大事可知

象曰密雲不雨는已上也라

●象에 골오디 密雲不雨는임의上ᄒᆞᆯ시라「本義」니 무上ᄒᆞᆯ시라

○已上太高也

上六은弗遇야過之니飛鳥ㅣ離之라凶이나是謂災眚라이

●上六은遇치아니ᄒᆞ야過ᄒᆞ니飛ᄒᆞᄂᆞᆫ鳥ㅣ離홈이라凶ᄒᆞ니이를닐온災며眚이라

○六以陰居動體之上處陰過之己高而甚遠者也故其象占如此或曰遇過恐亦只當

作過遇義同九四未知是否

象曰弗遇過之ᄂᆞᆫ己亢也ㅣ라

●象애ᄀᆞᆯ오ᄃᆡ弗遇過之ᄂᆞᆫ이ᄆᆡ亢홈이라

(傳)居過之終弗遇於理而過之過己亢極其凶宜也

≡≡ 坎上 離下

既濟ᄂᆞᆫ亨이小니利貞ᄒᆞ니初吉코終亂이라ᄒᆞ니「本義」小니亨코

●既濟ᄂᆞᆫ亨ᄒᆞᆯ거시小ㅣ니貞홈이利ᄒᆞ니初ᄂᆞᆫ吉ᄒᆞ고終은亂ᄒᆞ니라

○既濟事之既成也爲卦水火相交各得其用六爻之位各得其正故爲既濟亨小當爲

小亨大抵此卦及六爻占辭皆有警戒之意時當然也

象曰既濟亨은小者ㅣ亨也니

●象애ᄀᆞᆯ오ᄃᆡ既濟亨은小者ㅣ亨홈이니

○濟下疑脫小字

利貞은剛柔ㅣ正而位當也ㅣ라ᄅ셔

●利貞은剛과柔ㅣ正ᄒ야位에當ᄒ시라

○以卦體言

初吉은柔得中也ㅣ오

●初吉은柔ㅣ中을得홈이오

○指六二

終止則亂은其道ㅣ窮也ㅣ라

●終에止ᄒ면亂홈은그道ㅣ窮홈이라

(傳)天下之事不進則退无一定之理濟之終不進而止矣无常止也衰亂至矣蓋其道已窮極也九五之才非不善也時極道窮理當必變也聖人至此奈何曰一曰字唯聖人爲能通其變於未窮不使至於極也堯舜是也故有終而无亂

象曰水在火上이旣濟니君子ㅣ以ᄒ야思患而豫防之ᄂᆞ니라

●象에ᄀᆞᆯ오ᄃᆡ水ㅣ火上에이숌이旣濟니君子ㅣ以ᄒ야患을思ᄒ야미리防ᄒᆞᄂᆞ니라

(傳)水火旣交各得其用爲旣濟時當旣濟唯慮患害之生故思而豫防使不至於患也自

古天下旣濟而致禍亂者蓋不能思慮而豫防也

初九는曳其輪ᄒ며濡其尾면无咎ᅵ라

●初九는그輪을曳ᄒ며그尾를濡ᄒ면咎ᅵ업스리라
○輪在下尾在後初之象也曳輪則車不前濡尾則狐不濟旣濟之初謹戒如是无咎之
道占者如是則无咎矣

象曰曳其輪은義无咎也ᅵ라
●象에ᄀᆞ로ᄃᆡ曳其輪은義ᅵ咎업스니라
(傳)旣濟之初而能止其進則不至於極義自无咎也

六二는婦喪其茀ᅵ니勿逐ᄒ면七日애得ᄒ리라「本義」勿逐이라도　喪息浪反　茀方弗反
●六二는婦ᅵ그茀을喪홈이니逐지말면七日에得ᄒ리라「本義」逐지마라도
○二以文明中正之德上應九五剛陽中正之君宜得行其志而九五居旣濟之時不能
下賢以行其道故二有婦喪其茀之象茀婦車之蔽言失其所以行也然中正之道不可
終廢時過則行矣故又有勿逐而自得之戒

象曰七日得은以中道也ᅵ라
●象에ᄀᆞ로ᄃᆡ七日得은中道로써라

(傳)中正之道雖不爲時所用然无終不行之理故喪茀七日當復得謂自守其中異時必

行也不失其中則正矣

九三은高宗이伐鬼方ᄒ야三年克之니小人勿用이니라

●九三은高宗이鬼方을伐ᄒ야三年에아克ᄒ이니小人을쓰지마를지니라

○既濟之時以剛居剛高宗伐鬼方之象也三年克之言其久而後克戒占者不可輕動

之意小人勿用占法與師上六同

象曰三年克之는憊也라〔憊蒲拜反〕〔殘一作民也〕

●象에ᄀᆯ오디三年克之는憊ᄒᆞᆷ이라

(傳)言憊以見其事之至難在高宗爲之則可无高宗之心則貪忿以殃民也

六四는繻에有衣袽코終日戒니라「本義」有衣袽야ᄒ

●六四는繻에衣袽를두고日이못도록戒ᄒᆞᆷ이니라「本義」衣袽를두어

○既濟之時以柔居柔能預備而戒懼者也故其象如此程子曰繻當作濡衣袽所以塞

舟之罅漏

象曰終日戒는有所疑也라

●象에ᄀᆯ오디終日戒는疑ᄒᆞᄂ비이심이라

(傳)終曰戒懼常疑患之將至也處既濟之時當畏愼如是也

● 九五는東隣殺牛ㅣ不如西隣之禴祭ㅣ實受其福이라

● 九五는東隣의牛를殺ᄒᆞ욤이西隣의禴祭ㅣ實로그福을受ᄒᆞᆷ만ᄀᆞᆺ지못ᄒᆞ니라

○ 東陽西陰言九五居尊而時已過不如六二之在下而始得時也又當文王與紂之事

故其象占如此象辭初吉終亂亦此意也

象曰東隣殺牛ㅣ不如西隣之時也ㅣ니實受其福은 吉大來也

(傳)五之才德非不善不如二之時也二在下有進之時故中正而孚則其吉大來所謂受

福也吉大來者在既濟之時爲大來也亨小初吉是也

● 象에ᄀᆞᆯ오ᄃᆡ東隣殺牛ㅣ西隣의時ᄒᆞᆷ만ᄀᆞᆺ지못ᄒᆞ니實受其福은吉이크게옴이라

上六은 그首를濡홈이리厲ᄒᆞ니라

● 上六은濡其首ㅣ厲라

○ 既濟之極險體之上而以陰柔處之爲狐涉水而濡其首之象占者不戒危之道也

象曰濡其首厲ㅣ何可久也

● 象에ᄀᆞᆯ오ᄃᆡ濡其首厲ㅣ엇지可히久ᄒᆞ리오

(傳)旣濟之窮危至於濡首其能長久乎

坎下 離上

未濟는 亨호니 小狐ㅣ 汔濟호야 濡其尾니 无攸利라호니 [本義]汔
反訖

汔傳魚乞反本義許

●未濟는亨호니小狐ㅣ濟홈에汔호야그尾를濡홈이니利홀비업스니라 (本義)거의濟호야

○未濟事未成之時也水火不交不相爲用卦之六爻皆失其位故爲未濟汔幾也幾濟의濟호야而濡尾猶未濟也占者如此何所利哉

象曰未濟亨은柔得中也오

●象에골오디未濟亨은柔ㅣ中을得홈이오

○指六五言

小狐汔濟는未出中也오

●小狐汔濟는中에出치못홈이오

(傳)據二而言也二以剛陽居險中將濟者也又上應於五險非可安之地五有當從之理

故果於濟如小狐也旣果於濟故有濡尾之患未能出於險中也

濡其尾无攸利는 不續終也라ㅣ

●濡其尾无攸利는 續ᄒ야終치못홈이라

(傳)其進銳者其退速始雖勇於濟不能繼續而終之无所往而利也

雖不當位나 剛柔ㅣ應也ㅣ니라

●비록位에當치아니ᄒ나剛과柔ㅣ應ᄒ니라

(傳)雖陰陽不當位然剛柔皆相應當未濟而有與若能重愼則有可濟之理二以汎濟故
濡尾也卦之諸爻皆不得位故爲未濟雜卦云未濟男之窮也謂三陽皆失位也斯義也
聞之成都隱者

象曰火在水上이 未濟니君子ㅣ以ᄒ야愼辨物ᄒ야居方ᄒ니라

●象애굴오ᄃᆡ火ㅣ水上에이숌이未濟니君子ㅣ以ᄒ야物을辨ᄒ야方에居
케ᄒᄂ니라

○水火異物各居其所故君子觀象而審辨之

初六은濡其尾니吝ᄒ니라

●初六은그尾를濡홈이니吝ᄒ니라

○以陰居下當未濟之初未能自進故其象占如此

象曰濡其尾ㅣ亦不知ㅣ極也ㅣ라

●象애글오ᄃᆡ其尾ㅣ濡홈이ᄯᅩ아지못홈이極홈이라

○極字未詳考上下韻亦不叶或恐是敬字今且闕之

九二ᄂᆞᆫ曳其輪이면貞야ㅣ吉ᄒᆞ리라「本義」曳其輪니이貞이吉

九二ᄂᆞᆫ그輪을曳ᄒᆞ면貞ᄒᆞ야吉ᄒᆞ리라「本義」그輪을曳홈이니貞ᄒᆞ지라吉ᄒᆞ리

○以九二應六五而居柔得中爲能自止而不進得爲下之正也故其象占如此

象曰九二貞吉은中以行正也ㅣ라

●象애글오ᄃᆡ九二貞吉은中으로써正을行홈일ᄉᆡ라

○九居二本非正以中故得正也

六三ᄋᆞᆫ未濟에征ᄒᆞ면凶ᄒᆞ나利涉大川ᄒᆞ니라

●六三은未濟에征ᄒᆞ면凶ᄒᆞ나大川을涉홈이利ᄒᆞ니라

○陰柔不中正居未濟之時以征則凶然以柔乘剛將出乎坎有利涉之象故其占如此

蓋行者可以水浮而不可以陸走也或疑利字上當有不字

象曰未濟征凶은 位不當也ㅣ라[ㄹ서]

●象애글오디 未濟征凶은 位ㅣ當치아닐식라

(傳)三征則凶者以位不當也謂陰柔不中正无濟險之才也若能涉險 險一无字 以從應則利 矣

다 九四는貞이면吉야ㅎ悔ㅣ亡니ㅎ리 震用伐鬼方야ㅎ三年아에有賞于大國로이

●九四는貞ㅎ면吉ㅎ야悔ㅣ亡ㅎ리니震ㅎ야써鬼方을伐ㅎ야三年에아大國애賞 이잇도다

○以九居四不正而有悔也能勉而貞則悔亡矣然以不貞之資欲勉而貞非極其陽剛 用力之久不能也故爲伐鬼方三年而受賞之象

象曰貞吉悔亡은志行也ㅣ라

●象애글오디貞吉悔亡은志ㅣ行홈이라

(傳)如四之才與時合而加以貞固則能行其志吉而悔亡鬼方之伐貞之至也

六五는貞라이吉야ㅎ无悔니君子之光이有孚라ㅣ吉ㅎ니

●六五는貞ㅎ지라吉ㅎ야悔업스니君子의光이孚ㅣ인는지라吉ㅎ니라

○以六居五亦非正也然文明之主居中應剛虛心以求下之助故得貞而吉且无悔又有光輝之盛信實而不妄吉而又吉也

象曰君子之光은 其暉ㅣ吉也ㅣ라

○輝者光之散也

●象에골오디君子之光은그暉ㅣ吉ㅎ니라

上九는 有孚于飲酒면无咎ㅣ어니와濡其首ㅣ면有孚에失是라ㅎ리ㅣ[本義] 有孚于飲酒니어无咎니와濡其首면ㅣ有孚야ㅎ失是라ㅎ리라

●上九는孚를두고酒를飲ㅎ면咎ㅣ업거니와그首를濡ㅎ면有孚에是를失ㅎ리라[本義]孚를두고酒를飲홈이니咎ㅣ업거니와그首를濡ㅎ면有孚에是를失ㅎ리라

○以剛明居未濟之極時將可以有爲而自信自養以俟命无咎之道也若縱而不反如狐之涉水而濡其首則過於自信而失其義矣

象曰飲酒濡首ㅣ亦不知節也ㅣ라

●象에골오디飲酒濡首ㅣ坐節홈을아지못ㅎ홈이라

(傳)飲酒至於濡首不知節之甚也所以至如是不能安義命也能安則不失其常矣

正本 集註周易 卦終

集註周易

繫辭上

「本義」繫辭本謂文王周公所作之辭繫于卦爻之下者卽今經文此篇乃孔子所述繫辭之傳也以其通論一經之大體凡例故无經可附而自分上下云

天尊地卑호니 乾坤이 定矣오 卑高以陳호니 貴賤이 位矣오 動靜有常호니 剛柔ㅣ 斷矣오 方以類聚코 物以羣分호니 吉凶이 生矣오 在天成象코 在地成形호니 變化ㅣ 見矣라

●天이尊호고地ㅣ卑호니乾과坤이定호고卑와高ㅣ써陳호니貴와賤이位호고動과靜이常이이시니剛과柔ㅣ斷호고方이類로써聚호고物이羣으로써分호니吉과凶이生호고天애이셔象이成호고地에이셔形이成호니變과化ㅣ見호니라

○天地者陰陽形氣之實體乾坤者易中純陰純陽之卦名也卑高者天地萬物上下之位貴賤者易中卦爻上下之位也動者陽之常靜者陰之常剛柔者易中卦爻陰陽之稱也方謂事情所向言事物善惡各以類分而吉凶者易中卦爻占決之辭也象者日月星辰之屬形者山川動植之屬變化者易中蓍策卦爻陰變爲陽陽化爲陰者也此言聖人作易因陰陽之實體爲卦爻之法象莊周所謂易以道陰陽此之謂也

是故로 剛柔ㅣ相摩ㅎ며 八卦ㅣ相盪ㅎ야、

●이런故로 剛과柔ㅣ서로摩ㅎ며 八卦ㅣ서로盪ㅎ야

○此言易卦之變化也니 六十四卦之初剛柔兩畫而已兩相摩而爲四 四相摩而爲八

相盪而爲六十四

鼓之以雷霆ㅎ며 潤之以風雨ㅎ며 日月이運行ㅎ며 一寒一暑ㅎ야、

●鼓호ㄷ 雷霆으로써ㅎ며 潤호ㄷ 風雨로써ㅎ며 日과月이運行ㅎ며 ㅎ번寒ㅎ고ㅎ

번暑ㅎ야

○此變化之成象者

乾道ㅣ成男ㅎ고 坤道ㅣ成女ㅎ니

●乾의道ㅣ男이成ㅎ고 坤의道ㅣ女ㅣ成ㅎ니

○此變化之成形者니 此兩節又明易之見於實體者與上文相發明也

乾知大始오 坤作成物이라

●乾이큰始를知ㅎ고 坤이物을作成ㅎ는지라

○知猶主也乾主始物而坤作成之承上文男女而言乾坤之理蓋凡物之屬乎陰陽者

莫不如此大抵陽先陰後陽施陰受陽之輕淸未形而陰之重濁有跡也

乾以易知오 坤以簡能이니 (易 以豉反)

●乾이 易로써 知ᄒ고 坤이 簡으로써 能ᄒ니

○乾健而動卽其所知便能始物而无所難故爲以易而知大始坤順而靜凡其所能皆從乎陽而不自作故爲以簡而能成物

易則易知오 簡則易從이오 易知則有親이오 易從則有功이오 有親則可久ᅵ오 有功則可大ᅵ오 可久則賢人之德이오 可大則賢人之業이니

●易ᄒ면 수이 知ᄒ고 簡ᄒ면 수이 從ᄒ고 易知ᄒ면 親이잇고 易從ᄒ면 功이잇고 有親ᄒ면 可히 久ᄒ고 有功ᄒ면 可히 大ᄒ고 可久ᅵ면 賢人의 德이오 可大ᅵ면 賢人의 業이니

○人之所爲如乾之易則其心明白而人易知如坤之簡則其事要約而人易從易知則與之同心者多故有親易從則與之協力者衆故有功有親則一於內故可久有功則兼於外故可大德謂得於已者業謂成於事者上言乾坤之德不同此言人法乾坤之道至

易簡而天下之理ᅵ得矣니 天下之理ᅵ得而成位乎其中矣

此則可以爲賢矣

니라

●易簡ᄒᆞ욤애 天下읫理ᅵ得ᄒᆞᄂᆞ니 天下읫理ᅵ得ᄒᆞ욤애 그中에 位ᅵ成ᄒᆞᄂᆞ니라

○成位謂成人之位其中謂天地之中至此則體道之極功聖人之能事可以與天地參

矣

右第一章

「本義」此章以造化之實明作經之理又言乾坤之理分見於天地而人兼體之也

●聖人이 卦ᄅᆞᆯ 設ᄒᆞ야 象ᄋᆞᆯ 觀ᄒᆞ야 辭ᄅᆞᆯ 繫ᄒᆞ야 吉凶ᄋᆞᆯ 明ᄒᆞ며

○象者物之似也此言聖人作易觀卦爻之象而繫以辭也

聖人設卦ᄒᆞ야 觀象繫辭焉ᄒᆞ야 而明吉凶ᄒᆞ며

●剛柔ᅵ서로 推ᄒᆞ야 變化ᄅᆞᆯ 生ᄒᆞᄂᆞ니

○言卦爻陰陽迭相推盪而陰或變陽陽或化陰聖人所以觀象而繫辭衆人所以因著而求卦者也

剛柔ᅵ相推ᄒᆞ야 而生變化ᄒᆞᄂᆞ니

●是故로 吉凶者ᄂᆞᆫ 失得之象也ᅵ오 悔吝者ᄂᆞᆫ 憂虞之象也ᅵ오

●이런故로 吉凶이란거슨 失과 得의 象이오 悔와 吝이란거슨 憂와 虞의 象이오

○吉凶悔吝者易之辭也得失憂虞者事之變也得則吉失則凶憂虞雖未至凶然已足
以致悔而取羞矣蓋吉凶相對而悔吝居其中間悔自凶而趨吉吝自吉而向凶也故聖
人觀卦爻之中或有此象則繫之以此辭也

變化者는 進退之象也오 剛柔者는 晝夜之象也오 六爻之動은

三極之道也니

●變化ㅣ란거슨 進과退의象이오 剛柔ㅣ란거슨 晝와夜의象이오 六爻의動은三極
의道ㅣ니

○柔變而趨於剛者退極而進也剛化而趨於柔者進極而退也既變而剛則晝而陽矣
既化而柔則夜而陰矣六爻初二爲地三四爲人五上爲天動卽變化也極至也三極天
地人之至理三才各一太極也此明剛柔相推以生變化而變化之極復爲剛柔流行於
一卦六爻之間而占者得因所值以斷吉凶也

是故로 君子ㅣ所居而安者는 易之序也오 所樂而玩者는 爻之

辭也니 樂音洛

●이런고로君子ㅣ居ᄒᆞ야安ᄒᆞᄂᆞᆫ바ᄂᆞᆫ易의序ㅣ오樂ᄒᆞ야玩ᄒᆞᄂᆞᆫ바ᄂᆞᆫ爻의辭ㅣ니

○易之序謂卦爻所著事理當然之次第玩者觀之詳

是故로 君子ㅣ居則觀其象而玩其辭ㅎ고 動則觀其變而玩其

占니ㅎ느 是以自天祐之야ㅎ吉无不利라니

●이런故로君子ㅣ居홈엔그象을觀ㅎ야그辭를玩ㅎ고動홈엔그變을觀ㅎ야그占

을玩ㅎ느니일로써天으로브터祐ㅎ야吉ㅎ야利치아니미업느니라

○象辭變已見上凡單言變者化在其中占謂其所値吉凶之決也

右第二章

(本義)此章言聖人作易君子學易之事

象者는言乎象者也ㅣ오爻者는言乎變者也ㅣ오

●象이란거슨象을이른거시오爻란거슨變을니른거시오

○象謂卦辭文王所作者爻辭周公所作者象指全體而言變指一節而言

吉凶者는言乎其失得也ㅣ오悔吝者는 言乎其小疵也ㅣ오 无咎

●吉凶이란거슨그失得을닐옴이오悔吝이란거슨그져근疵를닐옴이오无咎란거

者는善補過也ㅣ니

●순히過를補홈이니

○此卦爻辭之通例

是故로 列貴賤者는 存乎位ᄒᆞ고 齊小大者는 存乎卦ᄒᆞ고 辯吉凶者
는 存乎辭ᄒᆞ고

● 이런 故로 貴賤을 列ᄒᆞᆫ거슨 位에 存ᄒᆞ고 小大를 齊ᄒᆞᆫ거슨 卦에 存ᄒᆞ고 吉凶을 辯ᄒᆞᆫ
거슨 辭에 存ᄒᆞ고

○位謂六爻之位齊猶定也小謂陰大謂陽

憂悔吝者는 存乎介ᄒᆞ고 震无咎者는 存乎悔ᄒᆞ니

● 悔吝을 憂ᄒᆞᄂᆞᆫ者는 介에 存ᄒᆞ고 震ᄒᆞ야 无咎ᄒᆞᆫ者는 悔에 存ᄒᆞ니

○介謂辨別之端蓋善惡已動而未形之時也於此憂之則不至於吝悔矣震動也知悔
則有以動其補過之心而可以无咎矣

是故로 卦有小大ᄒᆞ야 辭有險易니ᄒᆞ니 辭也者는 各指其所之라ᄂᆞ니 易以豉反

● 이런 故로 卦ㅣ 小ᄒᆞ며 大ᄒᆞ이셔 辭ㅣ 險ᄒᆞ며 易ᄒᆞᆷ이이시니 辭ㅣ란거슨 각각 그
之ᄒᆞᄂᆞᆫ바를 指ᄒᆞᆷ이라

○小險大易各隨所向

右第三章

（本義）此章釋卦爻辭之通例

易이 與天地準이라 故로 能히 彌綸天地之道ᄒ니,

● 易이 天地로 더브러 準ᄒᆫ지라 故로 能히 天地의 道를 彌綸ᄒᄂ니

○ 易書卦爻具有天地之道與之齊準彌如彌縫之彌有終竟聯合之意綸有選擇條理之意

仰以觀於天文ᄒ고 俯以察於地理라 是故로 知幽明之故ᄒ며 原始反終故로 知死生之說ᄒ며 精氣爲物이오 游魂爲變이라 是故로 知鬼神之情狀ᄒᄂ니라

● 仰ᄒ야써 天文을 觀ᄒ고 俯ᄒ야써 地理를 察ᄒ논다라 이런 故로 幽와 明의 故를 알며 始를 原ᄒ고 終을 反ᄒ논디라 故로 死와 生의 說을 알며 精과 氣 一物이되고 魂이 游ᄒ거시 變이되는지라 이런 故로 鬼와 神의 精狀을 아ᄂᄂ니라

○ 此窮理之事以易之書也易是者陰陽而己幽明死生鬼神皆陰陽之變天地之道也天文則有晝夜上下地理則有南北高深原者推之於前反者要之於後陰精陽氣聚而成物神之伸也魂游魄降散而爲變鬼之歸也

與天地相似라 故로 不違ᄒᄂ니 知周乎萬物而道濟天下라 故로 不過ᄒ며 旁行而不流ᄒ야 樂天知命故로 不憂ᄒ며 安土ᄒ야 敦乎仁이라

故로能愛하나니라 〔知音智 樂音洛〕

●天地로더브러서르ᄀᆞᆮᄒᆞᆫ지라故로違치아니ᄒᆞᄂᆞ니知ᅵ萬物에周ᄒᆞ고道ᅵ天下를濟ᄒᆞᄂᆞᆫ지라故로過치아니ᄒᆞ며旁으로行ᄒᆞ고流치아니ᄒᆞ야天을樂ᄒᆞ고命을아ᄂᆞᆫ지라故로憂치아니ᄒᆞ며土에安ᄒᆞ야仁을敦ᄒᆞᄂᆞᆫ지라故로能히愛ᄒᆞᄂᆞ니라

○此ᄂᆞᆫ聖人盡性之事也ᅵ니天地之道知仁而已知周萬物者天也道濟天下者地也知且仁則知而不過矣旁行者行權之知也不流者守正之仁也旣樂天理而又知天命故能无憂而其知益深隨處皆安而无一息之不仁故能不忘其濟物之心而仁益篤蓋仁者愛之理愛者仁之用故其相爲表裏如此

範圍天地之化而不過며曲成萬物而不遺ᄒᆞ며通乎晝夜之

●天地의化를範圍ᄒᆞ야過치아니ᄒᆞ며萬物을曲기成ᄒᆞ야遺치아니ᄒᆞ며晝夜의道를通ᄒᆞ야知ᄒᆞᄂᆞᆫ지라故로神이方이업고易이體ᅵ업스니라

道而知라故로神无方而易无體라ᄒᆞ니

●此聖人至命之事也ᅵ니範如鑄金之有模範圍匡郭也天地之化无窮而聖人爲之範圍不使過於中道所謂裁成者也通猶兼也晝夜卽幽明生死鬼神之謂如此然後可見至神之妙无有方所易之變化无有形體也

右第四章

（本義）此章言易道之大聖人用之如此

一陰一陽之謂ᅵ道ᅵ니

●ᄒᆞᆫ지위陰ᄒᆞ며ᄒᆞᆫ지위陽ᄒᆞᄂᆞᆫ거슬닐온道ᅵ니

○陰陽迭運者氣也其理則所謂道

繼之者ᅵ善也ᅵ오成之者ᅵ性也ᅵ라

●繼ᄒᆞᄂᆞᆫ거시善이오成ᄒᆞᆫ거시性이라

○道具於陰而行乎陽繼言其發也善謂化育之功陽之事也成言其具也性謂物之所

受言物生則有性而各具是道也陰之事也周子程子之書言之備矣

仁者ᅵ見之애謂之仁며知者ᅵ見之애謂之知오百姓은日用而

不知故로君子之道ᅵ鮮矣라니 （智音智 鮮息淺反）

●仁者ᅵ봄애仁이라니ᄅ며知者ᅵ봄애知라니ᄅ고百姓은日로用ᄒᆞ되아지못

ᄒᆞᄂᆞᆫ지라故로君子의道ᅵ鮮ᄒᆞ니라

○仁陽知陰各得是道之一隅故隨其所見而目爲全體也日用不知則莫不飲食鮮能

知味者又其每下者也然亦莫不有是道焉或曰上章以知屬乎天仁屬乎地與此不同

顯諸仁ᄒᆞ며藏諸用ᄒᆞ야鼓萬物而不與聖人同憂ᄒᆞᄂᆞᆫ 盛德大業이 至矣哉라

●仁에顯ᄒᆞ며用에藏ᄒᆞ야萬物을鼓ᄒᆞ되聖人으로더브러ᄒᆞ가지로憂지아니ᄒᆞᄂᆞᆫ니盛ᄒᆞᆫ德과큰業이지극ᄒᆞ다

○顯自內而外也仁謂造化之功德之發也藏自外而內也用謂機緘之妙業之本也程子曰天地无心而成化聖人有心而无爲

富有之謂ㅣ大業이오日新之謂ㅣ盛德이오

●富히有ᄒᆞᆷ을닐온大業이오日로新ᄒᆞᆷ을닐온盛德이오

○張子曰富有者大而无外日新者久而无窮

生生之謂ㅣ易이오

●生ᄒᆞ며生ᄒᆞᆷ을닐온易이오

○陰生陽陽生陰其變无窮理與書皆然也

成象之謂ㅣ乾이오效法之謂ㅣ坤이오

●象이成ᄒᆞᆷ을닐온乾이오法을效ᄒᆞᆷ을닐온坤이오

○效呈也法謂造化之詳密而可見者

極數知來之謂ㅣ占이오通變之謂ㅣ事ㅣ오

●數를極ᄒ야來를알오믈닐온占이오通變홈을닐온事ㅣ오

○占筮也事之未定者屬乎陽也事行事也占之已決者屬乎陰也極數知來所以通事之變張忠定公言公事有陰陽意蓋如此

陰陽不測之謂ㅣ神이라

陰에며陽에測지못홈을닐온神이라

○張子曰兩在故不測

右第五章

(本義)此章言道之體用不外乎陰陽而其所以然者則未嘗倚於陰陽也

夫易이廣矣大矣라以言乎遠則不禦고以言乎邇則靜而正以言乎天地之間則備矣라

夫音扶 下同

○易이廣ᄒ고大ᄒ디라써遠을言ᄒ면禦치못ᄒ고써邇를言ᄒ면靜ᄒ야正ᄒ고써天地의間을言ᄒ면備ᄒ니라

○不禦言无盡靜而正言卽物而理存備言无所不有

夫乾은 其靜也ㅣ 專고 其動也ㅣ 直이라 是以大ㅣ 生焉며 夫坤은 其靜也ㅣ 翕고 其動也ㅣ 闢이라 是以廣이 生焉니 [翕虛級反 闢婢亦反]

●乾은 그 靜이 專고 그 動이 直지라 일로써 大ㅣ 生며 坤은 그 靜이 翕고 그 動이 闢는지라 일로써 廣이 生니

○乾坤이 各有動靜於其四德見之니 靜體而動用靜別而動交也ㅣ니 乾一而實故以質言而曰大坤二而虛故以量言而曰廣蓋天之形雖包於地之外而其氣常行乎地之中也ㅣ라 易之所以廣大者以此

廣大는 配天地고 變通은 配四時고 陰陽之義는 配日月고 易簡之善은 配至德이라

●廣大는 天地에 配고 變通은 四時에 配고 陰陽의 義는 日月에 配고 易簡의 善은 至德에 配니라

○易之廣大變通與其所言陰陽之說易簡之德配之天道人事則如此

右第六章

子曰易이 其至矣乎뎌 夫易은 聖人이 所以崇德而廣業也ㅣ니 知

눈코 崇禮눈 卑눈호 崇은 效天호고 卑눈 法地호니라 　智 知音

●子ㅣ글으샤딕易이그지극호며易은聖人이써德을崇호며業을廣호눈배니知눈

崇호고禮눈卑호니崇은天을效호고卑눈地를法호니라

○十翼皆夫子所作不應自著子曰字疑皆後人所加也窮理則知崇如天而德崇循理

則禮卑如地而業廣此其取類又以淸濁言也

天地ㅣ設位어든而易이行乎其中矣니라成性存存이道義之門이라

●天地ㅣ位를設호얏거든易이그中에行호누니成호性에存호고存홈이道義의門

○天地設位而變化行猶知禮存性而道義出也成性本成之性也存存謂存而又存不

己之意也

右第七章

聖人이有以見天下之賾호야而擬諸其形容호며象其物宜라是

故謂之象이오

●聖人이써天下의賾을見호야그物의宜를象혼지라이런故로象

이라니르고

○賾雜亂也니 象卦之象이니 如說卦所列者ㅣ라

聖人이 有以見天下之動이야 而觀其會通하야 以行其典禮하며 繫辭焉하야 以斷其吉凶이라 是故謂之爻ㅣ니 [斷丁亂反]

●聖人이 써 天下읫 動을 見하야 그 會와 通을 觀하야써 그 典禮를 行하며 辭를 繫하야써 그 吉凶을 斷혼지라 이런 故로 爻ㅣ라 니르니

○會謂理之所聚而不可遺處ㅣ오 通謂理之可行而无所礙處ㅣ니 如庖丁解牛에 會則其族而通 則其虛也ㅣ라

言天下之至賾이호 而不可惡也ㅣ며 言天下之至動이호 而不可亂也ㅣ니 [惡烏路反]

●天下읫 지극혼 賾을 닐오디 可히 惡치 못홀거시며 天下읫 지극혼 動을 닐오디 可히 亂치 못홀거시니

○惡猶厭也ㅣ라

擬之而後에 言하고 議之而後에 動이니 擬議하야 以成其變化라하니

●擬혼後에 言하고 議혼後에 動하나니 擬하며 議하야써 그 變化를 成하나니라

○觀象玩辭觀變玩占而法行之니 此下七爻則其例也ㅣ라

鳴鶴이 在陰이어늘 其子ㅣ 和之다로 我有好爵야호 吾與爾靡之니라호 子ㅣ

曰君子ㅣ 居其室야호 出其言애 善면이 則千里之外ㅣ 應之니호 況其

邇者乎여 居其室야호 出其言애 不善면이 則千里之外ㅣ 違之니호 況其

邇者乎여 言出乎身야호 加乎民며호 行發乎邇야호 見乎遠니호 言

行은君子之樞機니 樞機之發이 榮辱之主也ㅣ라니 言行은 君子之

所以動天地也니 可不愼乎아

● 鳴호는鶴이陰에잇거늘그子ㅣ和호놋다我ㅣ好혼爵을두어吾ㅣ爾로더브러靡

호다호니子ㅣ굴으샤티君子ㅣ그室에居호야그言出홈애善지아니면千里밧긔應호

니호물며그邇호者ㅣᄯ녀그室에居호야그言出홈애善지아니면千里밧긔違호노

니호물며그邇호者ㅣᄯ녀言이身에出호야民에加호며行이邇에發호야遠에見호

느니言과行은君子의樞機니樞機의發홈이榮과辱의主ㅣ라言行은君子의써天地

를動호눈비니可히愼치아니랴

○釋中孚九二爻義

同人이 先號咷而後笑호니라 子曰君子之道ㅣ 或出或處或默

다

或語ㅣ니二人이同心ㅎ니ㅎ其利ㅣ斷金이로 同心之言이其臭ㅣ如蘭이로

●同人이몬져號咷ㅎ고後에笑ㅎ니子ㅣ굴ㅇ샤디君子의道ㅣ或出ㅎ며或處ㅎ며或默ㅎ며或語ㅎ나二人이心이同ㅎ니그利ㅣ金을斷ㅎ리로다心이同ㅎ言이그臭ㅣ蘭갓도다

○釋同人九五爻義言君子之道初若不同而後實无間斷金如蘭言物莫能間而其言有味也

初六藉用白茅ㅣ니无咎ㅣㅎ니라 子曰苟錯諸地도라而可矣눌어藉之用茅ㅎㅣ何咎之有오리오 愼之至也ㅣ라 夫茅之爲物이 薄而用은可重也ㅣ니愼斯術也야以往이면其无所失矣라리
藉在夜反
夫音扶

●初六이藉호디白茅를用홈이니咎ㅣ업다ㅎ니子ㅣ굴ㅇ샤디진실로地에錯ㅎ야도可커늘藉호디茅를쓰니므合ㅣ이시리오愼홈이지극홈이라茅의物이되옴이薄호디用은可히重ㅎ거시니이術를愼ㅎ야써往ㅎ면그失홀배업스리라

○釋大過初六爻義

勞謙이君子ㅣ有終이니吉ㅎ니라 子曰勞而不伐ㅎ며 有功而不德이厚

之至也ㅣ니 語以其功下人者也ㅣ라 德言盛이오 禮言恭이니 謙也者는 致恭야 以存其位者也ㅣ라

●勞고 謙이니 君子ㅣ終이이심이니 吉다니 子ㅣ굴샤디 勞야도 伐치아니고 功을두어도 德지아니홈이 厚의지극홈이니 그功으로써 人에下홈을닐음이라 德은盛을言고 禮는恭을言니 謙이란거슨 恭을닐외여써 그位를存눈거시라

○釋謙九三爻義 德言盛禮言恭言德欲其盛禮欲其恭也

亢龍이有悔라니 子曰貴而无位며 高而无民며 賢人이在下位而无輔라니 是以動而有悔也ㅣ라

○釋乾上九爻義當屬文言此盖重出이라

子曰亂之所生也ㅣ 則言語ㅣ以爲階니 君不密則失臣며 臣不密則失身며 幾事ㅣ不密則害成니 是以君子ㅣ愼密而不出也니라

●戶庭에出치아니면 咎ㅣ업다니 子ㅣ굴샤디 亂의生는배 言語ㅣ써階되며 幾事ㅣ密치아니니 君이密치아니면 臣을일며 臣이密치아니면 身을일며 幾事ㅣ密치아니

면害ㅣ잇ᄂᆞ니일로써君子ㅣ愼密ㅎ야出치아니ㅎᄂᆞ니라

○釋節初九爻義

子曰作易者ㅣ其知盜乎뎌易曰負且乘이致寇至라ᄒ니라 負也者

小人之事也ㅣ오乘也者ᄂ 君子之器也ㅣ니 小人而乘君子之

器ㅣ라盜ㅣ思奪之矣며上을慢코下ᄅᆞᆯ暴라盜ㅣ思伐之矣니慢藏이

誨盜ㅣ며冶容이誨淫이니易曰負且乘致寇至니라ᄒ니 盜之招也ㅣ니라

●子ㅣ골ㅇ샤ᄃᆡ易을作혼者ㅣ그盜를안뎌易에골오ᄃᆡ負홀껏시ᄯᅡ乘혼지라寇의

至홈을닐외다ㅎ니負ᄂᆞᆫ小人의事ㅣ오乘은君子의器ㅣ니小人이오君子의器를乘

혼지라盜ㅣ奪홈을思ㅎ며上을慢ㅎ고下를暴ㅎᄂᆞᆫ지라盜ㅣ伐홈을思홀지니藏을

慢히홈이盜를誨ㅎ며容을冶홈이淫을誨홈이니易曰負且乘致寇至라ㅎ니盜를招

홈이라

○釋解六三爻義

右第八章

（本義）此章言卦爻之用

天一地二天三地四天五地六天七地八天九地十이니

●天이一이오地ㅣ二이오天이三이오地ㅣ四ㅣ오天이五ㅣ오地ㅣ六이오天이七이

오地ㅣ八이오天이九ㅣ오地ㅣ十이니

○程子曰自天一至地十合在天數五地數五上簡編失其次也天一生數地六成數繼

有上五者便有下五者二五合而成陰陽之功萬物變化鬼神之用也○「本義」此簡本

在第十章之首程子曰宜在此今從之此言天地之數陽奇陰耦即所謂河圖者也其位

一六居下二七居上三八居左四九居右五十居中就此章而言之則中五爲衍母次十

爲衍子一二三四爲四象之位次六七八九爲四象之數二老位於西北二少位於東南

其數則各以其類交錯於外也

天數ㅣ五ㅣ오地數ㅣ五ㅣ니五位相得하며而各有合하니 天數ㅣ二十有

五ㅣ오地數ㅣ三十이라凡天地之數ㅣ五十有五ㅣ니此ㅣ所以成變

化而行鬼神也ㅣ라

●天의數ㅣ오五ㅣ地의數ㅣ五ㅣ니五位ㅣ서로得하며각각合홈이이시니天의數ㅣ

二十이오五ㅣ오地의數ㅣ三十이라므로天地의數ㅣ五十이오또五ㅣ니써變化를

成하며鬼神을行하는배라

○此簡本在大衍之後今按宜在此天數五者一三五七九皆奇也地數五者二四六八

十皆偶也相得謂一與二三與四五與六七與八九與十各以奇偶爲類而自相得有合

謂一與六二與七三與八四與九五與十皆兩相合二十有五者五奇之偶之積也變化謂一變生水而六化成之二化生火而七變成之三變生木而八化成之四化生金而九變成之五變生土而十化成之鬼神謂凡奇偶生成之屈伸往來者

大衍之數ㅣ五十이니其用은四十有九ㅣ라分而爲二ᄒᆞ야以象兩掛一ᄒᆞ야以象三ᄒᆞ고揲之以四ᄒᆞ야以象四時ᄒᆞ고歸奇於扐ᄒᆞ야以象閏ᄒᆞᄂᆞ니五歲에再閏이라故로再扐而後에掛ᄒᆞᄂᆞ니라（揲時設反　奇紀宣反　扐郎得反）

●大衍의數ㅣ五十이니그用은四十이오九ㅣ라分ᄒᆞ야二를만드러써兩을象ᄒᆞ고一을掛ᄒᆞ야써三을象ᄒᆞ고揲호ᄃᆡ四로써四時를象ᄒᆞ고奇를扐에歸ᄒᆞ야써閏을象ᄒᆞᄂᆞ니五歲에두번閏ᄒᆞᄂᆞᆫ지라故로두번扐ᄒᆞᆫ後에掛ᄒᆞᄂᆞ니라

○大衍之數五十蓋以河圖中宮天五乘地十而得之至用以筮則又止用四十有九蓋皆出於理勢之自然而非人之知力所能損益也兩謂天地也掛懸其一於左手小指之間也三三才也揲間而數之也奇所揲四數之餘也扐勒於左手中三指之兩間也閏積月之餘日而成月者也五歲之間再積日而再成月故五歲之中凡有再閏然後別起分如一掛之後左右各一揲而一扐故五者之中凡有再扐然後別起一掛也

乾之策의二百一十有六이오坤之策이百四十有四ㅣ라凡三百

有六十이니當期之日고호 〔期晉 基〕

●乾의策이二百一十六이오坤의策이百四十이오坐四ㅣ라ㅁ릇三百이오

坐六十이니期의日에當고

○凡此策數生於四象蓋河圖四面太陽居一而連九少陰居二而連八少陽居三而連

七太陰居四而連六揲蓍之法則通計三變之餘去其初掛之一凡四爲奇凡八爲偶奇

圓圍三隅方圍四三用其全四用其半積而數之則爲六七八九而第三變揲數策數亦

皆符會蓋餘三奇則九而其揲亦九策亦四九三十六是爲居一之太陽餘二奇一偶則

八而其揲亦八策亦四八三十二是爲居二之少陰二偶一奇則七而其揲亦七策亦四

七二十八是爲居三之少陽三偶則六而其揲亦六策亦四六二十四是爲居四之老陰

是其變化往來進退離合之妙皆出自然非人之所能爲也少陰退而未極乎虛少陽進

而未極乎盈故此獨以老陽老陰計乾坤六爻之策數餘可推而知也期周一歲也凡三

百六十五日四分日之一此特擧成數而繫言之耳

二篇之策이萬有一千五百二十이니當萬物之數也호니

●二篇의策이萬이오千五百二十이니萬物의數에當고니

○二篇謂上下經凡陽爻百九十二得六千一百九十二策陰爻百九十二得四千六百八

策合之得此數

是故로四營而成易ᄒ고 十有八變而成卦ᄒ니

●이런故로네번營ᄒ야易이成ᄒ고十이오ᄯ여닯번變ᄒ야卦ㅣ成ᄒ니

○四營謂分二掛一揲四歸奇也易變易也謂一變也三變成爻十八變則成六爻也

八卦而小成ᄒ야

●八卦ㅣ에小成ᄒ야

○謂九變而成三畫得內卦也

引而伸之ᄒ며觸類而長之ᄒ면天下之能事ㅣ畢矣리니

●引ᄒ야伸ᄒ며類를觸ᄒ야長ᄒ면天下읫能ᄒ事ㅣ畢ᄒ리니

○謂已成六爻而視其爻之變與不變以爲動靜則一卦可變而爲六十四卦以定吉凶凡四千九十六卦也

顯道神德行이라是故로可與酬酢ᄒ며可與祐神矣니

●道를顯ᄒ고德行을神케ᄒ논지라이런故로可히더브러酬酢ᄒ거시며可히더브러神을祐ᄒ거시니

○道因辭顯行以數神酬酢謂應對祐神謂助神化之功

子ㅣ曰知變化之道者ㅣ其知神之所爲乎뎌

●子ㅣ골ㅇ샤ㄷ뎌變ㅎ며化ㅎㄴ道ㄹ아ㄴ者ㅣㄱ神의爲ㅎㄴ바ㄹ아ㄴㄷ뎌

○程子曰知變化之道則知神之所爲也合與上文相連不合在下○「本義」變化之道

即上文數法是也皆非人之所能爲故夫子歎之而門人加子曰以別上文也

右第九章

（本義）此章言天地大衍之數揲蓍求卦之法然亦畧矣意其詳具於大卜筮

官而今不可考耳其可推者啓蒙備言之

易有聖人之道ㅣ四焉ㅎ니 以言者ㄴ 尙其辭ㅎ고 以動者ㄴ 尙其變

以制器者ㄴ 尙其象ㅎ고 以卜筮者ㄴ 尙其占ㅎㄴ니

●易이聖人의道ㅣ四ㅣ이시니 써言ㅎㄴ者ㄴ그辭ㄹ尙ㅎ고 써動ㅎㄴ者ㄴ그變을

尙ㅎ고 써器ㄹ制ㅎㄴ者ㄴ그象을尙ㅎ고 써卜筮ㅎㄴ者ㄴ그占을尙ㅎㄴ니

○四者皆變化之道神之所爲者也

是以君子ㅣ 將有爲也ㅣ며 將有行애 問焉而以言ㅎ거든 其受命

也ㅣ 如嚮ㅎ야 无有遠近幽深히 遂知來物ㅎㄴ니, 非天下之至精

其孰能與於此ㅣ오

嚮許兩反　與音預　下同

●일로써君子ㅣ쟝촛爲홈이이시며쟝촛行홈이이쇼매問흐야써言흐러거든그命을受홈이嚮깃흐야遠近이며幽深이쇼미엄시드듸여來흐는物을아느니天下읫지극흔精이아니면그뉘能히이에與ㅣ흐리오

○此는尙辭占之事言人以著問易求其卦爻之辭而以之發言處事則易受人之命而有以告之如嚮之應聲以決其未來之吉凶也以言與以言者尙其辭之以言義同命則將筮而告著之語冠禮筮日宰自右贊命是也

參伍以變호며錯綜其數호야通其變호야遂成天地之文호며極其數호야遂定天下之象호니非天下之至變이면其孰能與於此오ㅣ리 參七南反 錯七各反

●參호며伍호야써變호며그數를錯호며綜호야그變을通호야드듸여天地읫文을成호며그數를極호야드듸여天下읫象을定호니天下읫지극흔變이아니면그뉘能히이애與ㅣ호리오

○此尙象之事變則象之未定者也參者三數之也伍者伍數之也既參以變又伍以變一先一後更相考覈以審其多寡之實也錯者交而互之一左一右之謂也綜者總而挈之一低一昂之謂也此亦皆謂揲蓍求卦之事蓋通三揲兩手之策以成陰陽老少之畫究七八九六之數以定卦爻動靜之象也參伍錯綜古語而參伍尤難曉按荀子云窺敵制變欲伍以參韓非曰省同異之言以知朋黨之分偶參伍之驗以責陳言之實又曰參

之以此物伍之以合參史記曰必參而伍之又曰參伍不失漢書曰參伍其賈以類相準

此足以相發明矣

易은无思也ㅎ며无爲也야ㅎ寂然不動이라가感而遂通天下之故ᄒᆞᄂᆞ니非天下之至神이면其孰能與於此ㅣ리오

●易은思ㅣ업스며爲ㅣ업서寂然히動치아녀따가感홈에드듸여天下잇故를通ᄒᆞᄂᆞ니天下잇지극혼神이아니면그뉘能히이에與ㅎ리오

○此四者之體所以立而用所以行者也易指著卦无思无爲言其无心也寂然者感之

體感通者寂之用人心之妙其動靜亦如此

夫易은聖人之所以極深而研幾也ㅣ니　幾音機下同

○研猶審也幾微也所以極深者至精也所以研幾者至變也

●易은聖人의써深을極ᄒᆞ고幾를研ᄒᆞᄂᆞᆫ배니

唯深也故로能通天下之志ᄒᆞ며唯幾也故로能成天下之務ᄒᆞ며唯神也故로不疾而速ᄒᆞ며不行而至ᄒᆞᄂᆞ니

●오직深혼故로能히天下잇志를通ᄒᆞ며오직幾혼故로能히天下잇務를成ᄒᆞ며오

●오직神혼故로疾치아녀셔速ᄒᆞ며行치아녀셔至ᄒᆞᄂᆞ니

○所以通志而成務者神之所爲也

子曰易有聖人之道四焉者ㅣ此之謂也ㅣ

●子ㅣ굴ㅇ샤딕易이聖人의道ㅣ四ㅣ잇다홈이이를닐옴이라

右第十章

[本義]此章承上章之意言易之用有此四者

子曰夫易은何爲者也오 夫易은 開物成務ᄒ야 冒天下之道ㅣ니

如斯而已者也라 是故로 聖人이 以通天下之志ᄒ며 以定天下

之業ᄒ며 以斷天下之疑ᄒᄂ니라 冒莫報反 斷丁亂反

●子ㅣ굴ㅇ샤딕易은엇지ᄒᆞ者고易은物을開ᄒ야務를成ᄒ야 天下읫道를冒ᄒᄂ니이ᄀᆞᆺᄒᆞᆯᄯᆞ름마라이런故로聖人이써天下읫志를通ᄒ며써天下읫業을定ᄒ며써

天下읫疑를斷ᄒᄂ니라

○開物成務謂使人卜筮以知吉凶而成事業冒天下之道謂卦爻旣設而天下之道皆在其中

是故로 著之德은 圓而神이오 卦之德은 方以知오 六爻之義는 易

以貢ᄂ니이聖人이以此로洗心ᄒ야退藏於密ᄒ며吉凶에與民同患ᄒ야神
以知來코知以藏往ᄒᄂ니 其孰能與於此哉오리 古之聰明叡智
神武而不殺者夫뎌 方以知之知音智下知以叡知 並同易音亦與音預夫音符

●이런故로蓍의德은圓ᄒ야神ᄒ고卦의德은方ᄒ야써知ᄒ고六爻의義ᄂ易ᄒ야
써貢ᄒᄂ니聖人이일로써心을洗ᄒ야密의退藏ᄒ며吉凶의民으로더부러患을ᄒ
가지로ᄒ야神으로써來를知ᄒ고知로써往을藏ᄒᄂ니그뉘能히이에與ᄒ리오녓
聰明ᄒ고叡智ᄒ고神武ᄒ고殺치아닌ᄂ者ㅣ뎌

○圓神謂變化无方方知謂事有定理易以貢謂變易以告人聖人體具三者之德而无
一塵之累无事則其心寂然人莫能窺有事則神知之用隨感而應所謂无卜筮而知吉
凶也神武不殺得其理而不假其物之謂也

是以明於天之道而察於民之故ᄒ야是興神物ᄒ야以前民用ᄒᄂ니
聖人이以此齋戒ᄒ야以神明其德夫뎌

●일로써天의道에明ᄒ고民의故에察ᄒ야이에神物을興ᄒ야써民의用에前ᄒ니
聖人이일로써齋ᄒ며戒ᄒ야써그德을神明케ᄒ신뎌

○程子曰聖人以此退藏於密以此齋戒以神明其德夫要須玩索○張子曰言天之變

遷禍福之道由民逆順取舍之故故聖人作易以先之○「本義」神物謂蓍龜渟然純一
之謂齋蕭然警惕之謂戒明天道故知神物之可與察民故知其用之不可不有以開
其先是以作爲卜筮以敎人而於此爲齋戒以考其占使其心神明不測如鬼神之能知
來也

是故로 闔戶를 謂之坤이오 闢戶를 謂之乾이오 一闔一闢을 謂之變이오
往來不窮을 謂之通이오 見을 乃謂之象이오 形을 乃謂之器오 制而
用之를 謂之法이오 利用出入야 民咸用之를 謂之神이라 [見賢 遍反]

●이런故로 戶를 闔홈을 坤이라니르고 戶를 闢홈을 乾이라니르고 훈번闔고훈번
闢홈을 變이라니르고 往고來야窮치아니믈通이라니르고 見호거슬이에象이
라이오고 形호거슬이에器라니르고 制야用홈을 法이라니르고 用을 利히야出
入야民이다用홈을 神이라니르니라

○闔闢動靜之機也先言坤者由靜而動也乾坤變通者化育之功也見象形器者生物
之序也法者聖人修道之所爲而神者百姓自然之日用也

是故로 易有太極이니 是生兩儀고 兩儀─生四象고四象이 生八
卦니 [大音 泰]

●이런故로易에太極이이시니이兩儀를生ᄒᆞ고兩儀ㅣ四象을生ᄒᆞ고四象이八卦를生ᄒᆞ니

○一每生二自然之理也易者陰陽之變太極者其理也兩儀者始爲一畫以分陰陽四象者次爲二畫以分太少八卦者次爲三畫而三才之象始備此數言者實聖人作易自然之次第有不假絲毫智力而成者畫卦揲蓍其序皆然詳見序例啓蒙

八卦ㅣ定吉凶ᄒᆞ고吉凶이生大業ᄒᆞᄂᆞ니라

●八卦ㅣ吉凶을定ᄒᆞ고吉凶이大業을生ᄒᆞᄂᆞ니라

○有吉凶是生大業

是故로法象이莫大乎天地ᄒᆞ고變通이莫大乎四時ᄒᆞ고縣象著明莫大乎日月ᄒᆞ고崇高ㅣ莫大乎富貴ᄒᆞ고備物ᄒᆞ야致用ᄒᆞ며立成器ᄒᆞ야以爲天下利ᄒᆞᆫ莫大乎聖人ᄒᆞ고探賾索隱ᄒᆞ며鉤深致遠ᄒᆞ야以定天下之吉凶ᄒᆞ며成天下之亹亹者ㅣ莫大乎蓍龜ᄒᆞ니라　縣音玄　探吐南反　索色白反

●이런故로法이며象이天地만大ᄒᆞ니업고變ᄒᆞ며通홈이四時만大ᄒᆞ니업고縣ᄒᆞ야著明ᄒᆞ욤이日月만大ᄒᆞ니업고崇高ㅣ富貴만大ᄒᆞ니업고物을備ᄒᆞ며用을致ᄒᆞ며立成器ᄒᆞ야써天下읫利를삼음이聖人만大ᄒᆞ니업고賾을探ᄒᆞ며隱을索ᄒᆞ

며深을鉤ᄒᆞ며遠을致ᄒᆞ야써天下읫吉凶을定ᄒᆞ며天下읫亹亹를成ᄒᆞᄂᆞᆫ者ㅣ著와

龜만大ᄒᆞ니업스니라

○富貴謂有天下履帝位立下疑有闕文亹亹猶勉勉也疑則怠決故勉

是故로 天生神物을이어 聖人이 則之ᄒᆞ며 天地變化ㅣ一어 聖人이 效之ᄒᆞ며

天垂象ᄒᆞ야 見吉凶을이어 聖人이 象之ᄒᆞ며 河出圖ᄒᆞ며 洛出書를一어 聖人이

則之ᄒᆞᄂᆞ니

●이런故로天이神物을生ᄒᆞ야늘聖人이則ᄒᆞ며天地ㅣ變化ᄒᆞ거늘聖人이效ᄒᆞ며

天이象을垂ᄒᆞ야吉凶을見ᄒᆞ거늘聖人이象ᄒᆞ며河ㅣ圖를出ᄒᆞ며洛이書를出ᄒᆞ야

늘聖人이則ᄒᆞ니

○此四者聖人作易之所由也河圖洛書詳見啓蒙

易有四象은 所以示也ㅣ오 繫辭焉은 所以告也ㅣ오 定之以吉凶은

所以斷也ㅣ라 (斷丁亂反)

●易에四象이이쇼믄써示ᄒᆞᄂᆞ비오辭를繫홈은써告ᄒᆞᄂᆞ비오吉凶으로써定홈은

써斷ᄒᆞᄂᆞᆫ배라

○四象謂陰陽老少示謂示人以所値之卦爻

右第十一章

「本義」此章專言卜筮

易曰自天祐之라吉无不利니라ᄒᆞ 子曰祐者ᄂᆞᆫ助也니 天之所助

者ㅣ順也오人之所助者ㅣ信也니履信思乎順ᄒᆞ고又以尙賢也

是以自天祐之吉无不利也니라

● 易애 ᄀᆞᆯ오ᄃᆡ 天으로브터 祐ᄒᆞ논디라 吉ᄒᆞ야 利티아니미 엄다ᄒᆞ니 子ㅣ오샤ᄃᆡ

祐ᄂᆞᆫ 助ㅣ니 天의 助ᄒᆞ논비 順이오 人의 助ᄒᆞ논비 信이니 信을 履ᄒᆞ야 順을 思ᄒᆞ고

坐써 賢을 尙ᄒᆞ논디라 일로써 自天祐之吉无不利ᄒᆞ니라

○ 釋大有上九爻義然在此无所屬或恐是錯簡宜在第八章之末

子曰書不盡言며言不盡意니 然則聖人之意를 其不可見乎

子曰聖人이立象ᄒᆞ야以盡意며設卦ᄒᆞ야以盡情僞며繫辭焉ᄒᆞ야以

盡其言며變而通之ᄒᆞ야以盡利며皷之舞之ᄒᆞ야以盡神라

● 子ㅣ ᄀᆞᆯ오샤ᄃᆡ 書ㅣ 言을 盡치못ᄒᆞ며 言이 意를 盡치못ᄒᆞ니 그런則 聖人의 意를 그

可히 보지못ᄒᆞ랴 子ㅣ ᄀᆞᆯ으샤ᄃᆡ 聖人이 象을 立ᄒᆞ야써 意를 盡ᄒᆞ며 卦를 設ᄒᆞ야써 情

倚를盡ᄒᆞ며辭를繫ᄒᆞ야써그言을盡ᄒᆞ며變ᄒᆞ야通ᄒᆞ야써利을盡ᄒᆞ며鼓ᄒᆞ며舞ᄒᆞ

야써神을盡ᄒᆞᄂᆞ니라

○言之所傳者淺象之所示者深觀奇耦二畫包含變化无有窮盡則可見矣變通鼓舞

以事而言兩子曰字疑衍其一蓋子曰字皆後人所加故有此誤如近世通書乃周子所

自作亦爲後人每章加以周子曰字其設問答處正如此也

●乾坤은其易之緼耶아乾坤이成列而易이立乎其中矣니乾坤

毀則无以見易오易을不可見則乾坤이或幾乎息矣리라（機音幾）

乾坤은그易의緼인뎌乾坤이列이成ᄒᆞ욤에易이그中에立ᄒᆞ니乾坤이毀ᄒᆞ면써

易을보지못ᄒᆞ고易을可히보지못ᄒᆞ면乾坤이或거의息ᄒᆞ리라

○緼所包蓄者猶衣之著也易之所有陰陽而已凡陽皆乾凡陰皆坤畫卦定位則二者

成列而易之體立矣乾坤毀謂卦畫不立乾坤息謂變化不行

是故로形而上者를謂之道오形而下者를謂之器오

謂之變오推而行之를謂之通오擧而措之天下之民을謂之

事業이라

●이런故로形ᄋᆞ로上을道ㅣ라니르고形ᄋᆞ로下을器ㅣ라니르고化ᄒᆞ야裁홈을變

이라ᄒᆞ고推ᄒᆞ야行홈을通이라ᄒᆞ고擧ᄒᆞ야天下人民에措호믈事業이라
ᄒᆞ니라

○卦爻陰陽이皆形而下者니其理則道也ㅣ라因其自然之化而裁制之變之義也ㅣ라變通二字上章以天言이오此章以人言이라

是故로夫象은聖人이有以見天下之賾ᄒᆞ야而擬諸其形容ᄒᆞ며象其物宜라是故謂之象이오聖人이有以見天下之動ᄒᆞ야而觀其會通ᄒᆞ야以行其典禮ᄒᆞ며繫辭焉ᄒᆞ야以斷其吉凶이라是故謂之爻ㅣ니

●이런故로象은聖人이以天下의賾을見ᄒᆞ야그形容에擬ᄒᆞ며그物의宜를象혼지라이런故로象이라ᄒᆞ고聖人이以天下의動을見ᄒᆞ야그會와通을觀ᄒᆞ야써그典禮를行ᄒᆞ며辭를繫ᄒᆞ야써그吉凶을斷혼지라이런故로爻ㅣ라ᄒᆞᄂᆞ니

○重出起下文

極天下之賾者는存乎卦고皷天下之動者는存乎辭고

●天下의賾을極히홈은卦에存ᄒᆞ고天下의動을皷홈은辭에存ᄒᆞ고

○卦卽象也오辭卽爻也라

化而裁之는存乎變고推而行之는存乎通고神而明之는存乎
存乎

其人고默而成之며不言而信은存乎德行호니라

●化호야裁홈은變에存호고推호야行홈은通에存호고神호야明홈은그人에存호고默호야成호며言치아니녀셔信홈은德行에存호니라

○卦爻所以變通者在人人之所以能神而明之者在德

右第十二章

正本

集註周易繫辭上 終

繫辭下

八卦ㅣ成列하니 象在其中矣오 因而重之하는 爻在其中矣오 〔重直龍反〕

● 八卦ㅣ列이成하니 象이그中에잇고 因하야重하니爻ㅣ그中에잇고

○ 成列謂乾一兌二離三震四巽五坎六艮七坤八之類象謂卦之形體也因而重之謂

各因一卦而以八卦次第加之爲六十四也爻六爻也旣重而後卦有六爻也

剛柔ㅣ相推하니 變在其中矣오 繫辭焉而命之하는 動在其中矣라

● 剛과柔ㅣ서르推하니 變이그中에잇고 辭를繫하야命하니 動이그中에인느니라

○ 剛柔相推而卦爻之變往來交錯无不可見聖人因其如此而皆繫之辭以命其吉凶

則占者所値當動之爻象亦不出乎此矣

○ 吉凶悔吝皆辭之所命也然必因卦爻之動而後見

吉凶悔吝者는 生乎動者也ㅣ

● 吉과凶悔吝이란거슨 動에셔生하는거시오

剛柔者는 立本者也ㅣ오 變通者는 趣時者也ㅣ라 〔趣七樹反〕

● 剛과柔ㅣ란거슨本을立하는거시오 變하야通하는거슨時에趣하는거시라

○一剛一柔各有定位自此而彼變以從時

吉凶者는貞勝者也니

●吉과凶이란거슨貞히勝ᄒᆞᄂᆞᆫ거시니

○貞正也常也物以其所正爲常者也天下之事非吉則凶非凶則吉常相勝而不已也

天地之道는貞觀者也오日月之道는貞明者也오天下之動은

●天地의道ᄂᆞᆫ貞히觀ᄒᆞᄂᆞᆫ거시오日月의道ᄂᆞᆫ貞히明ᄒᆞᄂᆞᆫ거시오天下의動은一에

貞夫一者也라　觀官喚反　夫音扶

貞ᄒᆞᄂᆞᆫ거시라

○觀示也天下之動其變无窮然順理則吉逆理則凶則其所正而常者亦一理而已

夫乾은確然ᄒᆞ니示人易矣오夫坤은隤然ᄒᆞ니示人簡矣니　確苦角反　易以豉反　隤大回反　確音　隤音회　학

●乾은確然ᄒᆞ니人을易로뵈고坤은隤然ᄒᆞ니人을簡으로뵈미니

○確然健貌隤然順貌所謂貞觀者也

爻也者는效此者也오象也者는像此者也라　像音象

●爻ㅣ란거슨이ᄅᆞᆯ效ᄒᆞᄂᆞᆫ거시오象이란거슨이ᄅᆞᆯ像ᄒᆞᄂᆞᆫ거시라

○此謂上文乾坤所示之理爻之奇偶卦之消息所以效而象之

爻象은 動乎內ᄒᆞ고 吉凶은 見乎外ᄒᆞ고 功業은 見乎變ᄒᆞ고 聖人之情은 見乎辭라ᄒᆞ니 (見賢 遍反)

●爻와象은 內에 動ᄒᆞ고 吉과 凶은 外에 見ᄒᆞ고 功業은 變에 見ᄒᆞ고 聖人의 情은 辭에 見ᄒᆞ니라

○內謂蓍卦之中外謂蓍卦之外變即動乎內之變辭即見乎外之辭

天地之大德曰生이오 聖人之大寶曰位니 何以守位오曰仁이오 何以聚人고曰財니 理財ᄒᆞ며 正辭ᄒᆞ며 禁民爲非ㄹ曰義라

●天地의큰德을골온生이오 聖人의큰寶를골온位ㅣ니 엇지써位를守ᄒᆞ고골온仁이오 엇지써人을聚ᄒᆞ고골온財니 財를理ᄒᆞ며 辭를正ᄒᆞ며 民의非를禁ᄒᆞ욤을골온義ㅣ라

○日人之人今本作仁呂氏從古蓋所言非衆罔與守邦

右第一章

[本義]此章言卦爻吉凶造化功業

古者包犧氏之王天下也ㅣ애 仰則觀象於天ㅎ고 俯則觀法於地ㅎ며 觀鳥獸之文과 與地之宜ㅎ고 近取諸身ㅎ고 遠取諸物ㅎ야 於是애 始作八卦ㅎ야 以通神明之德ㅎ며 以類萬物之情ㅎ니

●古者애 包犧氏의 天下애 王ㅎ욤매 仰ㅎ얀 天애 象을 觀ㅎ고 俯ㅎ얀 地에 法을 觀ㅎ며 鳥獸의 文과 다뭇 地의 宜를 觀ㅎ며 갓가이 身애 取ㅎ고 멀리 物애 取ㅎ야 이예 비로 始作八卦ㅎ야 ᄡᅦ 神明의 德을 通ㅎ며 ᄡᅦ 萬物의 情을 類ㅎ니

○王昭素曰 與地之間諸本多有天字俯仰遠近所取不一然不過以驗陰陽消息兩端而己 神明之德如健順動止之性萬物之情如雷風山澤之象

作結繩而為網罟ㅎ야 以佃以漁ㅎ니 蓋取諸離ㅎ고 （罟音古, 佃音田）

●繩을 結홈을 作ㅎ야 網과 罟를ㅎ야 ᄡᅦ 佃ㅎ며 ᄡᅦ 漁케ㅎ니 離애 取ㅎ고

○兩目相承而物麗焉

包犧氏沒ㅎ거ㅣ늘 神農氏作ㅎ야 斲木為耜ㅎ고 揉木為耒야ㅎ야 耒耨之利로 以教天下ㅎ니 蓋取諸益ㅎ고 （斲 陟角反, 耜 粗音似, 斲音卓, 揉音유, 耒音, 力對反, 耨奴豆反, 耜粗音ㅅ, 耨音루）

●包犧氏ㅣ沒ㅎ거ㅣ늘 神農氏ㅣ作ㅎ야 木을 斲ㅎ야 耜를ㅎ고 木을 揉ㅎ야 耒를ㅎ야 耒耨의 利로써 天下를 敎ㅎ니 益에 取ㅎ고

○二體皆木上入下動天下之益莫大於此

日中爲市ᄒᆞ야 致天下之民ᄒᆞ며 聚天下之貨ᄒᆞ야 交易而退ᄒᆞ야 各得

其所ᄒᆞᄂᆞ니케ᄒᆞᆫ 蓋取諸噬嗑ᄒᆞ고

●日中에 市를ᄒᆞ야 天下의 民을 닐외며 天下의 貨를뫼화 交易ᄒᆞ야 退ᄒᆞ야 각가 그 所

를得케ᄒᆞ니 噬嗑에 取ᄒᆞ고

○日中爲市上明而下動又借噬爲市嗑爲合也

神農氏沒커ᄂᆞᆯ 黃帝堯舜氏作ᄒᆞ야 通其變ᄒᆞ야 使民不倦ᄒᆞ며 神而化

之ᄒᆞ야 使民宜之ᄒᆞᄂᆞ니易이 窮則變ᄒᆞ고 變則通ᄒᆞ고 通則久ᄅᆞ니 是以自天

佑之ᄒᆞ야 吉无不利니 黃帝堯舜이 垂衣裳而天下治ᄒᆞ니 蓋取諸

乾坤ᄒᆞ고

●神農氏ㅣ沒커ᄂᆞᆯ 黃帝堯舜氏ㅣ作ᄒᆞ야 그 變을 通ᄒᆞ야 民으로ᄒᆞ야곰 倦치아니케

ᄒᆞ며 神ᄒᆞ야 化ᄒᆞ야 民으로ᄒᆞ야곰 宜케ᄒᆞ니 易이 窮ᄒᆞ면 變ᄒᆞ고 變ᄒᆞ면 通ᄒᆞ고 通ᄒᆞ

면 久ᄒᆞᄂᆞ니지라 일로써 天으로브터 祐ᄒᆞ야 吉ᄒᆞ야 利치아니미업스니 黃帝와 堯舜이

衣裳을 垂ᄒᆞ욤에 天下ㅣ治ᄒᆞ니 乾坤에 取ᄒᆞ고

○乾坤變化而无爲

刳木為舟ᄒᆞ고 剡木為楫ᄒᆞ야 舟楫之利로 以濟不通ᄒᆞ야 致遠以利天下ᄒᆞ니 蓋取諸渙ᄒᆞ고

（刳口姑反　刳音고　剡以冉反　剡音섬）

●木을 刳ᄒᆞ야 舟을 ᄒᆞ고 木을 剡ᄒᆞ야 楫을 ᄒᆞ야 舟楫의 利로ᄡᅥ 通치 못ᄒᆞᄂᆞᆫ ᄃᆡ를 濟ᄒᆞ야 遠의 닐외여ᄡᅥ 天下을 利케ᄒᆞ니 渙에 取ᄒᆞ고

○木在水上也ㅣ니 致遠以利天下ㅣ 疑衍

服牛乘馬ᄒᆞ야 引重致遠ᄒᆞ야 以利天下ᄒᆞ니 蓋取諸隨ᄒᆞ고

●牛를 服ᄒᆞ며 馬를 乘ᄒᆞ야 重을 引ᄒᆞ며 遠의 닐외여ᄡᅥ 天下를 利케ᄒᆞ니 隨에 取ᄒᆞ고

○下動上說

重門擊柝ᄒᆞ야 以待暴客ᄒᆞ니 蓋取諸豫ᄒᆞ고

（重直龍反　柝他洛反）

●門을 重ᄒᆞ고 柝을 擊ᄒᆞ야ᄡᅥ 暴客을 待ᄒᆞ니 豫에 取ᄒᆞ고

○豫備之意

斷木為杵ᄒᆞ고 掘地為臼ᄒᆞ야 臼杵之利로 萬民이 以濟ᄒᆞ니 蓋取諸小過ᄒᆞ고

（斷丁緩反　杵昌呂反　臼其九反）

●木을 斷ᄒᆞ야 杵을 ᄒᆞ고 地를 掘ᄒᆞ야 臼를 ᄒᆞ야 臼杵의 利로 萬民이ᄡᅥ 濟ᄒᆞ니 小過에 取ᄒᆞ고

○下止上動

弦木爲弧고 剡木爲矢야 弧矢之利로 以威天下니 蓋取諸睽고

● 木을 弦ᄒᆞ야 弧를ᄒᆞ고 木을 剡ᄒᆞ야 矢를ᄒᆞ야 弧矢의 利로ᄡᅥ 天下를 威ᄒᆞ니 睽에 取ᄒᆞ고

○睽乖然後威以服之

○上古앤 穴居而野處러니 後世聖人이 易之以宮室야 上을 棟ᄒᆞ고 下ᄂᆞᆫ 宇야 以待風雨ᄂᆞᆫ 蓋取諸大壯고

● 上古엔 穴에 居ᄒᆞ며 野에 處ᄒᆞ더니 後世聖人이 宮室로ᄡᅥ 易ᄒᆞ야 上을 棟ᄒᆞ고 下ᄂᆞᆫ 宇ᄒᆞ야ᄡᅥ 風雨를 待ᄒᆞ니 大壯에 取ᄒᆞ고

○壯固之意

○古之葬者ᄂᆞᆫ 厚衣之以薪야 葬之中野야 不封不樹ᄒᆞ며 喪期无數니러 後世聖人이 易之以棺槨ᄂᆞᆫ 蓋取諸大過고

● 넷 葬ᄒᆞᄂᆞᆫ 者ᄂᆞᆫ 薪으로ᄡᅥ 厚히 衣ᄒᆞ야 中野의 葬ᄒᆞ야 封치아니ᄒᆞ며 樹치아니ᄒᆞ며 喪의 期數업더니 後世聖人이 棺槨으로ᄡᅥ 易ᄒᆞ니 大過에 取ᄒᆞ고

○送死大事而過於厚

上古앤 結繩而治러니 後世聖人이 易之以書契야 百官이 以治며 萬
民이 以察니 蓋取諸夬라니
●上古앤 繩을 結야 治더니 後世聖人이 書와 契로써 易야 百官이써 治며 萬
民이써 察니 夬에 取니라
○明決之意

右第二章
「本義」此章言聖人制器尙象之事

是故로 易者는 象也니 象也者는 像也오
●이런故로 易이란거슨 象이니 象이란거슨 像이오
○易卦之形理之似也

象者는 材也오
●象이란거슨 材ㅣ오
○象言一卦之材

爻也者는 效天下之動者也니

● 爻ㅣ란거슨 天下의 動을 效ㅎ는거시니

○ 效放也

是故로 吉凶이 生而悔吝이 著也ㅣ니

● 이런 故로 吉과 凶이 生ㅎ야 悔와 吝이 著ㅎ니라

○ 悔吝本微因此而著

右第二章

陽卦는 多陰ㅎ고 陰卦는 多陽ㅎ니

● 陽卦는 陰이하ㅎ고 陰卦는 陽이하니

○ 震坎艮爲陽卦皆一陽二陰巽離兌爲陰卦皆一陰二陽

其故는 何也오 陽卦는 奇오 陰卦는 耦ㄹ시

● 그 故는 엇지오 陽卦는 奇ㅣ오 陰卦는 耦ㄹ시라

○ 凡陽卦皆五畫凡陰卦皆四畫

其德行은 何也오 陽은 一君而二民이니 君子之道也오 陰은 二君
而一民이니 小人之道也ㅣ라 (行下 孟反)

●그德行은엇더뇨陽은혼君이오두民이니君子의道ㅣ오陰은두君이오혼民이니

小人의道ㅣ라
○君謂陽民謂陰

右第四章

易曰憧憧往來면 朋從爾思ㅣ라호니 子曰天下ㅣ何思何慮ㅣ오 天下ㅣ同歸而殊塗ᄒ며 一致而百慮ㅣ니 天下ㅣ何思何慮ㅣ오

●易에골오ᄃㅣ憧憧히往來ᄒ면朋만네思를從혼다ᄒ니子ㅣ골으샤ᄃㅣ天下ㅣ엇지思ᄒ며엇지慮ᄒ리오天下ㅣ歸ㅣ同ᄒᄃㅣ塗ㅣ殊ᄒ며致ㅣㅡ이로ᄃㅣ慮ㅣ百이니天下ㅣ엇지思ᄒ며엇지慮ᄒ리오

○此引咸九四爻辭而釋之言理本无二而殊塗百慮莫非自然何以思慮爲哉必思而從則所從者亦狹矣

日往則月來ᄒ고月往則日來ᄒ야 日月이相推而明生焉ᄒ며 寒往則暑來ᄒ고暑往則寒來ᄒ야 寒暑ㅣ相推而歲成焉ᄒ니 往者ᄂᆫ屈也오ㅣ來者ᄂᆫ信也ㅣ니屈信이相感而利生焉이니라 信音 申

●日이往ᄒ면月이來ᄒ고月이往ᄒ면日이來ᄒ야日月이서ᄅᆞ推ᄒ야明이生ᄒ며往

寒이往ᄒ면暑ㅣ來ᄒ고暑ㅣ往ᄒ면寒이來ᄒ야寒暑ㅣ서로推ᄒ야歲ㅣ成ᄒ니往

ᄒᄂᆞᆫ거슨屈이오來ᄒᄂᆞᆫ거슨信이니屈信이서로感ᄒ야利ㅣ生ᄒ니라

○言往來屈信皆感應自然之常理加憧憧焉則入於私矣所以必思而後有從也

尺蠖之屈은以求信也ㅣ오龍蛇之蟄은以存身也ㅣ오精義入神은

以致用也ㅣ오利用安身은以崇德也ㅣ니

●尺蠖의屈ᄒ옴은以信을求ᄒ옴이오龍蛇의蟄ᄒ옴은써身을存ᄒ옴이오義를精ᄒ야神에

入ᄒ옴은써用을닐위이오用을利히ᄒ야身을安ᄒ옴은써德을崇ᄒ옴이니

○因言屈信往來之理而又推以言學亦有自然之機也精研其義至於入神屈之至也

然乃所以爲出而致用之本利其施用无適不安信之極也然乃所以爲入而崇德之資

內外交相養互相發也

過此以往은未之或知也ㅣ니窮神知化ᄂᆞᆫ德之盛也ㅣ라

●일로過ᄒ야往ᄒ옴은或아지못ᄒ리니神을窮ᄒ며化를아름이德의盛ᄒ옴이라

○下學之事盡力於精義利用而交養互發之機自不能己自是以上則亦无所用其力

矣至於窮神知化乃德盛仁熟而自致耳然不知者往而屈也自致者來而信也是亦感

應自然之理而已張子曰氣有陰陽推行有漸爲化合一不測爲神此上四節皆以釋感

九四爻義

易曰困于石며據于蒺藜라入于其宮이라도不見其妻니凶이라호니子

曰非所困而困焉호니名必辱고非所據而據焉호니身必危호리니旣

辱且危야死期將至니어妻其可得見邪아

●易애골오ᄃᆡ石에困ᄒᆞ며蒺藜애據혼디라그宮에入ᄒᆞ야도그妻ᄅᆞᆯ見치못홈이니

凶다ᄒᆞ니子ㅣ골ᄋᆞ샤ᄃᆡ困ᄒᆞᆯ빈안닌ᄃᆡ困ᄒᆞ니名이반ᄃᆞ시辱ᄒᆞ고據ᄒᆞᆯ빈안닌ᄃᆡ

據ᄒᆞ니身이반ᄃᆞ시危ᄒᆞ리니임의辱ᄒᆞ고ᄯᅩ危ᄒᆞ야死死期ㅣ장찻至ᄒᆞ거니妻ᄅᆞᆯ그

可히시러곰見ᄒᆞ랴

○釋困六三爻義

易曰公用射隼于高墉之上야獲之니无不利라호ᄂᆞᆯ子曰隼者ᄂᆞᆫ

禽也오弓矢者ᄂᆞᆫ器也오射之者ᄂᆞᆫ人也니君子ㅣ藏器於身야待

時而動면이何不利之有오리오動之不括라이是以出而有獲ᄒᆞᄂᆞ니語

成器而動者也라

射食亦反隼恤允反括古活反

●易에골오딕公이써隼을高훈墉우희射호야獲홈이니利치아니미업스니라호니

子ㅣ골오샤딕隼은禽이오弓矢는器ㅣ오射호느니는人이니君子ㅣ器를身에藏호

야時를待호야動호면엇지利치아니미이시리오動호야括치아니눈지라일로써出

홈에獲홈이인느니器를成호야動호느니라

○括結礙也此釋解上六爻義

子曰小人은不耻不仁호며不畏不義라不見利면不勸호며不威

면不懲느니小懲而大誠ㅣ此ㅣ小人之福也ㅣ라易曰屨校호야滅趾

느니无咎ㅣ니라此之謂也ㅣ라

●子ㅣ골오샤딕小人은不仁을耻치아니호며不義를畏치아니호는지라利를見치

아니면勸치아니호며威치아니호면懲치아니호느니져기懲호야크게誠케홈이小人

의福이라易에골오딕校를屨호야趾를滅홈이니咎ㅣ업다호니이딜닐옴이라

○此釋噬嗑初九爻義

善不積이면不足以成名이오惡不積면不足以滅身이니小人이以小

善으로爲无益而弗爲也며以小惡으로爲无傷而弗去也ㅣ라故로惡

積而不可掩이며罪大而不可解니易曰何校야滅耳라凶이니라

●善이積지아니면足히써名을成치못하고惡이積지아니면足히써身을滅치못할 거시니小人이小善으로써无益다하야爲치아니하고小惡으로써无傷타하야去치 아닌지라故로惡이積하야可히掩치못하며罪ㅣ大하야可히解치못하나니易에 글오디校를何하야耳을滅홈이니凶타하나니라

○此釋噬嗑上九爻義

子曰危者는安其位者也ㅣ오亡者는保其存者也ㅣ오亂者는有其 治者也ㅣ니是故로君子ㅣ安而不忘危며存而不忘亡며治而不 忘亂이라是以身安而國家可保也ㅣ니易曰其亡其亡야繫于 包桑이라하니라

●子ㅣ골오샤디危할가하는者는그位를安하는者ㅣ오亡할가하는者는그存을 保하는者ㅣ오亂할가하는者는그治를두는者ㅣ니이런故로君子ㅣ安하야도危를 忘치아니하야存하야도亡을忘치아니하며治하야도亂을忘치아니하는지라일로 써身이安하야國家를可히保할지니易에골오디그亡할가그亡할가하야包하 에繫듯하다하나니라

○此釋否九五爻義

子曰德薄而位尊ᄒ며知小而謀大ᄒ며力小而任重ᄒ면鮮不及矣며易曰鼎이折足ᄒ야覆公餗ᄒ니其形이渥이라凶言不勝其任也ᅵ라

知音智鮮仙善反折之說反
餗音速渥於角反勝音升

●子ᅵ골ᄋ샤ᄃ德이薄ᄒ고位ᅵ尊ᄒ며知ᅵ小ᄒ고謀ᅵ大ᄒ며力이小ᄒ고任이重ᄒ면及지아니리젹ᄒᄂ니易에골오ᄃ鼎이足이折ᄒ야公餗을覆ᄒ니그形이渥ᄒ지라凶타ᄒᄂ니그任을勝치못홈을닐옴이라

○此釋鼎九四爻義

子曰知幾ᅵ其神乎뎌君子ᅵ上交不諂ᄒ며下交不瀆ᄒᄂ니其知幾乎뎌幾者ᄂ動之微니吉之先見者也ᅵ니君子ᅵ見幾而作ᄒ야不俟終日이니易曰介于石이라不終日이니貞코吉타ᄒ니介如石焉커니寧用終日이리오斷可識矣리로君子ᅵ知微知彰知柔知剛ᄒᄂ니萬夫之望이라

本義吉之之間有凶字
先見之見賢遍反

●子ᅵ골ᄋ샤ᄃ幾를知홈이그神ᄒ뎌君子ᅵ上ᄋ로交호ᄃ諂치아니ᄒ며下로交

호디瀆지아니ᄒᆞᄂᆞ니그幾ᄅᆞᆯ知ᄒᆞᄂᆞᆫ者ㅣ니君子ㅣ幾ᄅᆞᆯ見ᄒᆞ야作ᄒᆞ야日이終흠을기도로디아니ᄒᆞᄂᆞ니易에ᄀᆞᆯ오디石에介혼을可히識ᄒᆞ리로다君子ㅣ微ᄅᆞᆯ知ᄒᆞ며彰을知ᄒᆞ며柔ᄅᆞᆯ知ᄒᆞ며剛을知ᄒᆞᄂᆞ니萬夫의望이라

○此釋豫六二爻義漢書吉之之間有凶字

子曰顔氏之子ㅣ其殆庶幾乎뎌ㄴ有不善이면未嘗不知ᄒᆞ며知之ㅣ未嘗復行也ㄴᄒᆞ니 易曰不遠復라无祗悔니元吉이라ᄒᆞ니라 復行之復扶又反

●子ㅣᄀᆞᆯ오샤디顔氏의子ㅣ그거의庶幾혼뎌不善이이시면일즉아지아니ᄒᆞ며知ᄒᆞ면일즉ᄯᅩ行치아니ᄒᆞᄂᆞ니易에ᄀᆞᆯ오디遠치아니ᄒᆞ야셔復ᄒᆞᄂᆞᆫ지라悔에祗홈이업스니元ᄒᆞ고吉타ᄒᆞ니라

○殆危也庶幾近意言近道也此釋復初九爻義

天地ㅣ絪縕에萬物이化醇ᄒᆞ고男女ㅣ構精에萬物이化生ᄒᆞᄂᆞ니易曰三人行앤則損一人코一人行앤則得其友ᄒᆞᄂᆞ니라言致一也라 舒云反　絪音因縕

●天地ㅣ絪縕ᄒᆞ욤에萬物이化ᄒᆞ야醇ᄒᆞ고男女ㅣ精을構ᄒᆞ욤에萬物이化ᄒᆞ야生ᄒᆞᄂᆞ니易에굴오ᄃᆡ三人이行ᄒᆞᆷ엔一人을損ᄒᆞ고一人이行ᄒᆞᆷ엔그友를得다ᄒᆞ니致一인줄을닐옴이라

○絪縕交密之狀醇謂厚而凝也言氣化者也化生形化者也此釋損六三爻義

●子曰君子ㅣ安其身而後에아動ᄒᆞ며易其心而後에아語ᄒᆞ며定其交而後에아求ᄂᆞ니君子ㅣ脩此三者故로全也ᄒᆞᄂᆞ니危以動면則民不與也코懼以語면則民不應也코无交而求면則民不與也ᄂᆞ니莫之與면則傷之者ㅣ至矣ᄂᆞᆫ易曰莫益之或擊之立心勿恆이凶이니라

易其之度　易以豉反

●子ㅣ굴오ᄃᆡ君子ㅣ그身을安ᄒᆞᆫ後에아動ᄒᆞ며그心을易ᄒᆞᆫ後에아語ᄒᆞ며그交를定ᄒᆞᆫ後에아求ᄒᆞᄂᆞ니君子ㅣ이三者를修ᄒᆞᄂᆞᆫ故로全ᄒᆞᄂᆞ니危로ᄡᅥ動ᄒᆞ면民이與ᄒᆞ치아니코懼로ᄡᅥ語ᄒᆞ면民이應치아니코交ㅣ업시求ᄒᆞ면民이與치아니ᄒᆞᄂᆞ니與ᄒᆞ리업스면傷ᄒᆞᆯ者ㅣ至ᄒᆞᄂᆞ니易에굴오ᄃᆡ益ᄒᆞ리업손지라或擊ᄒᆞ리니立心홈을恒치마를지니凶타ᄒᆞ니라

○此釋益上九爻義

右第五章

子曰乾坤은其易之門邪뎌乾은陽物也오坤은陰物也니陰陽이

合德야而剛柔ㅣ有體라以體天地之撰며以通神明之德니　撰仕勉反

● 子ㅣ골오ᄃᆡ乾坤이其易의門인뎌乾은陽物이오坤은陰物이니陰陽이德이合

야剛柔ㅣ一體ㅣ인지라ᄡᅥ天地의撰을體ᄒ며ᄡᅥ神明의德을通ᄒ니

○ 諸卦剛柔之體皆以乾坤合德而成故曰乾坤易之門撰猶事也

其稱名也ㅣ雜而不越나於稽其類엔其衰世之意耶뎌

● 그名을稱홈이雜호ᄃᆡ越치아니ᄒ니그類에稽홈앤그衰世읫뜻인뎌

○ 萬物雖多无不出於陰陽之變故卦爻之義雖雜出而不差謬然非上古淳質之時思

慮所及也故以爲衰世之意蓋指文王與紂之時也

夫易은彰往而察來며而微顯闡幽며開而當名며辨物며正言

斷辭니則備矣라　夫音扶當去　聲斷丁亂反

● 易은往을彰ᄒ고來를察ᄒ며顯을微케ᄒ고幽를闡ᄒ며名에當케ᄒ며物을辨ᄒ

며言을正ᄒ며辭를斷ᄒ니備홈이라

○而微顯恐當作微顯而之而亦疑有誤

其稱名也ㅣ 小호나 其取類也ㅣ 大호며 其旨ㅣ遠호며 其辭ㅣ文호며 其言이

曲而中호며 其事ㅣ肆而隱호니 因貳야 以濟民行야 以明失得之報

라ㅣㄴ

中丁仲反
行下孟反

●그 名을 稱홈이 小호나 그 類를 取홈이 大호며 그 旨ㅣ遠호며 그 辭ㅣ文호며 그 言이

曲호디 中호며 그 事ㅣ肆호디 隱호니 貳를 因호야써 民의 行을 濟호야써 失得의 報를

밝키니라

○肆陳也貳疑也

右第六章

[本義]此章多關文疑字不可盡通後皆放此

易之興也ㅣ其於中古乎뎌 作易者ㅣ其有憂患乎뎌

●易의 興홈이 그 中古인뎌 易을 作혼 者ㅣ그 憂患이인뎌

○夏商之末易道中微文王拘於羑里而繫象辭易道復興

是故로 履는 德之基也ㅣ오 謙은 德之柄也ㅣ오 復은 德之本也ㅣ오 恒은

德之固也ㅣ오 損은德之修也ㅣ오 益은德之裕也ㅣ오 困은 德之辨也ㅣ오

井은德之地也ㅣ오 巽은德之制也ㅣ라

●이런故로履는德의基ㅣ오謙은德의柄이오復은德의本이오恒은德의固홈이오損은德의修홈이오益은德의裕홈이오困은德의辨홈이오井은德의地ㅣ오巽은德의制ㅣ라

○履禮也上天下澤定分不易必謹乎此然後其德有以爲基而立也謙者自卑而尊人又爲禮者之所當執持而不可失者也九卦皆反身修德以處憂患之事也而有序焉基所以立柄所以持復者心不外而善端存恒者守不變而常且久懲忿窒慾以修身遷善改過以長善困以自驗其力井以不變其所然後能巽順於理以制事變也

履는和而至고謙은尊而光고復은小而辨於物고恒은雜而不厭고損은先難而後易고益은長裕而不設고困은窮而通고井은居其所而遷고巽은稱而隱이라

易以豉反　長丁丈反　稱尺証反

●履는和호디至호고謙은尊코光호고復은小호디物에辨호고恒은雜호디厭치아니호고損은難을先호애後ㅣ易호고益은長호야裕호디設치아니호고困은窮호디通호고井은그所에居호디遷호고巽은稱호디隱호니라

○此如書之九德禮非強世然事皆至極謙以自卑而尊且光復陽微而不亂於羣陰恒
處雜而常德不厭損欲先難習熟則易益但充長而不造作困身困而道亨井不動而及
物巽稱物之宜而潛隱不露

履以和行코 謙以制禮코 復以自知코 恒以一德코 損以遠害코 益以興利코 困以寡怨코 井以辨義코 巽以行權하나니라

和行之行下孟反　遠袁萬反

● 履로써行을和하고謙으로써禮를制하고復으로써스스로知하고恒으로써德을一하고損으로써害를遠하고益으로써利를興하고困으로써怨을寡하고井으로써義를辨하고巽으로써權을行하나니라

○ 寡怨謂少所怨尤辨謂安而能慮

右第七章

[本義]此章三陳九卦以明處憂患之道

● 易之爲書也ㅣ不可遠이오爲道也ㅣ屢遷이라變動不居하야周流六虛하야上下ㅣ无常하며剛柔ㅣ相易하야不可爲典要ㅣ오唯變所適이니

上時掌反

● 易의書되욤이可히遠치못할거시오道되욤이자조遷하는지라變動하야居치

니호야 六虛에 周流호야 上호며 下호야 常이업스며 剛과 柔ㅣ셔라 易호야 可히 典要

를삼지못호고 오즉 變의 適호는배니

○遠猶忘也 周流六虛謂陰陽流行於卦之六位

其出入以度호야 外內에 使知懼며

●그 出호며 入홈이 度로써호야 外와 內에 호여곰 懼를 알게호며

○此句未詳疑有脫誤

又明於憂患與故라 无有師保ㅣ 如臨父母호니

●ᄯᅩ 憂患과 다못 故에 明혼디라 師保ㅣ 업스나 父母ㅣ 臨홈굿드니

○雖无師保而常若父母臨之戒懼之至

揆葵癸反
라니

初率其辭而揆其方컨댄 既有典常이어니와 苟非其人이면 道不虛行호느니

●처음으로 그 辭를 率호야 그 方을 揆컨댄 임의 典常이 잇거니와 진실로 그 사름이 아니면 道ㅣ 虛히 行치아니호느니라

○方道也 始由辭以度其理則見其有典常矣 然而神而明之則存乎其人也

右第八章

易之爲書也ㅣ原始要終야以爲質也코六爻相雜은唯其時

物也라ㅣ要一遙反下同

●易의書되옴이始를原고終을要야써質을合고六爻ㅣ셔로雜홈은오직그時

와物이라

○質謂卦體卦爻必擧其始終而後成體爻則唯其時物而已

其初는難知오其上은易知니本末也라初辭擬之고卒成之終

니易以鼓反

●그初는알기어렵고그上은알기쉬우니本과末이라쳐음辭는擬고卒야終을

成니라

○此言初上二爻

若夫雜物와撰德과辨是與非는則非其中爻면不備라

●만일物을雜홈과德을撰홈과是와다못非를辨홈은그中爻곳아니면備치아니

리라

○此謂卦中四爻

噫라亦要存亡吉凶된則居可知矣어니知者ㅣ觀其象辭면則

思過半矣라(리) 智(知音)

●噫라ᄯᅩ存亡과吉凶을要컨댄居히可히알려니와知ᄒᆞᆫ者ᅵ그象辭를보면思ᅵ半에過ᄒᆞ리라

○象統論一卦六爻之體

二與四ᅵ同功而異位ᄒᆞ야其善이不同ᄒᆞ니二多譽코四多懼ᄂᆞᆫ近也ᄂᆞᆯ써柔之爲道ᅵ不利遠者ᄂᆞᆫ컨마ᄂᆞᆫ其要ᄂᆞᆫ无咎ᅵ니其用柔中也ᅵ라

●二와다ᄆᆞᆺ四ᅵ功이同호ᄃᆡ位ᅵ異ᄒᆞ야그善이同치아니ᄒᆞ니二ᄂᆞᆫ譽ᅵ多ᄒᆞ고四ᄂᆞᆫ懼ᅵ多홈은近홀ᄉᆡ니柔의道되옴이遠者에利치아니컨마ᄂᆞᆫ그要ᅵ咎ᅵ업스믄그柔로中홈을ᄡᆯᄉᆡ라

○此以下論中爻同功謂皆陰位異位謂遠近不同四近不同四近君故多懼柔不利遠而二多譽者以其柔中也

要如字又一遙反下章同

三與五ᅵ同功而異位ᄒᆞ야三多凶코五多功은貴賤之等也ᅵ니其柔ᄂᆞᆫ危코其剛은勝耶아(던) [勝音 升]

●三과 다맛 五—功이 同호디 位— 異호야 三은 凶이 多호고 五는 功이 多홈은 貴賤의
等일시니 그 柔는 危호고 그 剛은 勝홈인뎌
○三五同陽位而貴賤不同然以柔居之則危唯剛則能勝之

右第九章

易之爲書也— 廣大悉備호야 有天道焉호며 有人道焉호며 有地道
焉호니 兼三才而兩之라 故로 六이니 六者는 非他也—라 三才之道也—니
●易의 書되옴이 廣호고 大호야 다 備호야 天道—이시며 人道—이시며 地道—이시
니 三才를 兼호야 兩호욘지라 故로 六이니 六은 他—아니라 三才의 道—니
○三畫已具三才重之故六而以上二爻爲天中二爻爲人下二爻爲地

道有變動이라 故曰爻오 爻有等이라 故曰物오 物相雜이라 故曰文오
文不當이라 故로 吉凶이 生焉호니라 （當 都浪反）
●道— 變호며 動호는지라 故로 골오디 爻—라 호고 爻— 等이인는지라 故로 골오디 物이라 호고 物이 셔로 雜호얏는지라 故로 골오디 文이라 호고 文이 當치 못혼지
라 故로 吉凶이 生호나라
○道有變動謂卦之一體等謂遠近貴賤之差相雜謂剛柔之位相間不當謂爻不當位

右第十章

易之興也ㅣ 其當殷之末世周之盛德耶ㄴ뎌 當文王與紂之

事耶ㅣ뎌 是故로 其辭ㅣ危호야 危者를 使平호고 易者를 使傾호니 其道ㅣ甚

大호야 百物을 不廢호나 懼以終始면 其要ㅣ无咎ㅣ리니 此之謂易之道

也ㅣ라　易之　反

● 易이興홈이 그殷의 末世와 周의 盛德을 當호며 文王과 다못 紂의 일을 當호ㄴ 이런

故로 그辭ㅣ危호야 危호ㄴ 者을 호여곰 平케호고 易호ㄴ 者를 호여곰 傾케호니 그道

ㅣ甚히 大호야 百物을 廢치아니호나 懼호야써 終호며 始호면 그要ㅣ咎ㅣ업스리니

이닐온 易의 道ㅣ라

○危懼故得平安慢易則必傾覆易之道也

右第十一章

夫乾은 天下之至健也ㅣ니 德行이 恒易以知險호고 夫坤은 天下之

至順也ㅣ니 德行이 恒簡以知阻호ㄴ니

● 乾은 天下의 지극호ㄴ 健이니 德行이 덧덧이 易호야써 險을 知호고 坤은 天下의 지극

호順이니德行이덧덧이簡호야써阻을知호는니

○至健則所行无難故易至順則所行不煩故簡然其於事皆有以知其難而不敢易以

處之也是以其有憂患則健者如自高臨下而知其險順者如自下趨上而知其阻蓋雖

易而能知險則不陷於險矣旣簡而又知阻則不困於阻矣所以能危能懼而无易者之

傾也

能說諸心며能研諸侯之慮야定天下之吉凶며成天下之亹

亹者니　侯之二　說音　字衍　悅

●能히心에說며能히慮에研야天下의吉凶을定며天下의亹를成는者

ㅣ니

○侯之二字衍說諸心者心與理會乾之事也研諸慮者理因慮審坤之事也說諸心故

有以定吉凶研諸慮故有以成亹亹

是故로變化云爲에吉事ㅣ有祥라象事야知器며占事야知來니

●이런故로變化며云爲에吉事ㅣ祥이잇는지라事를象야器를知며事를

占야來를知는니

○變化云爲故象事可以知器吉事有祥故占事可以知來

天地設位에 聖人이 成能하니 人謀鬼謀에 百姓이 與能하나니라

●天地一位를 設하야 심에 聖人이 能을 成하며 鬼에 謀홈에 百姓이 能에

與하나니라

○天地設位而聖人作易以成其功於是人謀鬼謀雖百姓之愚皆得以與其能

矣라

八卦는 以象告하고 爻象은 以情言하나니 剛柔ㅣ 雜居而吉凶을 可見

●八卦는 象으로써 告하고 爻와 象은 情으로써 言하나니 剛과 柔ㅣ 雜히 居홈에 吉과 凶

을 可히 볼거시라

○象謂卦畫爻象謂卦爻辭

變動은 以利言하고 吉凶은 以情遷라 이 是故로 愛惡ㅣ 相攻而吉凶이

生며 遠近이 相取而悔吝이 生며 情僞ㅣ 相感而利害ㅣ 生하나니 凡

易之情이 近而不相得하면 則凶或害之하며 悔且吝하나니라

●變動은 利로써 言하고 吉凶은 情으로써 遷하는 지라 이런故로 愛와 惡ㅣ 서로 攻홈

에 吉凶이 生하며 遠과 近이 서로 取홈에 悔吝이 生하며 情과 僞ㅣ 서로 感홈에 利害ㅣ

生하나니 므릇 易의 情이 近하고 서르 得지 못하면 凶커는 或害하며 悔하며 또 吝하나는

니라

○不相得謂相惡也凶害悔吝皆由此生

라ᄒᆞ니

將叛者는其辭ㅣ慙ᄒᆞ고中心疑者는其辭ㅣ枝ᄒᆞ고吉人之辭는寡ᄒᆞ고躁人之辭는多ᄒᆞ고誣善之人은其辭ㅣ游ᄒᆞ고失其守者는其辭ㅣ屈ᄒᆞ니라

● 쟝ᄎᆞᆺ叛ᄒᆞᆯ者는그辭ㅣ慙ᄒᆞ고中心이疑ᄒᆞᆫ者는그辭ㅣ枝ᄒᆞ고吉ᄒᆞᆫ人의辭는寡ᄒᆞ고躁ᄒᆞᆫ人의辭는多ᄒᆞ고善을誣ᄒᆞᄂᆞᆫ人은그辭ㅣ游ᄒᆞ고그守를失ᄒᆞᆫ者는그辭ㅣ屈ᄒᆞ니라

○卦爻之辭亦猶是也

右第十二章

正本
集註周易繫辭下 終

說卦傳

「小註」臨川吳氏曰說卦者備載卦位卦德卦象之說蓋自昔有其說意者如八索
之書所載有若此者而夫子筆削之以爲傳爾首章次章則夫子總說聖人作易大
意以爲說卦傳之發端也

●昔者聖人之作易也애 幽贊於神明而生蓍ᄒᆞ고

○幽贊神明猶言贊化育龜筴傳曰天下和平王道得而蓍莖長丈其叢滿百莖
●빗聖人의易을作홈에神明을그ᄋᆡ기贊ᄒᆞ야蓍를生ᄒᆞ고

參天兩地而倚數ᄒᆞ고　〔參七 南反〕

○天圓地方圓者一而圍三三各一奇故參天而爲三方者一而圍四四合二隅故兩地
而爲二數皆倚此而起故揲蓍三變之末其餘三奇則三三而九三隅則三二而六兩二
一三則爲七兩三一二則爲八
●天을參ᄒᆞ며地를兩ᄒᆞ야數를倚ᄒᆞ고

●觀變於陰陽而立卦ᄒᆞ고發揮於剛柔而生爻ᄒᆞ니
●陰陽에變을觀ᄒᆞ야卦를立ᄒᆞ고剛柔에發揮ᄒᆞ야爻를生ᄒᆞ니

和順於道德而理於義ᄒ며窮理盡性ᄒ야以至於命ᄒ니라

● 道德에和順ᄒ고義에理ᄒ며性을盡ᄒ야써命애至ᄒ니라

○ 和順從容无所乖逆統言之也理謂隨事得其條理析言之也窮天下之理盡人物之

性而合於天道此聖人作易之極功也

右第一章

昔者聖人之作易也는 將以順性命之理니 是以立天之道

曰陰與陽이오立地之道曰柔與剛이오立人之道曰仁與義니 兼

三才而兩之라故로易이 六畫而成卦ᄒ고分陰分陽ᄒ며迭用柔剛

故로易이 六位而成章이라ᄒ니라

● 녯聖人의易을作ᄒ옴은쟝ᄎᆺ써性命의理를順ᄒ옴이니일로써天의道를立ᄒ옴을ᄀᆞᆯ온陰과陽이오地의道를立ᄒ옴을ᄀᆞᆯ온柔과剛이오人의道를立ᄒ옴을ᄀᆞᆯ온仁과義—니三才를兼ᄒ야兩ᄒ윤지라故로易이六畫에卦—成ᄒ고陰을分ᄒ며陽을分ᄒ며柔와剛를서로用ᄒ논지라故로易이六位에章이成ᄒ니라

○ 兼三才而兩之之總言六畫又細分之則陰陽之位間雜而成文章也

天地ㅣ定位ᄒ며 山澤이 通氣ᄒ며 雷風이 相薄ᄒ며 水火ㅣ不相射ᄒ야 八卦相錯ᄒ니

●天과地ㅣ位를 定ᄒ며 山과澤이 氣를 通ᄒ며 雷와風이 셔로 薄ᄒ며 水과火ㅣ셔로射지아니ᄒ야 八卦ㅣ셔ᄅ錯ᄒ니

○邵子曰此伏羲八卦之位 乾南坤北離東坎西兌居東南震居東北巽居西南艮居西北於是八卦相交而成六十四卦所謂先天之學也

數往者는 順ᄒ고 知來者는 逆ᄒ니ᄒ야是故로易은 逆數也ㅣ라

●往을數홈은 順ᄒ고來를知홈은 逆ᄒ니이런故로易은逆ᄒ야數ᄒᄂ거시라

○起震而歷離兌以至於乾數已生之卦也自巽而歷坎艮以至於坤推未生之卦也易之生卦則以乾兌離震巽坎艮坤爲次故皆逆數也

右第三章

雷以動之ᄒ고風以散之ᄒ고雨以潤之ᄒ고日以晅之ᄒ고艮以止之ᄒ고兌以說之ᄒ고乾以君之ᄒ고坤以藏之ᄒᄂ라

晅 況悅反 說音悅

●雷로써動ᄒ고風으로써散ᄒ고雨로써潤ᄒ고日로써暄ᄒ고艮으로써止ᄒ고兌로써說ᄒ고乾으로써君ᄒ고坤으로써藏ᄒᄂ니라

○此卦位相對與上章同

右第四章

帝ㅣ出乎震ᄒ야齊乎巽ᄒ고相見乎離ᄒ고致役乎坤ᄒ고說言乎兌ᄒ고戰乎乾ᄒ고勞乎坎ᄒ고成言乎艮ᄒᄂ니라

悅 說音

●帝ㅣ震에出ᄒ야巽에齊ᄒ고離에셔로見ᄒ고坤에役을致ᄒ고兌에說ᄒ고乾에戰ᄒ고坎에勞ᄒ고艮에成ᄒᄂ니라

○帝者天之主宰邵子曰此卦位乃文王所定所謂後天之學也

萬物이出乎震ᄒ니震은東方也ㅣ라

齊乎巽ᄒ니巽은東南也ㅣ니齊也者는言萬物之潔齊也ㅣ라

離也者는明也ㅣ니萬物이皆相見ᄒᄂ니南方之卦也ㅣ니聖人이南面而聽天下ᄒ야嚮明而治ᄒᄂ니盖取諸此也ㅣ라

坤也者는地也ㅣ니萬物이皆致養焉ᄒᆯ故로曰致役乎坤이라

兌는正秋也ㅣ니萬物之所說也ㅣᆯ故로曰說言乎兌라

戰于乾은乾은西

北之卦也ㅣ니言陰陽相薄也ㅣ라ㅣ坎者는水也ㅣ니正北方之卦也ㅣ니

勞卦也ㅣ니萬物之所歸也셔ㄹ故로日勞乎坎이라艮은東北之卦也ㅣ

萬物之所成終而所成始也셔ㄹ故로日成言乎艮이라

●萬物이震에出ㅎ니震은東方이라巽에齊ㅎ니巽은東南이니萬物의潔

齊홈을닐옴이라離란거슨明이니萬物이다서르볼시니南方의卦ㅣ니聖人이南으

로面ㅎ야天下를聽ㅎ야明을嚮ㅎ야治ㅎ니이에取홈이라坤이란거슨地ㅣ니萬物

이다養을致ㅎㄹ시故로坤에役을致타ㅣ니라兌는正秋ㅣ니萬物

故로兌에說타ㅣ니라乾의戰홈은乾은西北의卦ㅣ니陰陽이서로薄홈을니

坎은水ㅣ니正北方의卦ㅣ니勞ㅎ는卦ㅣ니萬物의歸ㅎ는배오故로坎에勞ㅎ니

ㄹ니라艮은東北에卦ㅣ니萬物의終을成ㅎ는배오始를成ㅎ는배시故로艮에成타

니ㄹ니라

○上言帝此言萬物之隨帝以出入也

右第五章

「本義」此章所推卦位之說多未詳者

神也者는妙萬物而爲言者也ㅣ니動萬物者ㅣ莫疾乎雷ㅎ고撓

萬物者ㅣ莫疾乎風ㅎ고 燥萬物者ㅣ莫熯乎火ㅎ고 說萬物者ㅣ莫說乎澤ㅎ고 潤萬物者ㅣ莫潤乎水ㅎ고 終萬物始萬物者ㅣ莫盛乎艮ㅣㄴㅎ니 故로 水火ㅣ相逮ㅎ며 雷風이不相悖ㅎ며 山澤이通氣然後에아 能變化ㅎ야 旣成萬物也ㅣ라

橈乃飽反暵呼但反　說音悅悖必內反

● 神이란거슨萬物을妙홈을言ㅎ거시니萬物을動ㅎ거시雷만疾ㅎ고萬物을撓ㅎ거시風만疾ㅎ고萬物을燥ㅎ거시火만熯ㅎ고萬物을說ㅎ거시澤만說ㅎ고萬物을潤ㅎ거시水만潤ㅎ고萬物을終ㅎ고萬物을始ㅎ거시艮만盛ㅎ니故로水와火ㅣ셔르逮ㅎ며雷과風이서르悖치아니ㅎ며山과澤이氣를通흔然後에아能히變化ㅎ야萬物을다成ㅎ니라

○此去乾坤而專言六子以見神之所爲然其位序亦用上章之說未詳其義

右第六章

乾은健也ㅣ오坤은順也ㅣ오震은動也ㅣ오巽은入也ㅣ오坎은陷也ㅣ오離는麗也ㅣ오艮은止也ㅣ오兌는說也ㅣ라

● 乾은健ㅎ고坤은順ㅎ고震은動ㅎ고巽은入ㅎ고坎은陷ㅎ고離는麗ㅎ고艮은止

고 兌ᄂᆞᆫ 說ᄒᆞ니라

○ 此言八卦之性情

右第七章

乾爲馬ㅣ오 坤爲牛ㅣ오 震爲龍이오 巽爲鷄ㅣ오 坎爲豕ㅣ오 離爲雉ㅣ오 艮爲狗오 兌爲羊이라

乾이馬ㅣ되고 坤이牛ㅣ되고 震이龍이되고 巽이鷄되고 坎이豕되고 離ㅣ雉되고 艮이狗ㅣ되고 兌ㅣ羊이되니라

○遠取諸物如此

右第八章

乾爲首오 坤爲腹이오 震爲足오 巽爲股오 坎爲耳오 離爲目이오 艮爲手오 兌爲口라

乾이首ㅣ되고 坤이腹이되고 震이足이되고 巽이股ㅣ되고 坎이耳ㅣ되고 離ㅣ目이되고 艮이手ㅣ되고 兌ㅣ口ㅣ되니라

○近取諸身如此

右第九章

乾은 天也ㅣ라 故로 稱乎父ㅣ오 坤은 地也ㅣ니 故로 稱乎母ㅣ오 震은 一索而得男이라 故로 謂之長男이오 巽은 一索而得女라 故로 謂之長女ㅣ오 坎은 再索而得男이라 故로 謂之中男이오 離는 再索而得女라 故로 謂之中女ㅣ오 艮은 三索而得男이라 故로 謂之少男이오 兌는 三索而得女ㅣ라 故로 謂之少女ㅣ라

索色白反 長丁丈反 少詩照反 下章同

●乾은 天이라 故로 父ㅣ라 稱ᄒ고 坤은 地ㅣ라 故로 母ㅣ라 稱ᄒ고 震은 ᄒ번 索ᄒ야 男을 得ᄒ지라 故로 長男이라 니ᄅ고 巽은 ᄒ번 索ᄒ야 女를 得ᄒ지라 故로 長女ㅣ라 니ᄅ고 坎은 두번 索ᄒ야 男을 得ᄒ지라 故로 中男이라 니ᄅ고 離는 두번 索ᄒ야 女를 得ᄒ지라 故로 中女ㅣ라 니ᄅ고 艮은 셰번 索ᄒ야 男을 得ᄒ지라 故로 少男이라 니ᄅ고 兌는 셰번 索ᄒ야 女을 得ᄒ지라 故로 少女ㅣ라 니ᄅ니라

○索求也謂操著以求爻也男女指卦中一陰一陽之爻而言

右第十章

乾은 爲天爲圜爲君爲父爲玉爲金爲寒爲冰爲大赤爲良

馬爲老馬爲瘠馬爲駁馬爲木果ᅵ라

●乾은天이되며圓이되며君이되며父ᅵ되며玉이되며金이되며寒이되며冰이되며큰赤이되며良ᄒᆞᆫ馬ᅵ되며老ᄒᆞᆫ馬ᅵ되며瘠ᄒᆞᆫ馬ᅵ되며駁ᄒᆞᆫ馬ᅵ되며木果ᅵ되니라

○荀九家此下有爲龍爲直爲衣爲言

坤은爲地爲母爲布爲釜爲吝嗇爲均爲子母牛爲大輿爲文爲衆爲柄오其於地也에爲黑이라　（釜房甫反　嗇音色）

●坤은地ᅵ되며母ᅵ되며布ᅵ되며釜ᅵ되며吝嗇홈이되며均홈이되며子母牛ᅵ되며큰興ᅵ되며文이되며衆이되며柄이되고그地에黑이되니라

○荀九家有爲牝爲迷爲方爲囊爲裳爲黃爲帛爲漿

震은爲雷爲龍爲玄黃爲旉爲大塗爲長子爲決躁爲蒼筤竹爲萑葦오其於馬也에爲善鳴爲馵足爲作足爲的顙오其於稼也에爲反生오其究ᅵ爲健오爲蕃鮮이라　（旉音孚覆音郎崔音　馵主樹反蕃音頻）

●震은雷ᅵ되며龍이되며玄과黃이되며旉ᅵ되며큰塗ᅵ되며長子ᅵ되며決躁ᅵ되며蒼筤ᄒᆞᆫ竹이되며萑葦ᅵ되고그馬에善히鳴홈이되며馵ᄒᆞᆫ足이되며作ᄒᆞᆫ足이되

며 的顙이되고 그 稼에 反ᄒ야 生홈이되고 그 究ㅣ 健이되고 蕃ᄒ야 鮮홈이되ᄂ니라

○荀九家有ᄒ야 爲玉爲鵠爲鼓

巽은 爲木爲風爲長女爲繩直爲工爲白爲長爲高爲進退爲不果爲臭오 其於人也에 爲寡髮爲廣顙爲多白眼爲近利市三倍오 其究ㅣ 爲躁卦라

●巽은 木이되며 風이되며 長女ㅣ되며 繩이 直홈이되며 工이되며 白이되며 長이되며 高ㅣ되며 進ᄒ며 退홈이되며 果치아니미되며 臭ㅣ되고 그 人애 髮이 寡홈이되며 白이되며 長이되며 顙이 廣홈이되며 多ㅎ 眼이되며 利에 近홈이 市ㅣ 三倍되고 그 究ㅣ 躁卦되ᄂ니라

○荀九家有ᄒ야 爲楊爲鸛

坎은 爲水爲溝瀆爲隱伏爲矯輮爲弓輪오 其於人也에 爲憂爲心病爲耳痛爲血卦爲赤오 其於馬也에 爲美脊爲亟心爲下首爲薄蹄爲曳오 其於輿也에 爲多眚오 爲通爲月爲盜오 其於木也에 爲堅多心이라

輮九如反函紀
力反曳以制反

●坎은 水ㅣ되며 溝瀆이되며 隱伏이되며 矯輮홈이되며 弓과 輪이되고 그 人에 더 憂

이 되며 耳의 痛이 되며 血卦ㅣ되고 그 馬에 脊이 美홈이 되며 心이 亟홈이 되며 首ㅣ下홈이 되며 蹄ㅣ薄홈이 되며 曳ㅣ홈이 되고 그 輿ㅣ에 眚이 多홈이 되고 通홈이 되이 되며 月이 되며 盜ㅣ되고 그 木에 堅ㅎ고 心이 多홈이 되니라

○荀九家有爲宮爲律爲可爲棟爲叢棘爲狐爲蒺藜爲桎梏

離는 爲火爲日爲電爲中女爲甲冑爲戈兵이오 其於人也에 爲大腹이오 爲乾卦ㅣ되고 爲鱉爲蟹爲蠃爲蚌爲龜오 其於木也에 爲科上槁ㅣ라

●離는 火ㅣ되며 日이되며 電이되며 中女ㅣ되며 甲冑ㅣ되고 戈兵이되고 그 人의 큰 腹이되고 乾卦ㅣ되며 鱉이되며 蟹ㅣ되며 蠃ㅣ되며 蚌이되며 龜ㅣ되며 그 木에 科上의 稿ㅣ되니라

○荀九家有爲牝牛

艮는 爲山爲徑路爲小石爲門闕爲果蓏爲閽寺爲指爲狗爲鼠爲黔喙之屬이오 其於木也에 爲堅多節이라

●艮은 山이되며 徑路ㅣ되며 자근 石이되며 門闕이되며 果蓏ㅣ되며 閽寺ㅣ되며 指ㅣ되며 狗ㅣ되며 鼠ㅣ되며 喙ㅣ되며 黔한 屬이되고 그 木에 堅ㅎ고 節이 多홈이 되니라

蓏力火反　黔其廉反　喙況廢反

○荀九家有爲鼻爲虎爲狐

兌은爲澤爲少女爲巫爲口舌爲毀折爲附決이오 其於地也애

爲剛鹵ㅣ오爲妾爲羊이라 鹵力杜反

● 兌은澤이되며少女ㅣ되며巫ㅣ되며口와舌이되며毀折이되며附決이되고 그 地

에剛鹵ㅣ되고妾이되며羊이되니라

○荀九家有爲常爲輔頰

右第十一章

序卦傳

「本義」此章廣八卦之象其間多不可曉者求之於經亦不盡合也

○有天地然後에萬物이生焉하니

「小註」程子曰韓康伯謂序卦非易之蘊此不合道

● 天地ㅣ이신然後에萬物이生하니

盈天地之間者ㅣ唯萬物이라故로 受之以屯하니 屯者는 盈也ㅣ니 屯

者는物之始生也ㅣ라

● 天地人이의盈혼者ㅣ오즉萬物이라故로屯으로써受하니屯은盈홈이니屯은

物生必蒙이라 故로 受之以蒙

● 物이 生홈에 반다시 蒙혼지라 故로 蒙으로써 受호니

蒙者는 蒙也니 物之稺也라 物稺不可不養也라 故로 受之以需

● 蒙은 蒙이니 物의 稺라 物이 稺홈애 可히 養치아치못홀지라 故로 需로써 受호니

需者는 飮食之道也라

● 需는 飮食의 道ㅣ라

飮食必有訟이라 故로 受之以訟

● 飮食에 반다시 訟이이실지라 故로 訟으로써 受호고

訟必有衆起라 故로 受之以師

● 訟에 반다시 衆이 起홈이이실지라 故로 師로써 受호고 師者는 衆也니 衆必有所比라 故로 受之以比

● 師는 衆이니 衆이 반다시 比

比者는 比也니 比必有所蓄이라 故로 受之以小畜고 物畜然後애

● 比는 比인지라 故로 比로써 受호고

有禮라 故로 受之以履고

●比는 比흠이니 比ㅣ반드시 畜흘배인지라 故로 小畜으로써 受흐고 物이 畜흔然後

애禮인눈지라 故로 履로써 受흐고

履而泰然後애 安이라 故로 受之以泰고

●履흐야 泰흔然後에 安흐눈지라 故로 泰로써 受흐고

○晁氏云鄭无而泰二字

泰者눈 通也니 物不可以終通이라 故로 受之以否고

●泰눈 通이니 物이 可히써 므촘내通치못흘지라 故로 否로써 受흐고

物不可以終否라 故로 受之以同人고

●物이 可히써 므촘내否치못흘지라 故로 同人으로써 受흐고

與同人者눈 物必歸焉이라

故로 受之以大有고

●同人者눈 物이반드시歸흐눈지라 故로 大有로써 受흐고

大有者눈 不可以盈故로 受之以謙고

●大를두눈者눈 可히써 盈치못흘지라 故로 謙으로써 受흐고

有大而能謙이必豫라故로受之以豫호고

●大를두고能히謙홈이반다시豫홀지라故로豫로뻐受호고

豫必有隨라故로受之以隨호고以喜隨人者ㅣ必有事라故로受之以蠱호고

●豫ㅣ반드시隨ㅣ일실지라故로隨로써受호고喜로써人을隨호는者ㅣ반드시事ㅣ일실지라故로蠱로뻐受호고

蠱者는事也ㅣ니

●蠱는事ㅣ니

有事而後에可大라故로受之以臨호고

●事ㅣ이신후에可히大홀지라故로臨으로써受호고

臨者는大也ㅣ니

●臨은大홈이니

物大然後애可觀이라故로受之以觀호고 以觀之觀去聲餘如字

●物이大호然後애可히觀홀지라故로觀이로써受호고

可觀而後애 有所合이라 故로 受之以噬嗑고

●可히 觀혼後애 合혼배이실지라 故로 噬嗑으로써受ᄒ고

噬者ᄂ 合也ㅣ니 物不可以苟合而已라 故로 受之以賁고

●噬ᄂ 合홈이니 物이可히써 苟히 合치못홀ᄯ름이라 故로 賁로써 受ᄒ고

賁者ᄂ 飾也ㅣ니 致飾然後애 亨則盡矣라 故로 受之以剝고

●賁ᄂ 飾홈이니 致飾혼然後애 亨이盡홀지라 故로 剝으로써 受ᄒ고

剝者ᄂ 剝也ㅣ니 物不可以終盡이니 剝이 窮上反下라 故로 受之以
復고

●剝은 剝홈이니 物이可히써 ᄆ참내盡치못홀지니 剝이上애窮ᄒ야下에 反ᄒᄂᆫ자

復則不妄矣라 故로 受之以无妄고

●復ᄒ면妄치아닐지라 故로 无妄으로써 受ᄒ고

有无妄然後애 可畜이라 故로 受之以大畜고

●无妄이이신然後애 可히 畜홀지라 故로 大畜으로써 受ᄒ고

物畜然後애 可養이라 故로 受之以頤고

●物이畜혼 然後애 可히 養홀지라 故로 頤로써 受혼고

頤者는 養也ㅣ니 不養則不可動이라 故로 受之以大過고

●頤는 養홈이니 養치아니면 可히 動치못홀지라 故로 大過로써 受혼고

物不可以終過ㅣ라 故로 受之以坎고

●物이 可히 終내過치못홀지라 故로 坎으로써 受혼고

坎者는 陷也ㅣ니 陷必有所麗라 故로 受之以離니離者는 麗也

●坎은 陷홈이니 陷홈애 반드시 麗홀비이실지라 故로 離로써 受혼니 離는 麗홈이라

右上篇

有天地然後애 有萬物고

有萬物然後애 有男女고

有男女然後애 有夫婦고

有夫婦然後애 有父子고

有父子然後애 有君臣고

有君臣然後애 有上下고

有上下然後애 禮義有所錯ㅣ니

●天地ㅣ이신然後애 萬物이이시고 萬物이이시신然後애 男女ㅣ이시고 男女ㅣ이신然後애 夫婦ㅣ이시고 夫婦ㅣ이신然後애 父子ㅣ이시고 父子ㅣ이신然後애 君臣이이시고 君臣

이이신後애上下ㅣ잇고上下ㅣ이신然後애禮義ㅣ錯ᄒᆞ빅잇ᄂᆞ니라

夫婦之道ㅣ不可以不久也ㅣ라故로受之以恒ᄒᆞ고
●夫婦의道ㅣ可히써久치아니치못ᄒᆞ거시라故로恒으로써受ᄒᆞ고

恒者는久也ㅣ니物不可以久居其所ㅣ라故로受之以遯ᄒᆞ고
●恒은久홈이니物이可히써그所애오래居처못ᄒᆞ지라故로遯으로써受ᄒᆞ고

遯者는退也ㅣ니物不可以終遯이라故로受之以大壯ᄒᆞ고
●遯은退홈이니物이可히써ᄆᆞ참내遯치못ᄒᆞ지라故로大壯으로써受ᄒᆞ고

物不可以終壯이라故로受之以晉ᄒᆞ고
●物이可히써ᄆᆞ참내壯치못홀지라故로晉으로써受ᄒᆞ고

晉者는進也ㅣ니進必有所傷이라故로受之以明夷ᄒᆞ고
●晉은進홈이니進ᄒᆞᆷ애반ᄃᆞ시傷홀지라故로明夷로써受ᄒᆞ고

夷者는傷也ㅣ니傷於外者ㅣ必反其家ㅣ라故로受之以家人ᄒᆞ고
●夷ᄂᆞᆫ傷홈이니外에셔傷ᄒᆞᆫ者ㅣ반ᄃᆞ시그家애反ᄒᆞᄂᆞᆫ지라故로家人으로써受ᄒᆞ고

家道ㅣ窮必乖라故로受之以睽ᄒᆞ고

家의 道ㅣ 窮ᄒ면 반다시 乖ᄒ지라 故로 睽로ᄡ 受ᄒ고

●睽者ᄂ 乖也ㅣ니 乖必有難故로 受之以蹇ᄒ고　難刀日 反下同

●睽ᄂ 乖홈이니 乖ᄒ면 반다시 難이이실지라 故로 蹇으로ᄡ 受ᄒ고

●蹇者ᄂ 難也ㅣ니 物不可以終難이라 故로 受之以解ᄒ고

●蹇은 難이니 物이 可히 써 ᄆ춤ᄂ 難치 못홀지라 故로 解로ᄡ 受ᄒ고

●解者ᄂ 緩也ㅣ니 緩必有所失이라 故로 受之以損ᄒ고

●解ᄂ 緩홈이니 緩ᄒ면 반다시 失홀비이실지라 故로 損으로ᄡ 受ᄒ고

損而不已면 必益이라 故로 受之以益ᄒ고

損ᄒ야 己치아니면 반다시 益홀지라 故로 益으로ᄡ 受ᄒ고

●益而不已면 必決이라 故로 受之以夬고

●益ᄒ야 己치아니면 반다시 決홀지라 故로 夬으로ᄡ 受ᄒ고

●夬者ᄂ 決也ㅣ니 決必有所遇라 故로 受之以姤ᄒ고

●夬ᄂ 決홈이니 決홈애 반다시 遇홀비이실지라 故로 姤로ᄡ 受ᄒ고

●姤者ᄂ 遇也ㅣ니 物相遇而後에 聚라 故로 受之以萃ᄒ고

萃者ᄂ 聚也

니 聚而上者를謂之升이라故로受之以升고

●姤는遇홈이니物이서르遇한後에聚한지라故로萃로써受호고萃는聚홈이니

聚호야上호는者를升이라니르는디라故로升으로써受호고

升而不已면必困이라故로受之以困고困乎上者ㅣ必反下라故로

受之以井고
●升호야己치아니면반다시困홀지라故로困으로써受호고上에困한者ㅣ반다시

下에反호는지라故로井으로써受호고

井道ㅣ不可不革이라故로受之以革고

●井의道ㅣ可히革지아니치못홀지라故로革으로써受호고

革物者ㅣ莫若鼎이라故로受之以鼎고

●物을革호는者ㅣ鼎만갓듀니업슨지라故로鼎으로써受호고

主器者ㅣ莫若長子ㅣ라故로受之以震고

●器를主호者ㅣ長子만굿두니업순지라故로震으로써受호고　長子下反

震者는動也니物不可以終動이야止之라故로受之以艮고

●震은 動홈이니 物이 可히써 므 춤늬 動치못호야 止홀지라 故로 艮으로써 受호고

艮者는 止也니 物不可以終止라 故로 受之以漸고

●艮은 止홈이니 物이 可히써 므 춤늬 止치못홀지라 故로 漸으로써 受호고

漸者는 進也니 進必有所歸라 故로 受之以歸妹고

●漸은 進홈이니 進홈에 반드시 歸홀비이실지라 故로 歸妹로써 受호고

得其所歸者 必大라 故로 受之以豐고

●그 歸홀바를 得호者 반다시 大홀지라 故로 豐으로써 受호고

豐者는 大也니 窮大者 必失其居라 故로 受之以旅고

●豐은 大홈이니 大을 窮호者 반다시 그居를 失홀지라 故로 旅로써 受호고

旅而无所容故로 受之以巽고

●旅호야 容홀비엄산지라 故로 巽으로써 受호고　說晉悅 下同

巽者는 入也니 入而後說之라 故로 受之以兌고

●巽은 入홈이니 入혼後에 說호는지라 故로 兌로써 受호고

兌者는 說也니 說而後散之라 故로 受之以渙고

●兌는 說홈이니 說혼後에 散호는지라 故로 渙으로써 受호고

物不可以終離라 故로 受之以節고

●渙者는 離也니

●兌는說홈이니說혼後에散홈논지라故로渙으로써受호고渙은離홈이니物이可

히써ᄆ춤늬離치못홀지라故로節로써受호고

節而信之라故로受之以中孚고ᄒ有其信者는必行之라故로受

之以小過고ᄒ

●節호야信호는다라故로中孚로써受호고그信을두는者는반다시行호는지라故

로小過로써受호고

有過物者는必濟라故로受之以旣濟고ᄒ

●物의過홈이인는者는반다시濟호는지라故로旣濟로써受호고

物不可窮也라故로受之以未濟야ᄒ終焉라

●物이可히窮치못홀지라故로未濟로써受호야終호느라

○小註平庵項氏曰坎離之交謂之旣濟此生生不窮之所從出也而聖人猶以爲有窮

也又分之以爲未濟此卽咸感之後繼之以常久之義也蓋情之交者不可以久而无弊

故必分之正者終之人之心腎其氣何嘗不交而心必在上腎必在下不可易也觀此可

以知旣濟未濟之象矣

右下篇

雜卦傳

乾剛坤柔ㅣ오

●乾은剛ㅎ고坤은柔ㅎ고

比樂師憂ㅣ라

●比는樂ㅎ고師는憂ㅎ니라

臨觀之義는或與或求ㅣ라

●臨과觀의義는或與ㅎ며或求ㅎ니라

○以我臨物曰與物來觀我曰求或曰二卦互有與求之義

屯은見而不失其居ㅣ오蒙은雜而著ㅣ라 (見賢遍反)

●屯은見호ᄃᆡ其居을失치아니ㅎ고蒙은雜호ᄃᆡ著ㅎ니라

○屯震遇坎震動故見坎險不行也蒙坎遇艮坎幽昧艮光明也或曰屯以初言蒙以二

言

震은起也ㅣ오艮은止也ㅣ라損益은盛衰之始也ㅣ라

●震은起홈이오艮은止홈이라損과益은盛과衰의바로홈이라

大畜은時也ー오无妄은災也ー라

●大畜은時오无妄은災ー라

○止健者時有適然无妄而災自外至

萃는聚而升은不來也ー라

●萃는聚ᄒ고升은來치아님이라

謙은輕而豫는怠也ー라

●謙은輕ᄒ고豫는怠ᄒ니라

噬嗑은食也ー오賁는无色也ー라

●噬嗑은食ᄒ고이오賁는色이엽슴이라

○白受采

兌는見而巽은伏也ー라 見賢 遍反

●兌는見ᄒ고巽은伏ᄒ니라

○兌陰外見巽陰內伏

隨는无故也ー오蠱則飭也ー라

●隨는故─업고蠱ㅎ며飭ㅎ니라

○隨前无故蠱後當飭

剝은爛也오復은反也─라

●剝은爛ㅎ고復은反ㅎ니라

○誅傷也

晉은晝也오明夷는誅也─라

●晉은晝─오明夷는誅─라

井은通而困은相遇也─라

●井은通ㅎ고困은셔ㄹ遇ㅎ니라

○剛柔相遇而剛見揜也

咸은速也오恒은久也─라

●咸은速ㅎ고恒은久ㅎ니라

○咸速恒久

渙은離也오節은止也─라

●渙은離ㅎ고節은止ㅎ니라

解는緩也오蹇은難也라 （難乃旦反）

●解는緩ᄒ고蹇은難ᄒ니라

睽는外也오家人은內也라

●睽는外ᄒ고家人은內ᄒ니라

否泰는反其類也라

●否와泰는그類를反ᄒ니라

大壯則止오遯則退也라

●大壯ᄒ고면止ᄒ고遯ᄒ면退ᄒ니라

○止謂不進

大有는衆也오同人은親也라

●大有는衆ᄒ고同人은親ᄒ니라

革은去故也오鼎은取新也라

●革은故를去ᄒ고鼎은新을取ᄒ니라

小過는過也오中孚는信也라

●小過는過ᄒ고中孚는信ᄒ니라

●小過는 過ᄒᆞ고 中孚는 信ᄒᆞ니라

豊은 多故ㅣ오 親寡는 旅也ㅣ라

●豊은 故ㅣ만코 親이 寡ᄒᆞ니는 旅ㅣ라

○旣明且動其故多矣

○火炎上水潤下

離는 上而坎은 下也ㅣ라

●離는 上ᄒᆞ고 坎은 下ᄒᆞ니라

○不處行進之義

小畜은 寡也ㅣ오 履는 不處也ㅣ라

●小畜은 寡ᄒᆞ고 履는 處치아니ᄒᆞ니라

需는 不進也ㅣ오 訟은 不親也ㅣ라

●需는 進치아니ᄒᆞ고 訟은 親치아니ᄒᆞ니라

大過는 顚也ㅣ라

●大過는 顚ᄒᆞ니라

姤는遇也니柔遇剛也ㅣ오漸은女歸니待男行也ㅣ라

●姤는遇홈이니柔ㅣ剛을遇홈이오漸은女ㅣ歸홈이니男을待ᄒᆞ야行홈이라

頤는養正也ㅣ오

●頤는正을養홈이오

旣濟는定也ㅣ라

●旣濟는定홈이라

歸妹는女之終也ㅣ오

●歸妹는女의終이오

未濟는男之窮也ㅣ라

●未濟는男의窮이라

夬는決也ㅣ니剛決柔也ㅣ니君子道長이오小人道憂也ㅣ라

●夬는決홈이라剛이柔를決홈이니君子의道ㅣ長ᄒᆞ고小人의道ㅣ憂홈이라

○自大過以下卦不反對或疑其錯簡今以韻協之又似非誤未詳何義

正本
集註周易 終

備不
製許

備旨吐解 **正 本 周 易** （全）

初 版 發 行 ● 1978年 12月　5日
重 版 發 行 ● 2025年 10月 15日

編　纂 ● 明 文 堂
發行者 ● 金 東 求

發行處 ● 明 文 堂(1923. 10. 1 창립)
　　　　서울시 종로구 윤보선길 61(안국동)
　　　　우체국 010579-01-000682
　　　　전화 02) 733-3039, 734-4798, 733-4748(영)
　　　　팩스 02) 734-9209
　　　　Homepage　www.myungmundang.net
　　　　E-mail　mmdbook1@hanmail.net
　　　　등록　1977. 11. 19. 제1~148호

• 낙장 및 파본은 교환해 드립니다.
• 불허복제

정가 **15,000**원
ISBN 89−7270−838−0 (93140)

新譯
後三國志

인간 군상의
다채로운 대서사시

보라! 천추의 한을 품고
불모의 땅으로 피했던 촉한의 후예들이
다시 칼을 갈고 힘을 길러 중원에서 벌이는
지혜와 용맹의 각축전을……

제1권 망국원한편   제4권 진조멸망편
제2권 와신상담편   제5권 권세변전편
제3권 촉한부흥편

李元爕 譯/신국판/전5권

新譯
反三國志

모든 正史는 거짓이다!

反三國志는 正史의 허구를
날카롭게 파헤친
三國志 속의 반란이다.

역사의 수레바퀴가 어디로 굴러가는지
그 누구도 알 수 없다.
단지 우리는 예측할 뿐이다.
전후 사백 년을 거쳐 번영을 누린 한제국도
후한 말 쇠퇴일로를 걷게 되는데……

周大荒 著/鄭鉉祐 譯/전3권

小說
楚漢誌

역사 속의 명작!

역사의 뒤안으로
사라져 간 영웅들

바야흐로 수많은 영웅 호걸들이
우후죽순처럼 일어나 천하의
패권을 놓고 다툴 때
역사의 수레바퀴를
돌려놓은 자는 누구인가?

金相國 譯/신국판/전5권

儒林外史

사회, 정치풍자소설의
古典 유림외사

《阿Q正傳》의 작가 루쉰이
중국 풍자소설의
효시라고 극찬한 《儒林外史》!
《삼국지》·《수호지》를
능가하는 다양한
인간군상들의 활극장!

중국 풍자소설의 진수!

부귀공명의 언저리를 장식하는 아부·교만·권모술수,
그리고 그 속에 우뚝 선 청아한 인격자들!
유림외사는 인간이 보여줄 수 있는 최고의 아름다움과
추함에 대해 풍자의 칼을 대고 있어, 개인주의의 첨단을
달리고 있는 현대인들에게 깊은 감동과 지혜를 준다.

吳敬梓 著/陳起煥 譯/신국판/전3권

后宮秘話

삼천삼백년의 장구한
중국역사를 화려하게,
피눈물나게 장식했던
후궁·궁녀들의
사랑·횡포·애증, 그리고
권모술수의 드라마!

경국지색들의 실체 해부

중국의 역대 제왕들은 어느 궁녀를 사랑해야 할지 몰라
기상천외의 방법들을 생각해 냈고, 후궁과 궁녀들은
제왕들의 눈에 들기위해 눈물겨운 사투를 벌이게 된다.
은나라의 '달기'에서부터 청말의 '서태후' 까지,
역대 왕조의 흥망에 지대한 영향을 끼쳤던 여인들의
파란만장한 일대기!

成元慶 編著/신국판/전3권